FILOSOFIA
no Ensino Médio

Dados Internacionais de Catalogação na Publicação (CIP)
(Câmara Brasileira do Livro, SP, Brasil)

Severino, Antônio Joaquim
Filosofia no ensino médio / Antônio Joaquim Severino. — São Paulo : Cortez, 2014.

ISBN 978-85-249-2182-7

1. Filosofia (Ensino médio) 2. Filosofia - Estudo e ensino 3. Prática de ensino 4. Professores - Formação profissional I. Título.

14-01616 CDD-370.71

Índices para catálogo sistemático:

1. Professores de filosofia : Formação profissional : Educação 370.71

Antônio Joaquim Severino

FILOSOFIA
no Ensino Médio

CORTEZ EDITORA

FILOSOFIA NO ENSINO MÉDIO
Antônio Joaquim Severino

Capa: de Sign Arte Visual
Iconografia: Departamento de Arte e Redação Cortez Editora
Preparação de originais: Ana Paula Luccisano
Revisão: Marta Almeida de Sá; Solange Martins
Projeto gráfico e composição: Linea Editora Ltda.
Coordenação editorial: Danilo A. Q. Morales

Direitos para esta edição
CORTEZ EDITORA
Rua Monte Alegre, 1074 – Perdizes
05014-001 – São Paulo – SP
Tel.: (11) 3864-0111 Fax: (11) 3864-4290
E-mail: cortez@cortezeditora.com.br
www.cortezeditora.com.br

Impresso no Brasil — março de 2014

Com carinho, quero renovar a dedicatória deste livro — testemunho de meu compromisso com a educação da juventude — à Francisca, minha mulher, agradecendo a generosa solidariedade ao longo de nossa já longa trajetória conjunta, aos meus filhos Estêvão, Orestes e Guilherme, registrando a importância que representaram para mim sua presença, em todos os momentos de nossa convivência, e aos netos e netas Lucas, Sofia, Carolina, Vinicius e Isabela, esperando ainda que também possam encontrar neste modesto legado de seu pai e avô alguns subsídios para a compreensão do sentido de suas próprias existências...

Sumário

Palavra inicial
a professores e alunos...

O objetivo deste livro é apresentar aos estudantes e aos professores do ensino médio um roteiro didático que lhes propicie a vivência de um processo de um ensino mais eficaz e de uma aprendizagem mais significativa da Filosofia. O que se visa então é acompanhar e complementar a iniciação que os alunos deste nível de ensino estão tendo simultaneamente aos conhecimentos técnicos e científicos da nossa cultura. Considero que os alunos que cursam o ensino médio já se encontram preparados para envolver-se também com a Filosofia, uma vez que estão se iniciando nas ciências, nas técnicas e nas artes tais como elas se apresentam na escola média. Assim, é a esse grupo constituído, integradamente, de professores e alunos, que me dirijo, entendendo que se encontram engajados numa atividade conjunta de construção de conhecimento em que o ensinar se articula, de modo íntimo e intrínseco, com o aprender, processos que só se tornam fecundos se lastreados numa consistente postura investigativa, que precisa envolver os dois segmentos.

A Filosofia é uma forma de pensar que nos possibilita compreender melhor quem somos, em que mundo vivemos: em suma, ajuda-nos a entender melhor o próprio sentido de nossa existência. É claro que também as ciências e as outras formas de conhecimento e de expressão cultural nos ajudam a compreender o nosso modo de existir. Mas, como veremos ao longo da caminhada que ora começamos, a Filosofia tem um jeito particular e insubstituível de nos trazer essa compreensão. E por isso, sem ela, nossa visão, nossa percepção da existência dos homens, ficaria truncada.

A parceria com os professores...

Por outro lado, essa experiência de iniciação ao filosofar não ocorre fora do contexto de uma interação pedagógica, ou seja, ela precisa contar não só com um rico intercâmbio cultural com a produção filosófica disponível na cultura, mas também com uma intervenção sistemática dos mediadores desse intercâmbio, os professores. Se essa mediação já é imprescindível no caso de todas as disciplinas de um currículo escolar, no caso dos componentes filosóficos, ela se torna ainda mais imprescindível, pois, agora está em pauta um autêntico exercício de formação. É evidente que a formação integral dos adolescentes no ensino médio é atribuição do todo do currículo. No entanto, a Filosofia tem contribuição significativa a dar para essa formação, donde decorre, para seus professores, um sério compromisso no âmbito curricular e pedagógico. Mas esta sua parte de responsabilidade não se reduz ao domínio de um acervo de conteúdos informativos e de determinadas habilidades. Não se trata de fornecer aos estudantes uma erudição acadêmica, mas de ajudá-los a desenvolver uma forma de apreensão e de vivência da própria condição humana, o amadurecimento de uma experiência à altura da dignidade dessa condição, experiência a partir da qual possam conduzir sua existência histórica. Não se visa com o ensino da Filosofia no curso médio formar especialistas nessa área, mas tão somente explorar as contribuições que essa modalidade de exercício reflexivo pode fornecer aos jovens no processo de sua formação.

A formação a que se visa...

Por isso, não se pode perder de vista que o que está em pauta é a formação, ou seja, uma vontade utópica, a que não cabe jamais renunciar: explicitar pedagogicamente ao adolescente o sentido de sua existência, subsidiando-o na compreensão do lugar que ele ocupa na realidade histórica de seu mundo. Gosto de sintetizar essa finalidade na seguinte expressão: ***subsidiar o jovem aprendiz a ler o seu mundo para se ler nele***. E, para se alcançar essa finalidade, a mediação do ato docente é necessária e insubstituível. A razão de ser da docência é articular os sentidos da experiência humana, conceituais e valorativos, acumulados na cultura, com aqueles que devem ser suscitados e assumidos pelos jovens nas suas vivências atuais, sem que esse processo se reduza à reprodução mecânica e estática desses conceitos e valores. O desafio que os jovens enfrentam em sua existência concreta é o de nortear sua própria prática frente às condições históricas reais em que se encontram e em que sua existência se desenrola.

Essa mediação formativa se enfatiza no caso da Filosofia porque ela se coloca essa finalidade de forma explícita, direta e imediata, na medida em que procura subsidiar o sujeito educando a ressignificar sua experiência do mundo. E ela faz isso com a ajuda do conhecimento....

A necessária mediação dos conceitos...

Mas retomar a experiência de vida não é mover-se **no imediatismo espontaneista da emocionalidade dos sujeitos singulares,** como se fosse o cultivo de uma subjetividade intimista e sentimental. Daí o necessário cuidado para que as aulas não se transformem em sessões de sensibilização emocional, apelando para sentimentos pessoais dos educandos. Isso não é cabível na interação pedagógica da Filosofia, pois cabe a ela inclusive pensar sobre a dimensão emocional do ser humano. É pela mediação da reflexão conceitual que o aprendiz deve lidar inclusive com sua emocionalidade. A Filosofia não deve ser confundida com um processo terapêutico ou com uma modalidade de autoajuda. Não se trata de desconhecer e de subestimar a relevância dessa dimensão afetivo-emocional, imaginativa, de todos nós, mas de marcar a especificidade do exercício da reflexão racional, que opera como uma atividade de simbolização conceitual.

O exercício da reflexão sobre os temas da existência humana **pressupõe a mediação de conceitos e categorias** que não brotam espontaneamente. Os conceitos são necessários para o filosofar, lídimo exercício de pensamento rigoroso, que precisa superar toda forma de senso comum. Mas, para lidar com conceitos, nós precisamos de um mínimo de **familiaridade com o**

acervo cultural que constitui o campo filosófico. Não se trata de nos dedicarmos apenas ao resgate dos produtos históricos da Filosofia, mas de retomá-los como mediações conceituais para se pensar as temáticas do existir humano. Nosso diálogo com os pensadores distantes de nós no tempo ou no espaço só se justifica na medida em que eles pensaram ou pensam os problemas que atravessaram e continuam atravessando nossa existência histórica.

O diálogo com a tradição: os textos e o contexto...

Ao recorrer à história da filosofia no processo ensino/aprendizagem, devemos levar em conta a afirmação da historicidade do conhecimento e não uma convicção de historicismo. Não se trata de priorizar informações sobre o enorme acervo das teorias filosóficas acumuladas ao longo da história de sua cultura, mas sim torná-lo parceiro dos esforços que precisamos continuar fazendo para pensarmos a problemática humana.

Desse modo, impõe-se o resgate do pensar filosófico do passado, daquilo pelo que ele se tornou clássico, porque o filosofar, como toda modalidade de conhecimento humano, se faz também pela prática histórico-social de um sujeito coletivo. Daí a necessidade do recurso ao acervo cultural disponível da Filosofia, que se encontra na produção filosófica. Eis a razão de ser do diálogo sistemático com os pensadores e especialistas, do recurso diuturno a sua produção escrita.

Só que essa frequentação precisa ser feita ancorada na **problematização da nossa experiência atual.** Trata-se de um diálogo cuja temática transita numa articulação dialética entre o particular e o universal. É evidente que, no caso dos professores, esse mergulho na cultura filosófica acumulada precisa ser mais amplo e profundo, uma vez que se pressupõe que, para ensinar, precisamos conhecer nosso objeto com mais abrangência e rigor. Há, portanto, que se distinguir o modo de ensinar e aprender Filosofia na graduação do modo de ensiná-la e aprendê-la no ensino médio.

Por isso também, quando lemos os filósofos, **é preciso igualmente superar uma abordagem puramente filológica de seus textos**... A leitura dos filósofos nunca deve reduzir-se à pura exegese estruturalista dos seus textos.

Nosso diálogo com os textos é também, e fundamentalmente, um diálogo com o contexto, entendido este como a realidade multifacetada do existir que envolve o pensador. Não devemos confundir o rigor da leitura, rigor que precisamos praticar o máximo que for possível, com o objetivo último da leitura: o diálogo com o texto e seu autor sobre os problemas do existir humano.

O risco da ideologização e a vigilância crítica...

É preciso ainda não perder de vista que **a subjetividade filosófica é lugar escorregadio, favorável ao enviesamento ideológico**. O cultivo da filosofia, a prática filosófica, se presta muito facilmente à doutrinação, que muito mais legitima, justifica situações de poder do que explica ou esclarece uma determinada problemática objetiva da realidade.

Daí a exigência peculiar do ensino, da aprendizagem e da atuação no universo da Filosofia: a permanente **postura de vigilância crítica**, que se expressa pela manutenção de uma constante **atitude investigativa**, nunca concluindo que a verdade histórica tenha se tornado definitiva.

Por mais "imaturos" que ainda sejamos quando estudantes do ensino médio, somos sensíveis a essa problemática da doutrinação e da ideologia. É preciso esclarecer sempre, até onde for possível, que cada um de nós pode ter sua ideologia, sua opção política, sua adesão religiosa, mas que essas opções não devem se confundir com a prática filosófica, uma vez que esta só pode apoiar-se no exercício rigoroso do conhecimento.

Formação para a vida...

Por outro lado, impõe-se ter sempre presente que nossa formação, em geral, e nossa formação filosófica, em particular, **não devem priorizar a preparação para o ensino superior**. Se é verdade que essa iniciação filosófica é de grande relevância para aqueles que vão continuar seus estudos nos cursos superiores, ela é igualmente imprescindível para todos os adolescentes, sem exceção, mesmo quando já passam para o mundo do trabalho ao término do curso médio. A formação, como lastro de constituição de um sujeito capaz de pensar com autonomia, é uma condição a que se deveria levar todas as pessoas, independentemente de seu nível de escolaridade: pois o que realmente importa é o exercício pleno da cidadania.

Leitura do mundo de ontem e de hoje...

Mas, para que possamos construir sentidos para o nosso existir, é preciso compreender, de maneira significativa, a nossa realidade atual, o mundo de nossa contemporaneidade, pois é nele que se desdobra a nossa existência. É preciso ir além da leitura dos textos e praticar uma leitura do mundo. Por outro lado, a compreensão de nossa realidade atual não nos será possível sem acompanharmos a sua gênese e a sua evolução histórica. Assim, para apreendermos o sentido de nosso mundo de hoje, precisamos retomar e acompanhar o desdobramento da cultura humana no tempo histórico. É isto que vai fazer a Filosofia, como teremos a oportunidade de constatar.

Mas a Filosofia não vai expor a história da civilização e da cultura — como o fazem outras disciplinas do curso médio —, nem mesmo realizar uma exposição histórica das ideias filosóficas. Ela vai, sim, referir-se às grandes articulações da cultura humana sob a perspectiva da historicidade. Isso quer dizer que vamos ser convidados a pensar o nosso mundo de hoje pensando a própria construção desse mundo pela humanidade. É que o mundo, tal qual o conhecemos e vivenciamos hoje, é o fruto de um esforço solidário e concorrente das sociedades que vêm formando a humanidade a cada época da história.

Só com base nessa retomada da formação histórica de nossa cultura, a ocidental, e da compreensão que dela teve a filosofia, podemos, num segundo momento, buscar entender essa cultura na atualidade. Explicitaremos então, juntos, como a filosofia interpela e percebe a realidade cultural de hoje, como podemos compreender o nosso mundo atual. Pois só após conhecê-lo bem a fundo é que podemos desvendar e entender também o sentido de nossa existência. É por isso que a proposta deste livro persegue uma dupla finalidade: de um lado, mostrar como se deu a gênese histórico-antropológica da cultura humana, no transcorrer da temporalidade; de outro, refletir diretamente sobre as manifestações dessa cultura nos dias de hoje, no momento de nossa contemporaneidade, trabalhando sobre os temas pertinentes e relevantes para sua compreensão.

A proposta temática do livro

O livro se inicia abordando então a questão da gênese da subjetividade do homem, no contexto da gênese da própria espécie, procurando mostrar que nossa consciência é como um prolongamento do instinto vital, tornando-se uma ferramenta mais sofisticada para o homem se relacionar com a natureza, com seus semelhantes e com seu mundo interior. Daí a consciência ser considerada como uma estratégia da vida. Por sua vez, a vida da espécie humana surge e se realiza mediante o agir prático dos indivíduos. Nós existimos nos relacionando com a natureza, através do trabalho, com os nossos semelhantes, através da sociabilidade, e com os nossos produtos simbólicos, através da cultura (Unidades 1 e 2). Como as expressões da intervenção humana se realizam concretamente sob formas culturais, procuramos desenhar, na Unidade 3, a formação da cultura ocidental, berço e nutriz da Filosofia ocidental, mostrando como essa cultura germinou graças ao encontro de três pequenas culturas (a grega, a judaica e a romana). Perguntamo-nos, em seguida, como fica a Filosofia nessa trama antropossociocultural (Unidade 4), discutindo, de modo introdutório, como devemos entender a contribuição da Filosofia na sua condição de uma das modalidades de exercício da subjetividade. E na sequência, desdobramos, em longos traços, as principais expressões da Filosofia, como se deram no ocidente, e que assumiram três modos de pensar: o metafísico, o científico e o dialético (Unidades 5 a 11). Não se trata de uma exposição de história da Filosofia: embora levando em conta sua historicidade, o que se visa nessa jornada é ver como a realidade é pensada e debatida à luz de critérios filosóficos.

Na continuação de nossa caminhada, buscamos mostrar ***como a Filosofia enfrenta hoje, na contemporaneidade, os problemas colocados pela existência histórica dos homens***. São as mesmas práticas que marcavam a existência concreta dos homens, desde que surgiram na superfície do planeta, só que colocadas nas condições atuais, tão mudadas, depois de milhares de anos de história. Serão abordados então os temas relacionados ao ***trabalho***, prática pela qual os homens se relacionam com a natureza (Unidade 12), com a ***política***, prática pela qual os homens se relacionam entre si (Unidade 13), e com o conjunto das dimensões da ***cultura simbólica***, dimensões pelas quais os homens representam sua própria existência, simbolizando-a no plano de sua subjetividade: a dimensão ética pessoal (Unidade 14), o desenvolvimento da cultura (Unidade 15), a dimensão estética (Unidade 16) e os impactos da ciência e da tecnologia na nossa existência atual (Unidade 17).

O livro se encerra com uma avaliação sobre nossa condição humana e suas perspectivas frente a tantos desafios que enfrentamos (Conclusão).

Como trabalhar o livro...

O estudo e o aprendizado da filosofia envolvem basicamente atividades de leitura, de reflexão, de discussão e de reelaboração. Essas atividades pressupõem algumas práticas e técnicas de trabalho intelectual, de natureza didático-científica, e que seria oportuno iniciar o aluno para que, além de maior agilidade e prazer, possa ter melhor desempenho e aproveitamento no seu estudo.

Cada etapa do trajeto proposto para as aulas de Filosofia contará com as seguintes seções:

- **Texto-base:** um texto contendo exposição de minha autoria, no qual busco apresentar, sempre de forma sintética, o conteúdo da unidade, de acordo com o tema abordado. Os elementos contidos neste texto poderão ser utilizados como referências para a exposição do tema da unidade da aula. Aula a ser conduzida, obviamente, seguindo critérios do professor, que tanto poderá fazer exposição direta, como coordenar uma leitura com explicações e debates, ou ainda realizar um seminário.

- **Diálogo com...** Um pequeno excerto de alguma obra filosófica cujo teor tem a ver com o conteúdo temático trabalhado no capítulo. A inserção desses trechos, além de aprofundar o tema, tem a finalidade de colocar o estudante em contato com a literatura especializada da filosofia, para que possa ir se familiarizando com o estilo dos filósofos.
- **Trabalhando e debatendo a temática da Unidade: questões e atividades.** Algumas atividades concretas para mediar a abordagem dos textos da exposição e sobretudo do texto do filósofo, a ser lido, estudado e debatido. São sugestões e indicações de trabalhos, de pesquisas e de estudo, objetivando complementar a abordagem do livro; aqui o importante é trabalhar com a classe o referido texto mediante atividades didáticas de leitura, de pesquisa, de debate. Algumas questões formuladas com vista à problematização, à reflexão e à discussão dos temas centrais tratados na unidade, viabilizando-se assim uma revisão da leitura e do estudo feitos pelo aluno. Gancho para que professor e alunos desdobrem os assuntos, otimizando a participação de todos, fomentando o diálogo.
- **Afiando ferramentas:** Algumas unidades conterão ainda um tópico apresentando diretrizes didático-metodológicas para o trabalho didático em filosofia: diretrizes para leitura, para pesquisa e documentação, para estudo em grupo, para a realização de seminários, para utilização das fontes filosóficas. Elas devem ser incorporadas, paulatinamente, pelos alunos e ser utilizadas nas diferentes tarefas que lhes couberem, seja individualmente, seja em grupos.
- **Outras fontes.** Eventualmente serão apresentadas algumas *referências bibliográficas* e *sugestões de leituras complementares*, a fim de um maior aprofundamento da temática do capítulo.

Acompanha ainda o livro um encarte com um **Quadro Sinótico da Filosofia Ocidental**. Sua finalidade é apresentar visualmente a distribuição das expressões filosóficas na trama da temporalidade histórica, permitindo assim que possamos situar, na linha do tempo, a localização de cada pensador, de cada corrente filosófica, ao lado das demais expressões da cultura e da vida social, registradas na parte inferior do Quadro. Não se trata de memorizar nenhuma informação deste Quadro: devemos apenas nos familiarizar, paulatinamente, com essa distribuição. Toda vez que cruzarmos com uma referência a um determinado pensador, recorreremos ao Quadro para situá-lo no fluxo histórico, em que período viveu, em que contexto ele se encontra, em que escola ou movimento teórico ele eventualmente se insere. O sistema nervoso se encarregará do resto. O Quadro foi impresso em separata para que possamos desdobrá-lo e estendê-lo sobre nossa carteira ou mesa de trabalho....

Com relação às questões para discussão, procurei formulá-las de modo que não sejam respondidas de modo lacônico, como mera retomada mecânica do texto. A ideia é a de ensejar algum trabalho de discussão, de reflexão e de reelaboração. Colocadas as coisas desse modo, as questões poderão servir inclusive para o trabalho em grupos, no âmbito da própria aula, grupos pequenos fazendo curtas elaborações por escrito para exposição em painel e para discussão conjunta.

Por outro lado, o motivo da presença dos textos de filósofos consagrados é tão somente o de colocar, desde cedo, o aluno do ensino médio em contato com pensadores clássicos, sobretudo para que possa ter uma noção das preocupações que povoavam o mundo desses filósofos e como eles a expressavam em seus escritos. A escolha do texto e do autor não significa que estes são colocados como apoio das ideias defendidas por mim no capítulo. Embora toda escolha expresse um posicionamento, busquei, neste caso, apenas mostrar como a temática abordada já fora problematizada por filósofos importantes, sem desconhecer que muitos outros poderiam ser citados e indicados. Portanto, não precisa ocorrer necessariamente concordância entre os textos do livro e aqueles dos filósofos citados, assim como não há também, obviamente, homogeneidade de orientação teórica entre eles.

O bom aproveitamento destes textos implica e exige o cumprimento de alguns procedimentos e a superação de algumas etapas: assim, o levantamento de informações sobre o autor, sobre o contexto histórico-cultural de sua atuação, a explicitação do significado dos termos e conceitos fundamentais ou desconhecidos; o levantamento de esclarecimentos sobre fatos, autores e doutrinas a que o texto se refere; a explicitação do tema, do problema e da ideia principal do texto, bem como do raciocínio que o autor desenvolve para demonstrá-la; a esquematização da redação do texto. Nunca se esquecer de que ler e dialogar com um filósofo é também uma via importante para se iniciar a prática da Filosofia.

Desse modo, o livro foi concebido e estruturado em **unidades didáticas** que, tematicamente, podem ser distribuídas pelo professor em várias aulas, intercaladas por tarefas a serem realizadas em casa, semanalmente. Aqui entram a iniciativa e a criatividade dos professores, mas, por exemplo, pode-se, num primeiro encontro, trabalhar a parte expositiva da unidade, os alunos realizando, em casa, as pesquisas complementares propostas; na aula seguinte, retoma-se o debate do tema com base nos resultados dessas pesquisas; em seguida, de novo em casa, os alunos preparam a leitura do trecho dos filósofos, que então é lido e discutido em classe, na terceira aula....

Quanto ao desenvolvimento da disciplina ao longo dos períodos letivos, sugere-se que o professor faça o cronograma das aulas e das atividades, eventualmente, articulando-o com o cronograma de atividades das outras disciplinas ou de outras ações previstas na programação geral da escola. Portanto, fica pressuposto algum entendimento coletivo com o corpo docente e com a equipe de direção da escola, tendo em vista que possa haver ocasiões para iniciativas conjuntas. Por exemplo, unir as aulas de duas disciplinas, ampliando-se o tempo para ver um filme, um vídeo, um DVD, caso em que se faria uma discussão igualmente conjunta, já que uma aula de 50 minutos não é suficiente para explorar bem cada unidade.

Ao apresentar a programação e o cronograma, o professor compartilha igualmente as formas de trabalho que serão adotadas, esclarecendo como a classe vai trabalhar. E, no concernente às modalidades gerais do trabalho, a primeira sugestão é a de dividir a classe em grupos de 3 alunos cada, atribuindo-se a cada grupo o encargo de trabalhar um dos filósofos cujos textos são transcritos no livro, acrescentando-se outros se se fizer necessário... Cada grupo fica encarregado de estudar o filósofo ao longo do período, construindo um dossiê sobre ele, fazendo pesquisa em fontes bibliográficas e na internet. O professor vai acompanhando este trabalho ao longo do semestre e orientando os grupos. Na aula em que estiver sendo apresentado o capítulo onde está o texto do filósofo, o grupo apresenta os resultados parciais já conseguidos, mas continua estudando o pensador, elaborando o dossiê que será concluído até o final do semestre letivo. Aí o resultado final poderá ser apresentado na última aula, como um grande painel. As orientações sobre como realizar esse estudo com pesquisa serão apresentadas ao longo do livro. Os resultados desse trabalho podem ser apresentados ao final do curso, em painéis e pôsteres.

Sugere-se também que cada aluno vá construindo o seu **glossário** particular, elaborando fichas temáticas e biográficas, de forma manuscrita, impressa ou digital.

Mais algumas fontes

Para outras diretrizes referentes à preparação e participação das aulas, à leitura de textos teóricos, à tomada de apontamentos, à realização de seminários e trabalhos em grupo, à redação de textos e à iniciação à prática da pesquisa, além do que consta neste livro, professores e alunos podem recorrer ao meu livro *Ensinar e aprender com pesquisa* (São Paulo: Cortez Editora, 2011). A leitura de textos filosóficos é orientada com mais detalhes em outro livro meu, *Como ler um texto de filosofia* (São Paulo: Paulus, 2008).

Para a explicitação do significado dos termos e conceitos filosóficos, contamos com instrumentos especializados: os dicionários de Filosofia. Em nosso contexto, destaca-se o *Dicionário básico de Filosofia*, de autoria de Hilton Japiassu e Danilo Marcondes (5. ed. atual. Rio de Janeiro: Jorge Zahar, 2008). Além desse, são acessíveis os seguintes: *Pequeno vocabulário da língua filosófica*, de Cuvillier (São Paulo, Nacional, 1969); *Dicionário de Filosofia*, de José Ferrater Mora (4. ed. São Paulo: Martins Fontes, 2001).

Na última seção do livro, encontra-se a indicação de mais fontes para a pesquisa e o aprofundamento do estudo da Filosofia, acessíveis aos alunos do ensino médio.

Concluindo...

O texto que ora submeto a professores e alunos do ensino médio consubstancia uma tentativa de iniciação dos jovens à filosofia, propiciando-lhes uma prática de reflexão que, acredito, já seja filosófica. Trata-se de levá-los a pensar sobre o significado da existência humana a partir de suas manifestações histórico-culturais. Mas este exercício de reflexão segue uma órbita circular que, por assim dizer, não tem um ponto certo para começar nem um ponto definitivo de chegada, o círculo não se fechando nunca: o pensamento reflexivo vai se desenvolvendo e crescendo numa espécie de movimento espiral ascendente. Por isso mesmo, não cabe esperar que os passos dados em cada unidade se esgotem em si mesmos: ao contrário, eles, até certo ponto, se pressupõem mutuamente. Assim, será normal se os alunos não apreenderem exaustivamente cada um deles, de uma única vez, nada impedindo que se vá adiante, que se volte depois, que se retomem passagens e ideias já abordadas antes. O próprio texto só se completa na sua totalidade, e está sempre se referindo a pontos já tratados em passagens anteriores.

UNIDADE 1

Novos habitantes ocupam o planeta

Vamos começar nossa caminhada filosófica perguntando quem somos nós, habitantes deste pequeno e charmoso planeta, chamado Terra... Como será que nós apareceríamos, alguns milhões de anos atrás, a um observador que nos visse à longa distância... O que ele veria? Num complexo emaranhado de milhões de seres vivos, vegetais e animais, que pululavam sobre a superfície material do planeta, veria agrupamentos de indivíduos vivos, seres orgânicos, ao lado de várias outras espécies de seres vivos, evidenciando um comportamento diferenciado.

O nosso observador imaginário logo se daria conta de que se tratava de primatas, bípedes que, como todos os seres vivos, se relacionavam com a natureza físico-biológica, da qual dependem integralmente. É dela que eles retiram tudo de que necessitam para sobreviver, para repor sua existência material, do ar que respiram, dos frutos da terra de que se alimentam, dos elementos naturais com que proveem seu vestuário, sua moradia, enfim, com que organizam seu hábitat.

Mas, logo, ele veria que essa relação com a natureza física já apresentava algumas diferenças no seu jeito de acontecer. Em vez de puramente se adaptar às condições determinantes da natureza, os homens passaram a interferir sobre ela, fazendo-a se adequar a eles. Ao ocupar as cavernas para se alojar, eles as modificavam, interferindo nelas para torná-las mais aconchegantes, mais adequadas a suas necessidades. Logo se deram conta de que podiam estocar os alimentos, que podiam cultivar as plantas que produziam, que podiam atrair as presas de sua caça.

Também logo se deram conta de que se se unissem em grupos organizados de indivíduos se tornavam mais poderosos para cuidar de sua própria existência e daquela de sua prole. Os animais também viviam em grupos, mas os seus eram grupos puramente gregários, sua organização era determinada pelas forças instintivas, determinadas pelo próprio código genético, era fixa, não podia ser alterada. Já no caso dos humanos, essa organização evidenciava uma intencionalidade e sobretudo era uma organização hierarquizada, ou seja, cada membro do grupo ocupava não um lugar simetricamente distribuído em todo o conjunto, mas alguns exerciam um poder sobre outros.

Portanto, tanto nas suas relações com a natureza como naquelas que estabeleciam entre si, eles agiam como se estivessem cumprindo um planejamento prévio, uma decisão que eles mesmos tomavam, sobrepondo-se às pulsões vitais instintivas que não deixavam de existir e que continuavam presentes na dinâmica da vida. Mas entrava em cena uma outra dimensão, uma outra força igualmente determinante, que não se manifestava de forma tão expressiva entre os outros seres vivos.

O que se faz presente é a subjetividade, que é então uma característica nova que passa a servir de marca distintiva desse segmento de seres vivos, os humanos, que vai diferenciar sua forma de agir, seja naquelas ações direcionadas à natureza, seja naquelas direcionadas a suas formas de convivência com seus semelhantes, inaugurando assim uma nova esfera de atividades, as atividades de cunho especificamente simbólico, que constituem o universo das práticas culturais, que qualificam então suas relações com o mundo natural e com o conjunto social gregário.

Em decorrência disso, os homens passam a interferir no próprio processo de produção e de reprodução de sua existência físico-biológica, de sua existência como ser integrante da natureza. Graças a esse equipamento de subjetivação, constituído pela capacidade de reduplicar, subjetiva e simbolicamente, os dados de sua experiência sensível, os dados do mundo com os quais se relaciona, eles passam a interferir nessas relações, produzindo novos arranjos e novos objetos, o que se sintetiza dizendo que eles passam a produzir cultura, conjunto de ações, de artefatos e produtos, resultantes dessa intervenção humana sobre a realidade natural e sobre sua vida gregária.

Ora, o que as ciências antropológicas nos revelam? Que o primeiro dado humano perceptível é a existência de seres humanos vivos, corpos orgânicos, fisicamente constituídos, inseridos num ambiente natural, com uma necessidade intrínseca fundamental, primordial: a de manter essa existência material, necessidade que compartilham originariamente com todos os demais seres vivos. Todo ser vivo tende a se manter vivo, a se conservar, já que a primeira finalidade da vida é exatamente esta: viver. Mas também se perceberá que, nesse esforço de manutenção da própria vida, os homens revelam uma diferença significativa: eles, ao contrário dos demais seres vivos, *passam a produzir os meios de sua própria existência, não deixando essa tarefa por conta apenas dos mecanismos objetivos da própria natureza*... Viver, para os homens, identifica-se com conservar sua existência material individual, produzindo-a ao produzir os meios de sua conservação e ao garantir a sua reprodução enquanto espécie. A diferenciação do mundo propriamente humano em relação ao mundo puramente animal se caracteriza inicialmente por essa capacidade que os humanos têm de *prover os meios de sua existência*, relacionando-se então diferenciadamente com a natureza. Os homens desencadeiam uma forma diversa de agir para sobreviver, criando ou recriando novos meios de existência, pela reorganização ou modificação dos recursos naturais disponíveis. Essa capacidade é o dado novo, essa disponibilidade de um equipamento que lhes permite modificar, de acordo com uma intenção subjetivada, a ordem instrumental mecânica do mundo natural.

Assim, a consciência humana se inaugura como *impulso vital* originário, como uma espécie diferenciada de instinto, sem a rigidez de um puro mecanismo. E, nesse nível, a consciência faz corpo com o agir dos homens que assumem então um papel de sujeitos dessa ação, subjetividade até então puramente vivenciada, que não se dava ainda conta de si mesma.

E essa construção histórica que o homem faz de si mesmo começa a partir de seu relacionamento imediato com a natureza. Como todos os demais seres vivos, os homens precisam da natureza para se construírem fisicamente, para sobreviverem e para se reproduzirem biologicamente. Enfim, são os elementos naturais que asseguram a existência material dos homens.

Mas, ao contrário dos demais seres vivos, esse intercâmbio homem/natureza não se dá de maneira puramente mecânica: os homens estabelecem com ela uma relação marcada pela intervenção de um elemento novo, a subjetividade, pela qual eles conseguem antever e projetar sua ação de intervenção sobre a natureza, e isso lhes garantindo a capacidade de produzir os meios de produção dos bens naturais que lhes são necessários. Essa nova forma de relação humana com a natureza acarreta transformações nesta, a ação produtiva do homem forçando a que ela se adapte para melhor atender às suas necessidades.

Essa ação humana sobre a natureza, capaz de transformá-la, viabilizada pela impregnação por parte de uma intenção subjetivada, é a base da *práxis* dos homens. É uma prática produtiva, o *trabalho*. É ela que garante aos homens o alimento e demais elementos de que eles precisam para manter sua existência material. Essa é a esfera da *vida econômica*, o âmbito da produção, efetivada pelos homens pela mediação do trabalho.

Mas ao produzir, transformando a natureza para assegurar sua própria sobrevivência, os homens não estabelecem apenas relações individuais com essa natureza. Ao lado dessas relações técnicas de produção, eles vão implementar relações interindividuais, relações de troca e de intercâmbio entre si. E formam assim a estrutura social, a *sociedade*, que não é apenas o somatório dos indivíduos, mas também o seu agrupamento tecido por uma série de relações, dentre as quais se destacam as *relações de poder*.

Com efeito, para produzir os meios de produção e os seus bens de sobrevivência, os homens se dividem em várias especializações de trabalho. Opera-se uma *divisão técnica do trabalho*: uns vão plantar, outros vão caçar, outros guerrear, outros ainda comerciar etc. Mas esta divisão técnica acaba sendo sobreposta por uma outra forma de divisão entre os homens: a *divisão social do trabalho*. Como há formas diferenciadas de os grupos disporem dos meios de produção, uns vão se colocar como superiores aos outros. Assim os grupos se hierarquizam, uns em relação aos outros. Portanto, do âmbito de uma diferenciação *econômica* vai decorrer uma diferenciação *política*, entrando, pois, em cena uma outra dimensão da existência humana, que é a *dimensão política*, caracterizada pela intervenção das relações de poder. Tal situação instaura a desigualdade originária entre pessoas e grupos no interior da sociedade. Esta é, pois, a esfera das relações sociais, âmbito da vida propriamente social, da prática social, universo das relações políticas.

Mas o processo de formação da espécie humana não para aí. É ativada simultaneamente uma terceira configuração. Ao mesmo tempo que os homens desenvolvem relações com a natureza por meio do trabalho, com os seus semelhantes por meio da prática social, eles desenvolvem ainda relações no âmbito de sua própria subjetividade por intermédio da *prática simbolizadora*, pela qual criam e lidam com signos. Eles passam a representar, no plano de sua subjetividade, mediante processos de simbolização, os diversos aspectos envolvidos em suas relações com a natureza. e com a sociedade. A sua consciência subjetiva, além de servir de recurso diferenciado para otimizar sua intervenção sobre a natureza, respondendo às exigências imediatas da ação, passa a desenvolver um processo especificamente subjetivo que visa "explicar" a própria realidade de sua existência.

São estes os três planos integrados que constituem as efetivas mediações da existência humana! É por isso que se diz que o homem é um ser de relações! E ele vai se constituindo e conservando sua existência concreta na exata medida em que vai se relacionando com a natureza — pelo trabalho —, com a sociedade — pela prática social — e consigo mesmo — pelo cultivo de sua subjetividade.

Assim, o trabalho é o elemento fundamental para a configuração de sua existência; mas o trabalho só pode se dar no contexto de uma sociedade e impregnado por uma intenção subjetivada. Esses aspectos não são a essência humana: mas só por meio deles os homens podem ir constituindo sua essência no decurso de sua existência histórica.

Essas três dimensões se interligam, se complementam e atuam integradamente no processo real da vida das pessoas.

A prática produtiva sustenta a esfera do social e a esfera da cultura simbólica; a prática social pressupõe a esfera do econômico, do político e do simbólico, enquanto a prática simbólica pressupõe a esfera do econômico e do político. Cada um pressupõe os outros e interfere sobre eles.

Assim, quando trabalhamos, pressupomos um certo índice de atividade subjetiva de representação dos fins e dos processos do trabalho, bem como envolvemos toda uma circunstância social de intercâmbio para a produção, circulação e consumo dos bens dele resultantes; nossa vida em sociedade não seria possível sem a produção sistemática de bens materiais nem sem a comunicação no âmbito da cultura simbólica; esta, por sua vez, depende, para sua consolidação e desenvolvimento, da infraestrutura econômica e da própria sociedade.

A ação do homem sobre a natureza: o trabalho

Essa ação humana sobre a natureza, impregnada pela intenção subjetivada, é a primeira forma de práxis dos homens e se configura originariamente como *trabalho*, ou seja, ação transformadora sobre a natureza para arrancar dela os meios da sobrevivência. Trata-se, portanto, de uma *prática produtiva*, pois é ela que, num processo de continuidade aperfeiçoada da ação instintiva, passa a garantir aos homens o alimento e demais elementos de que precisam para sua existência.

A origem do existir em sociedade

É interessante observar que ao atuar através de sua atividade produtiva sobre a natureza, pelo trabalho, cuidando de prover sua existência mediante a apropriação e incorporação dos recursos naturais transformados, os homens não estabelecem apenas relações individuais com a natureza: ao mesmo tempo que vão estabelecendo essas relações técnicas de produção, vão instaurando outras tantas relações interindividuais, eles criam a *estrutura social*. Só que essas relações sociais encontram-se numa determinada correspondência com as relações que uniam os homens à natureza.

É possível identificar então que a estrutura social se constitui fundamentalmente em *relações de poder*, a sociedade se instaurando como uma estrutura hierárquica, sendo o poder social exercido por uns sobre outros, de modo diretamente proporcional à apropriação pelos indivíduos ou grupos dos meios de produção e, consequentemente, de sobrevivência. O poder social que assim se torna *poder político* encontra sua base de fato no *poder econômico*, ou seja, no domínio dos meios de se prover a própria existência material.

Mas esse processo não se esgota aí: além de instaurar a estrutura social, os homens, dando curso à expansão de sua subjetividade vivenciada, elaboram *representações mentais*, agora num novo patamar de sua consciência, não só dessas relações mas de todos os elementos nelas envolvidos. Expande-se e cresce o potencial da consciência que vai se desenvolvendo e ampliando seu alcance e sua pretensão de autonomia, buscando cada vez mais não apenas otimizar as respostas às exigências imediatas da ação, mas também propiciar uma "explicação" de todos os elementos em questão. Volta-se assim à evolução que vai ocorrendo com o processo originário do conhecer, impulso vital, integrado ao equipamento disponível para o homem cuidar de sua sobrevivência, que vai se desenvolvendo, se autonomizando em relação a essa condição original. É o desenvolvimento de uma força explicativa, capaz de estabelecer nexos entre os objetos e situações de sua realidade, e que tem para a consciência subjetiva uma força "compreensiva" gerando-lhe o sentido.

As três esferas da existência humana

Esta complexa forma de manifestação da condição e da ação humana sobre o planeta pode ser representada pelo quadro a seguir:

AS ESFERAS DA EXISTÊNCIA HUMANA E SUA INTER-RELAÇÃO

Com efeito, vimos que a existência humana, a partir do momento em que vai se tornando *especificamente* humana, ela se desenvolve em três dimensões. A dimensão básica é, sem dúvida, aquela da *prática produtiva*. É a esfera das relações de troca que o homem estabelece com a natureza, sem o que, obviamente, não poderia nem mesmo existir. O homem é uma parte da natureza, uma organização de elementos dessa natureza, e para sobreviver, física e biologicamente, precisa manter com ela um fluxo contínuo de trocas de elementos, sobretudo sob a forma de alimentação e de respiração. Para retirar da natureza esses elementos, o homem intervém sobre ela, agindo sobre seus processos, modificando-a, adaptando-a às suas necessidades. Essa atividade fundamental é o *trabalho*, prática produtiva através da qual provê os meios de sua subsistência.

Mas o desenvolvimento dessa atividade produtiva repercute sobre as relações dos homens entre si. A atividade produtiva representada pelo trabalho não pode se reduzir a uma prática puramente individual. É como se o homem/indivíduo isolado não conseguisse prover sua subsistência sozinho, ao contrário do que ocorre com os animais, que podem cuidar de sua sobrevivência mesmo individualmente, isolados, contando com sua habilidade instintiva para retirar da natureza os elementos para sua sobrevivência sem interferir no seu processo. Assim, ao mesmo tempo que produzem seus bens naturais, os homens passam a se organizar de maneira sistemática, estruturada: eles instalam o *modo social* de viver, superando o modo puramente gregário de ajuntamento dos animais. A nova forma de agrupamento vai distribuir os indivíduos em grupos e subgrupos, dividindo e atribuindo as funções que cada um deve exercer em benefício do conjunto formado pelo grupo abrangente que é a *sociedade* como um todo. Os indivíduos e grupos não apenas são estruturados mas também hierarquizados, de tal forma que haverá tanto uma *divisão técnica* das funções como uma *divisão política* do poder, no sentido de que alguns *podem* mais que outros.

Mas ocorre ainda a instauração de uma terceira dimensão, intrinsecamente vinculada às duas primeiras: acontece que ao mesmo tempo que produzem e se organizam socialmente, os homens desenvolvem, no plano de sua subjetividade, uma representação simbólica das condições de sua *existência*. Pela *prática simbolizadora* da consciência, eles criam conceitos e valores mediante os quais *representam* e *avaliam* essa realidade social e econômica.

Essas três dimensões se articulam intimamente entre si, de tal modo que o desenvolvimento de cada uma repercute sobre as outras duas, num fluxo e num contrafluxo permanentes. Assim, se o modo de produção, de um lado, repercute no modo da formação social e se ambos repercutem sobre o modo da representação subjetiva dos homens, de outro, as suas representações mentais interferem na sua organização social e na sua atividade produtiva.

ESCLARECENDO CONCEITOS

Neste capítulo foi adotada uma **perspectiva antropológica** de abordagem para se tratar da origem da espécie humana. Isso quer dizer que as informações trazidas sobre a formação da humanidade se apoiam nos resultados fornecidos pela **antropologia científica**. Esta é a ciência que estuda o homem utilizando-se da moderna metodologia das ciências. A **antropologia física** adota a metodologia das ciências naturais e estuda o homem enquanto organismo biológico; como **antropologia cultural**, estuda a espécie humana como organizada em sociedade e produtora coletiva de cultura e da civilização.

Assim, a antropologia considera o homem como um **dado empírico** e **histórico**. Com isso se quer dizer que a espécie humana é abordada como uma manifestação puramente fenomenal, como se fosse puro objeto natural, físico-biológico. É histórico porque se manifesta no decorrer do tempo, acompanhando o desenvolvimento tanto da natureza como da própria sociedade. Esta se constitui ao longo do tempo.

Usou-se também o conceito de **práxis**: ele designa a prática humana enquanto é atravessada por uma forma de intenção reflexiva; distingue-se assim de uma prática puramente mecânica.

Já quando se fala de **utilidade pragmática**, de **pragmaticidade**, o que se quer fazer é uma referência ao que é concreto, aplicado, prático, ao que tem efetivamente a ver com a vida real, em oposição àquilo que é puramente teórico, abstrato, especulativo.

Mas é preciso destacar ainda o conceito de **consciência**, tomada aqui em seu sentido mais geral. A consciência é o campo do psiquismo em que se fazem presentes os dados mentais das várias formas de percepção que temos dos aspectos da realidade em geral. No caso do conhecimento, esse dado se dá sob forma de **representação** que, por assim dizer, se coloca no lugar do objeto representado. Trata-se de uma **mediação**: pela ideia, gerada no âmbito da consciência, nós representamos as "coisas reais", que se nos tornam acessíveis através da experiência, constituída de elementos de percepção sensível, de imaginação e de intuição intelectual.

As coisas do mundo real não podem estar fisicamente presentes na nossa consciência. Por isso elas são representadas, ficam mentalmente presentes, são simbolizadas. Daí se falar que nos conhecemos mediante uma **atividade simbolizadora**...

Trabalhando e debatendo
a temática da Unidade

Questões e atividades

a) Levantar, nas outras disciplinas já cursadas, elementos comuns concernentes à origem da humanidade e à organização da sociedade.

b) Discutir as seguintes questões:
- Quais as semelhanças entre os grupos gregários dos animais (como abelhas, cupins, lobos etc.) e os agrupamentos humanos?
- Por que se pode dizer que enquanto os animais se adaptam à natureza, é a natureza que se adapta aos homens?

c) Situar, no Quadro Sinótico, a inserção histórica de Marx e Engels.

d) Fazer a leitura do trecho de Marx/Engels, na seção Afiando Ferramentas. Como ler um texto filosófico.

e) Transpor conceitos para verbetes do Glossário Pessoal, abrindo fichas temáticas.

f) Sintetizar, a partir do texto, em obras científicas de antropologia e história, mais elementos sobre a origem da espécie humana, buscando caracterizar seu comportamento específico.

Diálogo com Marx e Engels

A complexidade e o caráter enigmático da condição humana sempre instigaram os filósofos... Aliás, é o espanto, a perplexidade perante os fatos e as manifestações da realidade que provocam e desencadeiam a curiosidade humana, levando os homens a pensarem... Eis aí, já adiantando, uma característica da filosofia...

Assim, a problemática da condição humana levou os filósofos Karl Marx e Friedrich Engels a refletirem sobre ela, insatisfeitos que estavam com as explicações até então vigentes. Vamos acompanhá-los em suas análises e reflexões que, por sinal, inspiraram as considerações apresentadas neste capítulo.

Com efeito, os autores expressam a tríplice dimensão da existência humana enquanto instaurada histórica e antropologicamente. Eles realçam a vinculação intrínseca das três esferas, enfatizando sobretudo a dependência originária das expressões da consciência em relação à prática econômica e à vida social.

Karl Marx (1818-1883) nasceu em Tréves, na Alemanha. Estudou Direito e Filosofia, em Bonn e em Berlim, tornando-se adepto do hegelianismo. Deixou a carreira acadêmica universitária para se dedicar ao jornalismo e à política. Preocupado com as adversas condições sociais dos trabalhadores no auge do capitalismo industrial, integrou-se às lutas político-sindicais do proletariado, tendo evoluído do liberalismo para posições socialistas, passando a criticar a filosofia idealista de Hegel e a defender o materialismo filosófico.

Além de sua militância política, contribuindo para a organização do proletariado, Marx produziu uma significativa obra teórica nos campos da Filosofia, da Sociologia e da Economia Política. Assim, escreveu *Diferença entre a filosofia da natureza de Demócrito e a de Epicuro* (1841), *Crítica da Filosofia do Direito de Hegel* (1843), *Economia e Filosofia* (1844), *Teses sobre Feuerbach* (1845), *A miséria da Filosofia* (1847), *Crítica da economia política* (1859), e o seu clássico e volumoso trabalho, *O capital* (1867). Com Engels (vide Unidade 11), publicou *A sagrada família* (1845) e *A ideologia alemã* (1845-1846), de onde é tirado o trecho a seguir.

"O fato, portanto, é o seguinte: indivíduos determinados, que como produtores atuam de um modo também determinado, estabelecem entre si relações sociais e políticas determinadas. É preciso que, em cada caso particular, a observação empírica coloque necessariamente em relevo — empiricamente e sem qualquer especulação ou mistificação — a conexão entre a estrutura social e política e a produção.

A estrutura social e o Estado nascem constantemente do processo de vida de indivíduos determinados, mas destes indivíduos não como podem aparecer na imaginação própria ou alheia, mas tal e como *realmente* são, isto é, tal e como atuam e produzem materialmente e, portanto, tal e como desenvolvem suas atividades sob determinados limites, pressupostos e condições materiais, independentes de sua vontade.

A produção de ideias, de representações da consciência, está de início, diretamente entrelaçada com a atividade material e com o intercâmbio material dos homens, como a linguagem da vida real. O representar, o pensar, o intercâmbio espiritual dos homens aparecem aqui como emanação direta de seu comportamento material. O mesmo ocorre com a produção espiritual, tal como aparece na linguagem da política, das leis, da moral, da religião, da metafísica etc. de um povo. Os homens são os produtores de suas representações, de suas ideias etc., mas os homens reais e ativos, tal como se acham condicionados por um determinado desenvolvimento de suas forças produtivas e pelo intercâmbio que a ele corresponde até chegar às suas formações mais amplas. A consciência jamais pode ser outra coisa do que o ser consciente, e o ser dos homens é o seu processo de vida real. E se, em toda ideologia, os homens e suas relações aparecem invertidos como numa câmara escura, tal fenômeno decorre de seu processo histórico de vida, do mesmo modo por que a inversão dos objetos na retina decorre de seu processo de vida diretamente físico.

Totalmente ao contrário do que ocorre na filosofia alemã, que desce do céu à terra, aqui se ascende da terra ao céu. Ou, em outras palavras: não se parte daquilo que os homens dizem, imaginam ou representam, e tampouco dos homens pensados, imaginados e representados para, a partir daí, chegar aos homens em carne e osso; parte-se dos homens realmente ativos e, a partir de seu processo de vida real, expõe-se também o desenvolvimento dos reflexos ideológicos e dos ecos desse processo de vida. E mesmo as formações nebulosas no cérebro dos homens são sublimações necessárias do seu processo de vida material, empiricamente constatável e ligado a pressupostos materiais. A moral, a religião, a metafísica e qualquer outra ideologia, assim como as formas de consciência que a elas correspondem, perdem toda a aparência de autonomia. Não tem história, nem desenvolvimento; mas os homens, ao desenvolverem sua produção material e seu intercâmbio, transformam, também, com esta sua realidade, seu pensar e os produtos de seu pensar. Não é a consciência que determina a vida, mas a vida que determina a consciência. Na primeira maneira de considerar as coisas, parte-se da consciência como do próprio indivíduo vivo; na segunda, que é a que corresponde à vida real, parte-se dos próprios indivíduos reais e vivos, e se considera a consciência unicamente como *sua* consciência.

Esta maneira de considerar as coisas não é desprovida de pressupostos. Parte de pressupostos reais e não os abandona um só instante. Estes pressupostos são os homens, não em qualquer fixação ou isolamento fantásticos, mas em seu processo de desenvolvimento real, em condições determinadas, empiricamente visíveis. Desde que se apresente este processo ativo de vida, a história deixa de ser uma coleção de fatos mortos, como para os empiristas ainda abstratos, ou uma ação imaginária de sujeitos imaginários, como para os idealistas.

Ali onde termina a especulação, na vida real, começa também a ciência real, positiva, a exposição da atividade prática, do processo prático de desenvolvimento dos homens. As frases ocas sobre a consciência cessam, e um saber real deve tomar o seu lugar. A filosofia autônoma perde, com a exposição da realidade, seu meio de existência. Em seu lugar pode aparecer, quando muito, um resumo dos resultados mais gerais, que se deixam abstrair da consideração do desenvolvimento histórico dos homens. Estas abstrações, separadas da história real, não possuem valor algum. Podem servir apenas para facilitar a ordenação do material histórico, para indicar a sequência de suas camadas singulares. Mas de forma alguma dão, como a filosofia, uma receita ou um esquema onde as épocas podem ser enquadradas. A dificuldade começa, ao contrário, apenas quando se passa à consideração e à ordenação material, seja de uma época passada ou do presente, quando se passa à exposição real. A remoção destas dificuldades depende de pressupostos impossíveis de desenvolver aqui, mas que resultam somente do estudo do processo de vida real e da ação dos indivíduos de cada época."

MARX-ENGELS. *A ideologia alemã*. 17. ed. Tradução de José Carlos Bruni e M. Aurélio Nogueira. São Paulo: Hucitec, 1989. p. 35-39.

Afiando FERRAMENTAS...

Em algumas unidades dessa nossa jornada, vamos reservar espaços para a apresentação a professores e alunos de diretrizes e orientações para o trabalho didático-científico relacionado ao ensino e à aprendizagem da Filosofia. Também serão sugeridas atividades complementares, com vista ao enriquecimento das aulas.

Vamos começar tratando da leitura, pois esta é uma mediação imprescindível e fundamental para o estudo e o aprendizado em Filosofia.

Como ler um texto filosófico...

Mas antes de passarmos à leitura do texto, vamos lembrar algumas estratégias para a atividade de leitura, em geral, e algumas diretrizes específicas para a leitura de um texto filosófico...

A leitura é o processo de decodificação de um texto escrito com vista à apreensão/recepção da mensagem passada nele contida. Esta é uma primeira forma de leitura, que podemos chamar de "leitura analítica". Por esta modalidade de leitura, entende-se aquela abordagem de um texto com os seguintes objetivos: *apreender a mensagem global da unidade de leitura, de modo a que o leitor tenha uma visão da integralidade do raciocínio desenvolvido pelo autor, levando-o tanto à compreensão dessa mensagem como a sua interpretação.* É a modalidade mais tradicional de leitura, aquela que fazemos quando lemos um romance, é uma leitura do começo ao fim. Mas, como veremos, os textos científicos e filosóficos demandam alguns recursos próprios, diferentes daqueles que usamos na leitura dos textos literários, jornalísticos ou coloquiais. É que a Ciência e a Filosofia são modalidades diferenciadas do conhecimento, usando termos e conceitos em níveis diferentes dos que são usados na linguagem coloquial e na literatura.

Quando lemos analiticamente um determinado texto, dirigimos ao autor cinco questões bem diretas e precisas:

1. **Do que** ele está falando, qual o tema ou assunto do texto?

2. Qual o problema que se coloca, ou seja, **por que** o tema está em questão?
3. Qual a resposta que o autor dá ao problema, qual a tese que defende ao tentar resolver o problema ou explicar o tema? **O que** ele fala do objeto sobre o qual escreve?
4. **Como** a autor demonstra sua hipótese, como ele a comprova?
5. Que outras ideias secundárias o autor, eventualmente, defende no texto em análise? **Do que** mais ele trata?

Guiados por estas questões, vamos relendo o texto, perguntando ao autor quais respostas o texto dá a elas.

Mas, antes de lermos o texto de Marx/Engels, confiramos algumas diretrizes gerais da leitura analítica. Ela se realiza mediante uma sequência de cinco etapas essenciais:

- etapa de análise textual.
- etapa de análise temática.
- etapa de análise interpretativa.
- etapa de problematização.
- etapa de reelaboração reflexiva.

Etapa 1. Preparação da leitura mediante a análise textual

Esta é uma fase preparatória à leitura propriamente dita, mas é imprescindível, justamente para nos ajudar a superar as múltiplas interferências que podem ocorrer na decodificação e na apropriação da mensagem do autor, contida no texto. Seu objetivo é identificar os elementos que permitam a adequada decodificação do texto, bem como o contexto de sua produção. Inclui o levantamento de vários esclarecimentos prévios.

Assim, a primeira iniciativa quando vamos ler um texto é **delimitar uma unidade de leitura.** No presente caso, essa unidade já está estabelecida, é este pequeno trecho de Marx/Engels, transcrito como subsídio para a compreensão e discussão do tema desta unidade de estudo.

Em seguida, impõe-se uma informação preliminar: saber **quem é(são) o(s) autor(es)** do texto. Conhecer o autor do texto já ajuda muito em seu entendimento, ainda que isso não seja assim tão evidente ao leitor iniciante. É fundamental dispor de informações prévias sobre a vida, a obra e o pensamento do autor, pois tais elementos são muito úteis para a elucidação das ideias expostas no texto.

Isto feito, abrimos uma **ficha biográfica** para o autor, conforme modelo à p. 62.

A segunda iniciativa é se dar conta **do perfil geral do texto**: identificar sua finalidade, a oportunidade de sua produção, sua natureza geral, como surgiu, por que foi escrito. Trata-se de fazer aqui uma contextuação geral do texto, de situá-lo: em que circunstâncias foi escrito, de que obra mais ampla faz parte, a que público se destina etc. Estes elementos são levantados a partir de informações, que costumam acompanhar o próprio texto. Obviamente, se elas não estão aí, facilmente acessíveis, passa-se adiante.

Fazendo uma primeira leitura panorâmica...

Procede-se então a uma primeira abordagem do texto, com a finalidade de se tomar contato com ele, na verdade, realizando-se uma preparação para a leitura propriamente dita, para uma melhor compreensão do texto. Esta etapa compreende uma série de atividades que visam dar ao leitor uma visão panorâmica do conteúdo do texto, do seu perfil, método e do contexto. Trata-se de um trabalho prévio de identificação de pontos que eventualmente precisam ser esclarecidos para que uma leitura efetivamente compreensiva possa acontecer.

Com uma ficha-rascunho em mãos, devemos fazer ***uma leitura corrida*** do texto da unidade escolhida, acompanhando a exposição do autor. Ao percorrer assim o texto, certamente vamos nos deparar com algumas **palavras**, **conceitos**, referências a **autores**, a **fatos históricos** e a **teorias** que, eventualmente, desconhecemos. Assinalemos estes pontos, transcrevendo-os na folha de rascunho.

É que para que possamos entender um texto que estamos lendo, precisamos saber a língua em que o texto está escrito, a natureza e o perfil do texto escrito (uma carta é muito diferente de um artigo científico, noção de fatos históricos e situações referidos no texto), um mínimo de familiaridade com as categorias conceituais utilizadas pelo autor. Se, ao ler o texto, nós já sabemos de tudo isso, tanto melhor, esta primeira etapa fica dispensada. Mas se permanece alguma dúvida, é preciso, ao término desta primeira leitura, resolvê-la, esclarecê-la, antes de continuar a busca de compreensão da mensagem do autor. Para isso, ao longo da leitura, mas sem interrompê-la, devemos transcrever esses pontos para a ficha-rascunho, sempre indicando o parágrafo em que se encontram: palavras desconhecidas, palavras conhecidas mas com sentido pouco claro, palavras que expressam conceitos específicos, categorias teóricas, autores citados, desconhecidos ou pouco conhecidos, fatos históricos aludidos, doutrinas a que se faz referência.

Terminada a leitura corrida, registrados estes elementos, interrompemos a continuidade de leitura do texto, mesmo que não tenhamos compreendido completamente sua mensagem, e passamos para um segundo momento desta preparação. É hora de ir buscar as informações e esclarecimentos a respeito destas dúvidas. Tomamos a folha de rascunho e vamos às fontes em busca deles.

Buscando os esclarecimentos nas fontes...

Começamos buscando resolver os problemas de linguagem encontrados nesta leitura panorâmica e que foram assinalados na folha de rascunho. As informações sobre **termos** e **palavras** desconhecidos têm seus sinônimos e explicações nos dicionários da língua portuguesa (como *Aurélio*, *Houaiss* e semelhantes).

Mas, em se tratando de **conceitos novos**, mesmo quando a palavra já nos é conhecida, precisamos nos dirigir a fontes especializadas, como os dicionários de Filosofia, de Sociologia etc. Consultadas essas fontes, o resultado deve ser transcrito em seu Vocabulário Pessoal, o seu **Glossário**, conforme orientado à p. 20.

Em seguida, vamos buscar as primeiras informações sobre os **autores** citados no texto, desde que esta referência seja importante na exposição das ideias do texto. Se o autor é citado de forma genérica, não é necessário buscar suas informações. Os nomes e biografias são encontrados nas enciclopédias, nos dicionários especializados, nos livros de História das Ideias e em livros especializados e, agora, em sites igualmente especializados. Sendo um primeiro contato com estes pensadores, apenas ligeiramente referidos pelo nosso autor, não sendo imprescindíveis para a compreensão do pensamento constante do texto, basta abrir a ficha bibliográfica com as informações mais gerais. Posteriormente, à medida que formos cruzando com novas referências sobre esses autores, acrescentaremos novos dados, ampliando sua ficha.

Esquematizando o texto...

Feito este levantamento, a pesquisa, processadas as devidas anotações, volte ao texto para uma nova leitura panorâmica, agora para terminar a fase de preparação para a leitura temática do texto. É hora de fazer uma esquematização da unidade de leitura. Este esquema deve ser transcrito na própria Ficha de Leitura. O esquema dá conta do plano, da estrutura do texto, não é o **resumo**. O esquema ajuda o leitor a ter uma visão geral do texto: a visão panorâmica da unidade.

Fazendo um pequeno resumo

Efetuada esta nova leitura panorâmica e esquematizado o texto, o leitor está em condições de fazer um pequeno resumo, uma ementa do texto, sintetizando-o.

Etapa 2. A análise temática do texto

Terminada esta fase de preparação do texto a ser lido/estudado, estamos em condição de proceder a uma segunda abordagem do texto: é hora de uma segunda leitura da unidade de texto, visando agora realizar uma **análise temática** dele. Esta é a fase de busca de compreensão, a mais objetiva possível, da mensagem do autor. É hora de saber qual recado ele nos envia através de seu texto, o que ele quer comunicar. Trata-se, portanto, de se saber qual o conteúdo do texto. Busca-se explicitar e apreender, com o máximo de objetividade, o pensamento do autor exposto no texto.

Em nossos ambientes escolares e acadêmicos, muitas vezes, esta fase é confundida com a atividade de ***interpretação*** do texto (que será objeto da próxima etapa). É que muita gente entende a leitura como se ela fosse apenas a "interpretação" do texto. Mas há uma etapa prévia a ser levada em conta na leitura, a fase da "compreensão", durante a qual precisamos "ouvir" o mais atentamente possível o autor.

Estas respostas são registradas, de forma sintética, na **ficha bibliográfica** referente ao texto, correspondendo isso ao chamado *fichamento* do texto lido.

Fica assim retomada, de forma sistemática, a mensagem contida no texto lido. Esta etapa apresenta a posição do autor, o recado que ele quer transmitir no seu texto, é o que ele fala. Da parte do leitor, a análise temática representa o esforço de bem ouvir o autor, deixando-o falar, sem se intrometer em suas posições. Em princípio, todos os leitores deveriam realizar a análise temática de forma idêntica, pois supõe-se que o autor, quando escreve um texto, quer passar uma mesma mensagem para todos eles. Evidentemente, como visto à p. 38, muitas interferências subjetivas e objetivas ocorrem durante o processo de leitura, perturbando a decodificação da mensagem. Daí a confusão que muitos fazem entre compreensão e interpretação do texto.

Etapa 3. Dialogando com o autor e seu texto...

A análise interpretativa, última etapa da leitura analítica, é a fase mais difícil. Mas, mesmo assim é preciso iniciar-se também a ela, até porque é através dela que se pratica a crítica, é ela que torna a leitura um processo crítico na lida com o conhecimento. Enquanto na fase anterior a compreensão da mensagem do autor se dava a partir exclusivamente dos elementos presentes no texto escrito, nesta fase interpretativa, a compreensão se dará a partir de dados de fora do texto, interpelando-se o autor, discutindo com ele. É a fase da análise interpretativa. É chegada a hora de dialogar com o autor, de situar o seu pensamenteo, de refletir sobre os conteúdos de sua mensagem, a partir de referências externas ao texto.

Como estas orientações de leitura se dirigem ao estudantes do ensino médio, deve ficar bem claro que eles avançarão nessa fase interpretativa até onde lhes for possível, pois a interpretação de um texto supõe um repertório de conhecimentos acumulados na área em que o texto se situa que o jovem do ensino médio ainda não tem... Mas algumas das atividades da interpretação já se encontram a seu alcance...

Esta etapa pode adotar o seguinte roteiro:

3.1. Situação do conteúdo da unidade no contexto da obra de onde ela foi extraída, bem como no conjunto do pensamento do autor. Como as ideias do autor, expostas nesta unidade, se relacionam com as posições gerais do pensamento teórico do autor, como elas se inserem no conjunto de seu pensamento.

No caso de textos filosóficos, o leitor do ensino médio terá, obviamente, alguma dificuldade para fazer este trabalho de inserção teórica do texto. Mas, minimamente, ao ter levantado informes biográficos do autor, já terá alguma referência a respeito.

3.2. Situação do autor no âmbito do pensamento teórico, na história do pensamento de sua área de reflexão. Aqui está em pauta situar o autor no contexto mais amplo da cultura filosófica, tarefa ainda mais difícil para o aluno do ensino médio. Por isso, ele fará o que lhe for possível, certamente contando com a colaboração do professor.

3.3. Explicitação dos pressupostos implicados no texto. Pressupostos são ideias nem sempre claramente expostas no texto, mas são princípios que justificam, fundamentam as ideias defendidas pelo autor no texto, dando-lhe inclusive coerência.

3.4. Levantamento de ideias associadas àquelas presentes no texto. Aqui estão em pauta aquelas ideias semelhantes, convergentes ou divergentes com as ideias do autor, que nos são sugeridas quando discutimos com ele. É hora de comparar, de aproximar posições, de destacar diferenças.

3.5. Formulação de críticas à construção do texto, bem como aos pontos de vista do autor, críticas positivas e negativas. Neste momento, o leitor busca formular um juízo crítico, tomar uma posição, fazer uma avaliação da mensagem passada pelo autor. Esta crítica pode ser uma crítica interna, que é aquela que foca a coerência ou a incoerência do autor, que avalia a contribuição que ele traz ao debate do assunto, a sua originalidade, a sua consistência, atualidade, pertinência etc. Pela crítica interna, busca-se saber se o autor conseguiu alcançar seus objetivos, se seu raciocínio foi eficaz na demonstração de sua(s) hipótese(s), se suas conclusões estão fundadas numa argumentação sólida. Já pela crítica externa, pergunta-se até que ponto o autor conseguiu uma colocação original, até que ponto não está por demais influenciado por outros, até que ponto sua abordagem é pessoal, profunda, original. Finalmente, o leitor concluirá, por sua vez, se concorda ou não com o autor, contrapondo eventualmente seu ponto de vista contrário.

Esta crítica pessoal às posições defendidas no texto lido é uma fase extremamente delicada, pois exige maturidade intelectual por parte do leitor. O leitor precisa dispor de muitos recursos teóricos, de muita fundamentação. Por sinal, a formação filosófica tem, entre seus objetivos, esse amadurecimento intelectual do estudante. Ao leitor do ensino médio cabe investir nessa direção para que sua experiência intelectual se consolide e ele possa apoiar-se na própria experiência para começar a pensar por conta própria.

Etapa 4. A problematização

Terminada a etapa da interpretação, e intimamente ligada a ela, vem a etapa da ***problematização***, que é o momento de se levantar problemas para a reflexão pessoal e para a discussão coletiva (se for o caso, como num seminário, num debate).

Os problemas que podem ser levantados para a reflexão pessoal ou para a discussão coletiva encontram-se presentes nas várias etapas da leitura analítica. Podemos levantar desde questões semânticas, questões temáticas ou questões interpretativas, pouco importa se elas estão explicitamente colocadas ou se ficam implícitas no texto.

Etapa 5. A reflexão pessoal

Todo esse processo de leitura analítica se enriquece se for concluído com a elaboração de uma **síntese pessoal** que, como o nome indica, é uma reflexão conclusiva a respeito das temáticas abordadas no texto e analisadas ao longo da leitura. É um esforço do leitor de refletir sobre o assunto, por conta própria, inspirado e provocado pelo autor.

Registrando e concluindo

A leitura analítica desenvolve em nós uma série de posturas lógicas que constituem importante mediação para nossa formação, para nosso amadurecimento intelectual, tanto em nossas áreas de especialização como na área da formação geral, teórica, filosófica, cultural, enfim.

Todas as ideias, informações, reflexões elaboradas ao longo desse processo devem ser transcritas na ficha bibliográfica; os elementos coletados nas fontes de pesquisa, que serviram para subsidiar nossa leitura, vão paras as fichas correspondentes (biográficas, temáticas).*

* Para maior aprofundamento e detalhamento das diretrizes para a leitura analítica, o professor poderá consultar meu livro *Ensinar e aprender com pesquisa*. (São Paulo: Cortez, 2011), às p. 46-92, onde terá ainda outros subsídios para a organização da vida escolar de professores e alunos.

UNIDADE 2

Estes novos habitantes engendram uma nova forma de relação com o planeta...

Vimos, na unidade anterior, que a consciência emerge na história da espécie humana como uma função plenamente integrada aos processos das atividades que os homens passaram a desenvolver para cuidar da própria sobrevivência material. É por isso que se pode considerar que a consciência, enquanto dimensão de subjetividade, emerge como *estratégia da vida*! É por isso também que pensamento e ação se misturam e se vinculam em suas origens. O conhecimento se processa com finalidade intrinsecamente pragmática.

Mas à medida que vai se exercendo, cada uma das práticas humanas vai adquirindo uma certa autonomia, ocorrendo como se fossem independentes umas em relação às outras, como se tivessem finalidades próprias, já que cada uma se utiliza de recursos específicos.

Foi o que ocorreu com a atividade da consciência. De repente, os homens passaram a exercer sua subjetividade, a pensar como se seu pensamento tivesse plena autonomia em relação aos outros aspectos de sua vida, como se ele bastasse a si mesmo, como se pudesse trilhar um caminho que lhe fosse exclusivo, situado num patamar distinto daqueles em que se situa sua vida material.

Na sua gênese, a consciência se coloca nos limites da vida...

Vamos representar essa autonomização da consciência utilizando-nos da imagem de círculos concêntricos que se expandem a partir do núcleo central que é a própria *vida orgânico-natural* — já que é nas próprias fronteiras do instinto e da energia vital que podemos situar a emergência das manifestações típicas da atividade da consciência.

EMERGÊNCIA, DESENVOLVIMENTO E EXPANSÃO DA CONSCIÊNCIA

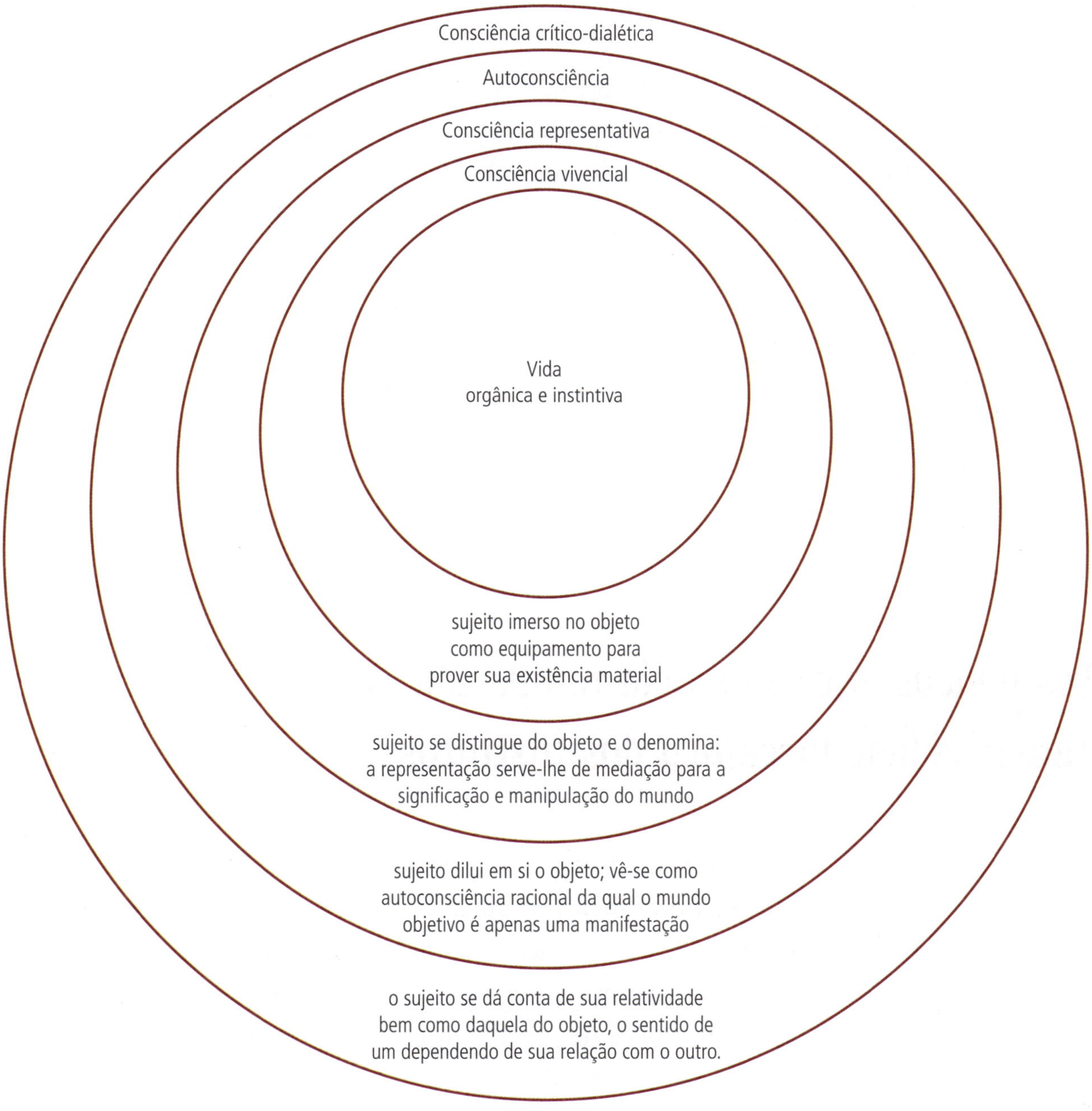

Mas antes de analisarmos o quadro sugerido, tenhamos bem presente que a atividade simbolizadora da consciência expressa a capacidade que o homem adquiriu, com esse novo equipamento, de substituir as coisas por um "substituto mental", de tal forma que pode lidar com os objetos do mundo e respectivas relações num plano de reduplicação, os conteúdos mentais podendo ser trabalhados sem uma vinculação física aos objetos extramentais a que supostamente correspondem. Por exemplo, se vamos cortar um objeto, antes de cortá-lo fisicamente, "cortamos mentalmente" sua representação simbólica...

É isso que nos permite afirmar que, a cada estágio de sua expansão, a consciência se vê como um sujeito que estabelece uma determinada forma de relação com o objeto de seu conhecimento.

É o modo de vivenciar essa relação que vai caracterizar a peculiaridade de cada etapa de expansão da consciência.

Voltando ao quadro, situamos no círculo central o próprio *processo energético-vital*. A vida com sua dinâmica própria, com seu impulso vital, coordenando e direcionando a organização e a evolução da matéria e da energia, relacionando-se instintivamente com o mundo. Universo da vida vegetal, que explode na vida animal, em relação abrangente com a natureza, guiando-se pela instintividade, mediação universal e transitiva da vida.

Aos poucos, a consciência rompe com a transitividade mecânica dos instintos

Em seguida, circundando esse núcleo vital, encontramos aquele da *subjetividade vivenciada*, um primeiro patamar de consciência, apreensível como força do equipamento físico-psíquico do organismo humano, em continuidade com o instinto, mas, ao mesmo tempo, rompendo com sua transitividade mesmo ainda muito mecanicista. Doravante as relações dos seres vivos — representados pela espécie humana — com a natureza já se diferenciam. Os homens já podem cuidar de sua existência, interagindo com a natureza, não mais apenas através da diretividade do instinto vital, que continua presente e atuante, mas também através de uma embrionária forma de simbolização que intermedeia sua ação, gerada em resposta às várias formas de relações objetivas que o prendem à natureza. É o pensamento embrionário, forma arqueológica do saber, mas que ainda não "conhece" propriamente o seu objeto e, sobretudo, não conhece o seu ato de conhecer. É um impulso como que instintivo que brota espontaneamente, confundindo-se, em sua originalidade, com o próprio impulso da vida. É uma consciência que emerge e que se desenvolve como estratégia da vida, como processo integrante da força vital de autossobrevivência. Um primeiro nível de significação é constituído, nesse patamar de subjetividade, gerando assim um primeiro estágio de compreensão. O espírito inicia sua autoconstituição no prolongamento da vitalidade orgânica e começa a duplicar, mediante uma representação simbólica, o objeto de sua experiência, conseguindo abstraí-lo de sua concretude e pura facticidade. Mas o sujeito atua ainda como que mergulhado no objeto, sem dele se distinguir, fazendo corpo com ele. É essa condição que já permite aos homens a capacidade de produzirem os meios de sua sobrevivência e do provimento de sua existência material.

Pierre Teilhard de Chardin (1881-1955), religioso e paleontólogo francês em um laboratório, em 1926.

A consciência torna-se então poder de representação simbólica...

Mas, em seguida, expande-se ainda mais o potencial da consciência, alargando seu alcance e profundidade. Desimpregnando-se dos interesses vitais, ela como que busca uma esfera de autonomia e nesse estágio aumenta seu nível de abstração, representando os objetos mediante símbolos cada vez mais autônomos que ganham até mesmo uma entidade própria, descolada do objeto representado. A *palavra denominadora*, o *nome*, ganha importância e relevância, constitui o universo articulado das representações, com a pretensão de se estar esclarecendo, em plena subjetividade, os nexos que ligam as coisas que formam o conjunto da realidade e que até então estavam ocultas, subjacentes. É uma atividade intelectual do espírito, explicitadora do sentido e com a qual o homem refina sua apreensão do mundo que agora pode domesticar melhor, pois que essa compreensão lhe permite dominar esse mundo. Tal círculo nasce com o mito e culmina com a ciência e a filosofia. É o sujeito se colocando frente ao objeto, invadindo-o, violando-o, dando-lhe um *nome*, transportando-o pela sua imaginação e pela representação para uma *idealidade mental*, pela mediação da qual pode manipulá-lo a distância. É nesse círculo que se desenrolou e vem se desenrolando a grande aventura do espírito humano, ao longo dos últimos milênios.

Há um momento em que a consciência se volta sobre si mesma: é então autoconsciência

Pode-se dizer agora que, nesses últimos séculos, a consciência se expandiu ainda mais, avançando mais um estágio: não apenas ela é capaz de representar o mundo, mas passa a se dar também conta de *seu próprio ato de representação* e busca então *conhecer-se conhecendo, a dar conta da própria subjetividade enquanto subjetividade*. Isso leva o sujeito a se dar precedência e prioridade no universo significativo, diluindo o objeto no próprio sujeito. Esse estágio ocorre no interior do desenvolvimento da própria filosofia que supera a *etapa representacionista* do objeto em decorrência da priorização da atividade subjetiva. É o momento de entificação da razão, erigida até mesmo em sujeito absoluto.

A consciência amadurece e dá-se conta da própria limitação...

Finalmente, parece que estamos entrando num outro círculo de expansão da subjetividade dessa consciência filosófica. O sujeito dá-se conta de sua precariedade, de sua relatividade, não vendo mais a razão como absoluta. Uma "lógica" anterior precede e direciona a logicidade e sua pretensão de ordenar o mundo se esvai. Uma nova revolução epistemológica parece se prenunciar e se faz anunciar em algumas linhas da filosofia contemporânea. A razão, a consciência racional, dá-se conta de sua finitude: ela se torna *dialética e crítica*. Crítica ao reconhecer os seus limites e dialética ao reconhecer a necessária contribuição, para seu exercício válido, desses próprios limites. Sabe-se necessariamente condicionada em sua atividade pelos variados determinismos que dão suporte a sua existência. Resgata sua fecundidade epistemológica mesmo sabendo que o conhecimento que elabora é necessariamente limitado por coeficientes de dependência de variada natureza.

Esta última fase que a consciência parece estar atingindo reconsidera que a subjetividade humana é mais abrangente que a pura consciência racional, ultrapassa a posição do racionalismo iluminista que via na razão, na pura racionalidade, o elemento característico da subjetividade humana. Agora a subjetividade passa a ser considerada como uma esfera mais abrangente, envolvendo aspectos e dimensões não especificamente racionais e que são relevantes na própria ordem do conhecimento.

Essa perspectiva de crítica ao racionalismo exacerbado e o enriquecimento da esfera da subjetividade — perspectiva que parece indicar rumos de uma profunda revisão na compreensão do próprio conhecimento — estão presentes em quase todas as filosofias contemporâneas que, embora de abordagens diferentes, acabam apontando na mesma direção.

ESCLARECENDO ALGUNS CONCEITOS

Subjetividade (e seus correlatos: sujeito, subjetivo): é a condição daquilo que se refere à consciência enquanto polo que recebe as informações sobre os objetos nas relações que constituem as experiências dos homens frente aos vários aspectos da realidade. É a condição e o modo de atuação do sujeito, entendido este como a esfera mental do homem enquanto polo que recebe e apreende as informações referentes aos objetos na relação do conhecimento e das demais formas de sensibilidade.

Objetividade: é a condição e o modo de ser do objeto, entendido como o dado que fornece informações à mente, à consciência do sujeito na relação de conhecimento e de outras formas de sensibilidade.

Conhecimento: é a relação estabelecida entre sujeito e objeto, na qual o sujeito apreende informações a respeito do objeto. É a atividade do psiquismo humano que torna presente à sensibilidade ou à inteligência um determinado conteúdo, seja ele do campo empírico ou do próprio campo ideal.

Epistemologia: área da Filosofia que estuda a questão do conhecimento humano, tendo assumido dois sentidos na tradição filosófica ocidental. Um sentido geral: estudo descritivo e crítico dos processos gerais do conhecimento, tendo por sinônimos gnoseologia, teoria do conhecimento; e um sentido mais restrito: estudo descritivo e crítico do conhecimento científico em particular. Só o contexto de seu uso no texto poderá esclarecer em que sentido o termo está sendo tomado.

Racionalidade: característica daquilo que se refere à razão. Considera-se como razão a consciência subjetiva enquanto procede logicamente, estabelecendo nexos dotados de coerência lógica entre os vários objetos de sua apreensão. Com isso, distingue-se a atitude racional da consciência subjetiva de outras suas formas de manifestação, tais como a atitude emocional, a atitude imaginativa, a atitude afetiva, a atitude religiosa, a atitude estética etc., que são todas atitudes subjetivas sem serem, no entanto, atitudes lógico-racionais.

Trabalhando e debatendo
a temática da Unidade

Questões e atividades

a) Por que os homens tendem a considerar que o pensamento é uma atividade autossuficiente? Que argumentos apresentam para justificar essa autonomia?

b) Em que fase da expansão da consciência podemos situar o surgimento da linguagem? E o que ela significa então?

c) Transpor os conceitos para o Glossário Pessoal.

Diálogo com Teilhard de Chardin

No texto a seguir, Teilhard de Chardin expõe sua visão da consciência; sua gênese cria uma nova camada que cobre toda a natureza: a noosfera, dimensão propriamente espiritual e especificamente humana, é a etapa mais recente do grande processo de evolução que atravessa toda a realidade. Fora e acima da biosfera, a noosfera surge sem ruído, mas coloca a humanidade num patamar que lhe é específico e exclusivo.

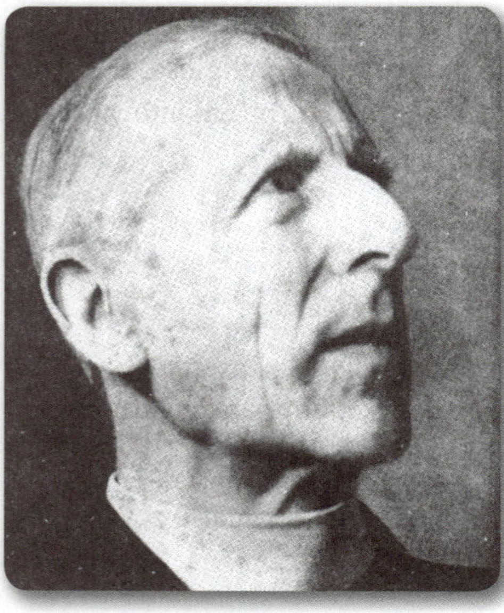

Pierre Teilhard de Chardin (1881-1955), teólogo e jesuíta que foi também geólogo e paleontólogo. Com base nos dados fornecidos pelas ciências antropológicas, elaborou uma concepção filosófico-teológica de caráter evolucionista. Para ele, a realidade é perpassada por duas grandes forças: uma que tende a levar à matéria, à dissipação e à perda, enquanto outra a impele à vida e à consciência. Assim, pela atuação da energia vital, a matéria vai se estruturando e se organizando em formas cada vez mais complexas e concentradas que se tornam então conscientes e espiritualizadas.

Segundo Teilhard de Chardin, está em ação um processo de evolução de todo o cosmos que terminará no próprio Deus — ponto ômega de chegada mediante a divinização que se dá pelo Cristo cósmico.

Dentre suas obras se destacam: *O fenômeno humano* (1957); *O meio divino* (1957); *A visão do passado* (1957); *O futuro do homem* (1960), todas póstumas.

"O PASSO TERRESTRE PLANETÁRIO. A NOOSFERA

Observado em relação ao conjunto de todos os verticilos vivos, o filo humano não é um filo como os outros. Mas porque a Ortogênese específica dos Primatas (aquela que os impele para uma crescente cerebralidade) coincide com a Ortogênese axial da Matéria organizada (aquela que impele todos os vivos para uma mais alta consciência), o Homem, surgido no âmago dos Primatas, desabrocha na flecha da evolução zoológica. Nesta constatação culminavam, se bem lembramos, nossas considerações sobre o estado do mundo pliocênico.

Que valor privilegiado essa situação única irá conferir ao passo da reflexão?

É fácil percebê-lo.

'A mudança de estado biológico que atinge o despertar do Pensamento não corresponde simplesmente a um ponto crítico atravessado pelo indivíduo, ou mesmo pela espécie. Mais vasta do que isso, ela afeta a própria vida em sua totalidade orgânica — e, por conseguinte, assinala uma transformação que afeta o estado do planeta inteiro.'

Tal é a evidência que, nascendo de todas as outras evidências pouco a pouco adicionadas e ligadas no decurso de nossa investigação, se impõe irresistivelmente à nossa lógica e aos nossos olhos.

Não deixáramos de seguir, desde os indecisos contornos da terra juvenil, os estádios sucessivos de um mesmo vasto empreendimento. Sob as pulsações da geoquímica, da geotectônica, da geobiologia, um único e só processo de fundo, sempre reconhecível: aquele que, depois de se haver materializado nas primeiras células, prolongava-se na edificação dos sistemas nervosos. A Geogênese, dizíamos, emigrando para uma Biogênese, que outra coisa finalmente não é senão uma Psicogênese.

Com e na crise da Reflexão, descobre-se nada menos que o termo seguinte da série. A Psicogênese nos conduzira até o Homem. Apaga-se agora, revezada ou absorvida por uma função mais alta: o parto, primeiro, e, ulteriormente, todos os desenvolvimentos do Espírito — a *Noogênese*. Quando, pela primeira vez, num ser vivo, o instinto se percebeu no espelho de si mesmo foi o Mundo inteiro que deu um passo.

São enormes as consequências dessa descoberta para as opções e as responsabilidades de nossa ação. Voltaremos a esse ponto. Para a nossa inteligência da Terra, elas são decisivas.

Os geólogos, de há muito, concordam em admitir a composição zoneada de nosso planeta. Já nos referimos à Barisfera, metálica e central — rodeada por sua Litosfera rochosa —, à qual, por sua vez, se sobrepõem as camadas fluidas da Hidrosfera e da Atmosfera. A essas quatro superfícies encaixadas entre si, a Ciência habituou-se com razão, desde Suess, a acrescentar a membrana viva formada pelo feltro vegetal e animal do Globo: a Biosfera, tantas vezes mencionada nestas páginas — a Biosfera, invólucro tão nitidamente universal quanto as outras 'esferas' e até muito mais nitidamente individualizado do que elas, pois que, em sua vez de representar um agrupamento mais ou menos frouxo, forma uma só peça —, o próprio tecido das relações genéticas que, uma vez desdobrado e erguido, desenha a Árvore da Vida.

Por termos reconhecido e isolado, na história da Evolução, a nova era de uma Noogênese, eis-nos forçados, correlativamente, a distinguir, na majestosa ordenação das folhas telúricas, um suporte proporcionado à operação, quer dizer, uma membrana a mais. Em volta da centelha das primeiras consciências reflexivas, os processos de um círculo de fogo. O ponto de ignição se alargou. O fogo ganha terreno. Finalmente, a incandescência cobre todo o planeta. Uma só interpretação, um só nome se acham à medida desse grande fenômeno. Exatamente tão extensiva, mas muito mais coerente ainda, como veremos, do que todas as camadas precedentes, é verdadeiramente uma camada nova, a 'camada pensante', que, após ter germinado nos fins do Terciário, se expande desde então por cima do mundo das Plantas e dos Animais: fora e acima da Biosfera, uma *Noosfera*.

Aqui explode a desproporção que falseia toda classificação do mundo vivo (e, indiretamente, toda construção do mundo físico) em que o Homem não figura logicamente senão como um gênero novo ou uma nova família. Erro de perspectiva que desfigura e descoroa o Fenômeno universal! Para dar ao Homem o seu verdadeiro lugar na Natureza, não basta abrir nos quadros da Sistemática uma seção suplementar — mesmo uma Ordem, mesmo um Ramo a mais... Pela hominização, a despeito das insignificâncias do salto anatômico, é uma Idade nova que começa. A Terra 'muda de pele'. Melhor ainda, encontra a sua alma.

Por conseguinte, situado em meio às coisas com suas verdadeiras dimensões, o passo histórico da Reflexão é muito mais importante do que qualquer corte zoológico, seja aquele que assinala a origem dos Tetrápodes ou aquele dos próprios Metazoários. Dentre os escalões sucessivamente franqueados pela Evolução, o nascimento do Pensamento segue-se diretamente, e só é comparável, em ordem de grandeza, à condensação do quimismo terrestre ou ao próprio aparecimento da Vida.

O paradoxo humano se resolve tornando-se desmedido!

Não obstante o relevo e a harmonia que introduz nas coisas, esta perspectiva nos desconcerta de momento porque contradiz a ilusão e os hábitos que nos levam a medir os acontecimentos por sua face material. E parece-nos desmesurada também porque, mergulhados nós mesmos no humano como um peixe no mar, a custo emergimos dele pelo espírito para apreciar sua especificidade e sua amplitude. Mas observemos um pouco melhor à nossa volta: esse dilúvio súbito de cerebralidade; essa invasão biológica de um novo tipo animal que elimina ou subjuga gradualmente toda forma de vida que não seja humana; essa maré irresistível de campos e de fábricas; esse imenso edifício crescente de matéria e de ideias... Todos esses sinais, que olhamos, cotidianamente, sem tentar compreender, não estão a nos gritar que algo, sobre a Terra, mudou 'planetariamente'?

Na verdade, para um geólogo imaginário que viesse, daqui a muito tempo, inspecionar o nosso globo fossilizado, a mais espantosa das revoluções sofridas pela Terra situar-se-ia, sem equívoco possível, no início do que, com toda razão, se chamou o *Psicozoico*. E neste mesmo instante, para qualquer Extraterrestre capaz de analisar tanto psiquicamente quanto fisicamente as radiações siderais, a primeira característica de nosso planeta seria certamente o fato de este lhe aparecer não azul, de seus mares, ou verde, de suas florestas — mas fosforescente de Pensamento.

O que pode haver de mais revelador para a nossa Ciência moderna é perceber que todo o precioso, todo o ativo, todo o progressivo originariamente contidos no retalho cósmico, do qual nosso mundo saiu, encontra-se agora centrado na 'coroa' de uma Noosfera.

E o que há de supremamente instrutivo (se soubermos ver) na origem dessa Noosfera é constatarmos quão *insensivelmente*, à força de ser universalmente e longamente preparado, se produziu o enorme acontecimento que o seu nascimento representa.

O Homem entrou no mundo sem ruído..."

CHARDIN, Teilhard de. *O fenômeno humano*. Tradução de José Luiz Archanjo. São Paulo: Cultrix, 1989. p. 196-198.

Afiando FERRAMENTAS...

Atividades práticas de estudo e de pesquisa...

Aprender fazendo...

Levando-se em conta o perfil psicológico e intelectual dos jovens na adolescência, a aprendizagem pressupõe necessariamente o seu envolvimento com uma atividade operativa. Ele aprenderá melhor fazendo algo concretamente. Não será nada fácil querer lidar com ele apenas pela mediação lógico-conceitual. Por isso, todas as estratégias didáticas mais fecundas são aquelas que envolvem uma atividade operativa contínua. É assim que ele construirá, paulatinamente, os seus conceitos.

Decorrência disso é que a **exposição pura e simples**, por melhor que seja, não é didaticamente eficaz. Do mesmo modo que a **memorização** é um recurso que produz efeitos contrários ao esperado. É o caso mesmo de proibir qualquer iniciativa de decorar... Tudo o que for considerado conteúdo do curso de Filosofia deve ser considerado um conteúdo em construção, que pode ser retomado e consultado a qualquer momento, em qualquer circunstância, até mesmo nas provas. Todos os "apontamentos" dos alunos, uma vez registrados, transformam-se automaticamente em novas fontes, a que ele deve ter acesso permanentemente. Assim, em Filosofia, as provas devem ser concebidas de forma a testar a capacidade de análise, de reflexão e de raciocínio do aluno, portanto, a sua inteligência e nunca a sua memória, a sua erudição ou o acervo de informações que possui. O que precisa dominar é a capacidade de localizar as informações de que possa precisar para desenvolver uma análise, uma reflexão, uma crítica. E por isso mesmo, o professor precisa ter muita capacidade para esperar o retorno e não ficar muito ansioso por ter que seguir por caminhos indiretos. Quando se pede ao adolescente para fazer uma caracterização geográfica da região onde viveu um filósofo, como estou sugerindo neste Guia, não estamos "perdendo tempo", estamos investindo numa aproximação paulatina do pensador, numa familiarização do aluno com o filósofo, meio por tabela. Isso faz parte da semeadura, manejar o terreno, conhecer as condições da terra, arejá-la, adubá-la...

Fazendo pesquisa...

Como veremos no próximo tópico, para realizarmos uma boa leitura de compreensão e interpretação de um texto, precisamos interromper nossa leitura corrida e ir buscar em fontes apropriadas subsídios, esclarecimentos, informações, para nos darmos conta da mensagem que o autor quer nos passar via seu texto.

Esta atividade de recorrer às fontes é a **atividade de pesquisa**. O registro das informações colhidas nas fontes é a **documentação**. Vou apresentar, brevemente, neste tópico, algumas orientações para lidarmos com nossas fontes, subsidiando assim nossas atividades de estudo e de leitura.

A **documentação** é um processo mais amplo de registro de resultados de pesquisa. Aqui ela está sendo tomada no seu sentido de técnica de identificação, levantamento e exploração das fontes do tema pesquisado, bem como de registro das informações obtidas.

No caso da realização da leitura e do estudo, de modo geral, visando à boa aprendizagem, condição em que se encontra o estudante do ensino médio, a prática da documentação é uma ajuda preciosa. O processo de leitura, de estudo e de aprendizagem exige o levantamento, o registro e a guarda de informações, como ficou claro quando falamos das várias etapas da leitura analítica.

Além disso, a prática da documentação tem outras duas funções complementares: a primeira, de ampliar e garantir nossa memória, que é um instrumento frágil e limitado, não conseguindo reter tudo que tentamos registrar nela; a segunda é a eficácia das operações práticas no efetivo aprendizado, confirmando **o princípio de que aprendemos, fazendo**. Quando registramos seja um informe levantado, seja uma intuição pessoal, tal ato contribui significativamente para o seu entendimento e retenção, pois retemos melhor o que melhor apreendemos.

Quando estamos realizando uma leitura sistemática, precisamos levantar e registrar dados sobre o autor do texto, sobre a linguagem que utiliza, sobre as categorias teóricas que adota, sobre outros autores, sobre teorias referentes às áreas em que se situam as colocações do texto, sobre eventos históricos e sociais que contribuem para a contextuação do pensamento do autor, sobre suas ideias, sobre ideias correlatas etc.

Para os fins desta atividade, documentar é levantar e registrar de maneira sistemática os dados e informações de que precisamos para realizarmos a **leitura analítica**. Mas, uma vez registrados esses dados, e usados para a compreensão e interpretação da mensagem lida, eles devem ficar guardados, de modo que fiquem a nossa disposição para uso futuro.

Portanto, estamos nos referindo, primeiramente, aos famosos **apontamentos**... Todos os apontamentos devem ser feitos em equipamentos próprios, adequados.

O primeiro, muito conhecido, é o famoso **caderno escolar...** Em que pesem as mais variadas destinações que o caderno de apontamentos tem tido em nosso meio, ele não é um equipamento adequado para a documentação, tal como a sugiro aqui. O caderno escolar deve ser usado apenas para rascunho, para tomarmos notas durante as aulas, as palestras, os debates e outras situações em que isso deve ser feito com certa rapidez. Os apontamentos definitivos devem ser feitos em **fichas** apropriadas a serem guardadas de forma organizada, num **Fichário.** Estamos falando aqui, por exemplo, das fichas tipo monobloco, mesmo as folhas avulsas de cadernos universitários, desde que soltas, de modo a poderem ser manuseadas e remanejadas livremente.

Fichários, Pastas e Diretórios...

É claro que quando falamos de fichas, apontamentos, fichários, no atual contexto, imediatamente nos reportamos a arquivos, pastas e diretórios... Tudo que estou falando aqui, referindo-me ao papel escrito, pode ser transposto para o universo do registro digital. O fichário equivale a uma pasta, a um diretório, as fichas são os arquivos. Portanto, dispondo dos instrumentos da informática, pode-se desenvolver idêntico processo de documentação mediante procedimentos digitais.

O Fichário compõe-se de pastas, blocos ou setores, cada um abrigando as várias fichas. Nas fichas estarão transcritos os apontamentos das aulas, retirados dos cadernos de rascunho, os dados colhidos nas fontes, as reflexões feitas pelo próprio aluno, os fichamentos dos textos tanto no caso da leitura analítica como no caso da leitura investigativa, os informes biográficos e as referências bibliográficas. Podemos elaborar três modalidades de fichas, para organizar melhor nossa documentação.

MODALIDADES DE FICHAS E DE ARQUIVOS

Ficha Bibliográfica

É aquela destinada a receber os dados técnicos de uma fonte bibliográfica, como um livro, um artigo, um capítulo de livro. Tudo o que colhermos de informação e de análise de um documento bibliográfico vai sendo transcrito para esta Ficha.

FREIRE, Paulo. A importância do ato de ler. In: *A importância do ato de ler em três artigos que se completam*. São Paulo: Cortez/Autores Associados, 1982. (Coleção Polêmicas do Nosso Tempo, v. 4.) p. 11-24.

Esquema:

Introdução.

1. Sua vivência pessoal e contexto histórico
   1.1. Na infância
   1.2. Na adolescência.
   1.3. Na vida profissional.
2. O sentido do ato de ler no âmbito do processo de alfabetização

Conclusão.

Ementa:

O autor se propõe a falar sobre a significação e a importância do ato de ler, sobretudo no âmbito do processo de alfabetização. A ideia fundamental que defende é que a leitura da linguagem escrita deve ser precedida e impregnada pela leitura/vivência do mundo enquanto contexto de existência, descrevendo sua própria experiência pessoal, mostrando como em vários momentos de sua vida foi "lendo" o mundo e aprendendo a ler ao mesmo tempo.

Ficha Biográfica

Destinada a abrigar as sínteses biográficas dos autores, informações estas tiradas das fontes especializadas, das obras de referência, como Dicionários, Enciclopédias, Histórias das Ideias, Introduções, Manuais, impressos ou digitais. Ver exemplo no exercício de leitura do texto de Descartes, à p. 161.

PAULO FREIRE

Paulo Reglus Neves Freire nasceu em Recife, em 19 de setembro de 1921. Iniciou sua atividade profissional como professor de Português no Colégio Oswaldo Cruz, em Recife. Em 1946, diplomou-se em Direito, mas logo abandonou a advocacia. Em seguida, atuou como diretor de Educação e Cultura no Sesi, e como professor de Filosofia da Educação na Escola de Serviço Social. Foi posteriormente indicado como professor efetivo de História e Filosofia da Educação, na Universidade Federal de Pernambuco. Participou da criação do Movimento de Cultura Popular do Recife, na gestão do prefeito Miguel Arraes. Dedicou-se ao trabalho de alfabetização de adultos, criando uma metodologia própria que aplicou em suas experiências no Nordeste. O governo militar inaugurado pelo Golpe de 1964, por motivos ideológicos, interrompeu todas as iniciativas nesse campo e Paulo Freire foi preso e levado ao autoexílio. Paulo Freire esteve então circulando pelo mundo, tendo passado no Chile, onde escreveu uma de suas obras fundamentais, *Pedagogia do oprimido*. Esteve também nos Estados Unidos e na Suíça, sempre lecionando, fazendo palestras e consultorias no campo educacional. De volta ao Brasil, em 1979, foi professor da PUC de São Paulo e da Unicamp, tendo sido escolhido como Secretário da Educação da cidade de São Paulo pela prefeita Luiza Erundina.

De sua extensa produção escrita, registram-se os livros *Pedagogia do Oprimido* (1970), *Educação como prática da liberdade* (1976); *Ação cultural para a liberdade e outros escritos* (1976); *Educação e mudança* (1976); *Cartas a Guiné-Bissau* (1977); *A importância do ato de ler* (1982); *Conscientização e extensão* (1983).

Fonte: FÁVERO, M. de L. de A.; BRITTO, J. de M. *Dicionário de educadores no Brasil*. Rio de Janeiro: Ed. UFRJ/MEC/INEP/Comped, 2002. p. 893-900.

Modelo de Ficha Biográfica. Nela vão sendo acrescentados todos os elementos levantados sobre o autor e o leitor a guarda no seu Fichário Pessoal. Toda vez que obtiver novas informações sobre o autor, o aluno retoma a Ficha e continua preenchendo-a.

Ficha Temática

Nela registramos os conceitos, as categorias, enfim, registros conceituais temáticos, aí inclusos as teorias, os fatos históricos e demais referências temáticas de que precisamos saber.

CRÍTICA

Postura crítica em Paulo Freire

Atitude de contínua reflexão, de interrogação ante as coisas. Esforço para conhecer as coisas como sucedem na realidade, desafiando as demais sem adotar prescrições dogmáticas. (Cf. GADOTTI, M. (Org.) *Paulo Freire*: uma biobibliografia. São Paulo: Cortez/IPF, 1996. p. 727)

PALAVRAMUNDO

Para Paulo Freire, pronunciar o mundo pela palavra é humanizá-lo, transformando-o. Falar o mundo é dar-lhe então um significado e um modo de ser humanizado. (Cf. Gadotti, *Paulo Freire*: uma biobibliografia. p. 726.)

Modelos de Fichas Temáticas. Estas Fichas servem para registro de conceitos e categorias que têm conteúdos significativos relevantes para um determinado campo de conhecimento ou no interior de um sistema de pensamento.

Ao final de cada registro, deve constar, **imprescindivelmente,** a referência documental de onde aquela informação foi retirada, levando-se em conta os seguintes critérios: quando a anotação tomada é uma passagem literalmente transcrita, ou seja, quando ocorre uma citação integral de uma passagem, o texto transcrito deve vir entre aspas; quando se trata apenas de uma síntese da ideia contida na passagem, o texto transcrito vem sem aspas, mas a fonte precisa ser igualmente indicada; quando não constam nem aspas nem referência à fonte, entende-se que o texto colocado na ficha é da autoria do próprio pesquisador.

Eis os exemplos de registros:

No caso de uma **citação literal**:

> "As didáticas, incluindo a da Filosofia, são disciplinas em emergência, cujos corpos teóricos e metodológicos estão em processo de construção e de validação. Por conseguinte, situam-se tradicionalmente em locais de formação inicial e contínua de professores" (Ghedin, 2008, p. 124).

Já no caso de apenas uma **síntese**, elaborada por nós mesmos, apropriando-nos da ideia do autor e não de seu texto original, deve ficar assim:

> As didáticas, nos diversos campos disciplinares, são ainda disciplinas em processo de construção e de validação, ocupando, por isso, lugares de formação inicial e continuada dos professores (cf. Ghedin, 2008, p. 124).

O registro da fonte é imprescindível para que o leitor saiba sempre de onde retirou a informação e mais ainda para documentar qualquer futura citação desse registro em outros escritos seus, nos trabalhos científicos e escolares.

Exemplos concretos das fichas se encontram no exercício de leitura, às p. 33-35. A construção do Fichário de Filosofia, para além de uma estratégia de envolvimento do aluno numa atividade prática, é um fecundo caminho para a familiarização do aluno com as referências conceituais, temáticas e biográficas do campo filosófico.

UNIDADE 3

Um segmento desses habitantes instaura, com sua prática, a civilização ocidental, reunindo contribuições de três pequenas culturas

Nas duas unidades anteriores, fizemos uma incursão no campo antropológico procurando surpreender a gênese da consciência e, consequentemente, da filosofia, no alvorecer da constituição da humanidade. Tratou-se mais de uma recomposição baseada nas contribuições das ciências paleontológicas e arqueológicas, ciências que procedem utilizando recursos indiretos, por falta de referências e de documentos. Foi uma ida literal à pré-história...

Agora vamos começar a trabalhar com dados historicamente documentados, referentes a períodos bem mais recentes nos quais já temos constituída, consolidada e registrada a *cultura humana*, sob formas de expressão bem concretas. A consciência que vimos emergir fazendo corpo com o impulso vital já conquistou muita autonomia e conseguiu objetivar sua criatividade em muitas obras, empírica e historicamente observáveis...

Voltamos às origens da cultura ocidental porque não é possível compreender o significado da cultura contemporânea sem o resgate de significados de momentos de articulação que a antecederam. É que o modo pelo qual compreendemos os vários aspectos de nossa existência não foi construído abruptamente; ao contrário, ele se constituiu num trabalho contínuo da consciência através do tempo. Ele se fez em tradição...

Cosmovisões e realidade histórica

Sem dúvida, não podemos reconstituir a história da humanidade apenas através da história de suas ideias, como se estas tivessem autonomia e uma causalidade própria no processo de criação social e cultural. Já sabemos que o pensamento e a cultura dos homens nascem de uma subjetividade que se fecunda por um processo histórico-social que a provoca, desafia e condiciona, situando-a nos limites determinantes de sua contingência.

Nem por isso, contudo, deixa de ser relevante a tentativa de se retomar historicamente o desenvolvimento das ideias geradas pelos homens em face dos desafios que tiveram de enfrentar. Quaisquer que tenham sido essas ideias, ou seus compromissos ideológicos, elas constituem as respostas que os homens deram aos problemas que enfrentaram naquele momento histórico.

As ideias que acabaram tomando corpo e se transformando em conteúdos culturais revelam e expressam posições básicas que os povos assumiram nos diversos momentos de sua história. Elas nos dizem até hoje não só como aqueles povos pensaram mas também como pretendiam dirigir seu próprio comportamento social. Esses conjuntos culturais não só traduzem uma concepção de mundo feita de representações e valores, que se apresentam como verdadeiros e válidos, como também adquiriram uma força histórica de formação e transformação das sociedades na medida mesma em que integravam as ideologias dessas mesmas sociedades.

É possível detectar, pois, nas ideias que a história da cultura nos lega, ideias básicas que serviram de núcleo da concepção de mundo de cada povo, nos vários momentos históricos por ele vividos. Essa concepção de mundo corresponde à feição característica de determinada cultura e acompanha suas relações com outras concepções de mundo de outros povos cujas histórias estão ligadas entre si, bem como de sua evolução através dos tempos, acompanhando as peripécias da sociedade que a assume, permitindo assim que se compreenda igualmente a feição da sociedade atual.

Assim, nos diversos campos da cultura, as formas de consciência assumidas nos vários momentos da história de uma sociedade contribuem para o entendimento das formas atuais e da própria vida social contemporânea. Isso se torna ainda mais marcante no caso do pensamento filosófico, dado exatamente o fato de que as perspectivas explicativas da filosofia se expressam com pretensão de abrangência significativa da totalidade, procurando explicar todos os aspectos da existência do homem e do mundo.

O que se busca mostrar aqui é que formas particulares assumidas e reveladas pelas expressões culturais, de natureza filosófica, nos vários momentos da cultura ocidental, ajudam-nos a compreender a nossa atual maneira de ver o mundo, em geral, e o homem, em particular. Por trás de seu significado ideológico, de suas mediações simbólicas, nessas formas de consciência, presentes nas várias fases da cultura ocidental, há sempre elementos significativos que traduzem o sentido que se vem dando a determinado aspecto da existência humana.

Edmund Husserl e **Martin Heidegger** são dois pensadores que tratam das formas de consciência em diferentes fases da cultura do Ocidente.

O encontro e a fusão de três culturas

Quaisquer que tenham sido as condições econômico-sociais da formação e do desenvolvimento histórico da sociedade e da cultura do Ocidente, é possível constatar que o nosso mundo, forjado no espaço geográfico do Mediterrâneo, resultou do entrecruzamento de três grandes vetores culturais: o judaísmo, o helenismo e o cristianismo. As feições da cultura ocidental são resultantes do confronto, do diálogo, da afirmação ou da negação de *princípios fundamentais* que embasavam a concepção da existência humana e a visão de mundo dessas três culturas. Essas concepções básicas dão conta das orientações que os homens buscaram imprimir em sua ação e em sua história, justificando, ideologicamente o mais das vezes, as suas opções políticas.

Assim, é possível dizer que o atual Ocidente deve sua origem histórica ao encontro de três pequenos povos: os romanos, os judeus e os gregos. Os povos judeu e grego, do ponto de vista quantitativo, político e militar, pouca significação teriam. Tanto isso é verdade que sua atuação só foi eficaz e fecunda quando entrou em cena o povo romano, este sim, militar, política e administrativamente forte, embora pouco significativo do ponto de vista específico da cultura filosófica. A história do Ocidente começa, pois, quando os romanos conquistam militar, econômica e politicamente o mundo banhado pelo Mediterrâneo, impondo sua organização administrativa imperial que desmantelava os círculos fechados das culturas dos vários povos que até então viviam, até certo ponto, isolados uns dos outros.

O mundo romano tornara-se um mundo cosmopolita, abrigando todos os povos da época, subjugados pela *pax romana*. Foi nesse contexto do Império Romano que as duas culturas mais importantes daquele momento puderam se encontrar e se expandir. Esse encontro provocou novas mudanças nas concepções de mundo, como ocorreu no caso do cristianismo.

Esta é a sigla da frase latina "Senatus Populusque Romanus", que significa "O senado e o povo romano", tal era o nome oficial do Império Romano e estava presente nos estandartes das legiões e dos edifícios públicos.

A cosmovisão judaica

Mas quais as posições básicas do judaísmo? O judaísmo era não só uma religião, uma doutrina mística e teológica, mas também todo um substrato cultural de uma civilização mediterrânea. Tem sua história e seus princípios registrados na *Bíblia*, na parte correspondente ao Velho Testamento. Em sua literatura teológica, o povo judeu sempre se entendeu como um povo privilegiado, com quem Deus fizera uma aliança e a quem prometera um destino muito importante e significativo, ultrapassadas as dificuldades de toda ordem que deveria enfrentar historicamente.

O que subjaz a toda essa narrativa bíblica? Que é um Deus todo-poderoso, senhor e *criador do Universo*, que promete *salvar o povo judeu*, por ele *escolhido* para ser seu representante na Terra. Note-se que não se trata de salvar o *indivíduo* como tal, mas a *comunidade*, o *povo* que for fiel a Deus, sendo essa salvação *um acontecimento histórico*, uma vez que se dará no decorrer da história; os homens que constituem a comunidade que será salva são os indivíduos concretos: os judeus não enfatizam então a distinção e a dualidade corpo e alma. Portanto, o que se tem de básico na visão judaica são os seguintes princípios:

1. a historicidade, o sentido da história dos acontecimentos;
2. o sentido do coletivo, do caráter comunitário prevalecendo sobre o individual;
3. o sentido da unidade do homem e da valorização do corpo;
4. a visão de Deus como um ser pessoal, cheio de reações análogas às dos homens com quem a comunidade judaica se relaciona e faz alianças.

O texto seguinte, extraído do *Deuteronômio*, um livro bíblico do Antigo Testamento, dá bem a ideia de como o judaísmo considerava Deus e suas relações com os homens. Esse livro é tido como o Evangelho do Antigo Testamento e expõe os discursos de Moisés ao povo israelita.

"7 Quando o Senhor teu Deus te tiver introduzido na terra, de que vais tomar posse, e tiver exterminado diante de ti muitas nações o Heteu e o Gergeseu e o Amorreu, e o Cananeu e o Ferezeu, e o Heveu, e o Jebuseu, sete nações muito mais numerosas e mais fortes do que tu, e o Senhor teu Deus tas tiver entregado, tu as combaterás até ao extermínio. Não farás aliança com elas nem as tratarás com compaixão, nem contratarás com elas matrimônios. Não darás tua filha a seu filho, nem tomarás sua filha para teu filho; porque ela seduzirá o teu filho para que me não siga, mas sirva antes a deuses estranhos, e o furor do Senhor se acenderá, e te destruirá logo. Mas antes ao contrário fareis assim: Deitai abaixo os seus altares e quebrai as estátuas, e cortai os bosques, e queimai as esculturas. Porque tu és um povo consagrado no Senhor teu Deus. O Senhor teu Deus te escolheu para seres um povo particular, entre todos os povos que há na terra. Não (*foi*) porque excedêsseis em número todas a nações que o Senhor se uniu a vós, e vos escolheu, sendo vós menos em número do que todos os outros povos, mais foi porque o Senhor vos amou e guardou o juramento que tinha feito a vossos pais; por isso vos tirou com mão poderosa, e vos resgatou da casa da escravidão, do poder de Faraó, rei do Egito. E saberás que o Senhor teu Deus é o Deus forte e fiel que guarda o seu pacto e a sua misericórdia até mil gerações com aqueles que o amam e observam os seus preceitos, e que castiga prontamente os que o aborrecem de modo a exterminá-los e a não diferir por mais tempo, dando-lhes imediatamente o que merecem.

Guarda, pois, os preceitos e cerimônias e ordenações que eu hoje te mando observar. Se, depois de teres ouvido estas ordenações as guardares e praticares, também o Senhor teu Deus guardará a teu respeito o pacto e a misericórdia que jurou a teus pais, e te amará e te multiplicará, e abençoará o fruto do teu ventre, e o fruto da tua terra, o teu trigo, e a vindima, e o azeite, e os bois, e os rebanhos das tuas ovelhas na terra que ele jurou a teus pais dar-te. Serás bendito entre todos os povos. Não haverá no meio de ti quem seja estéril de um nem de outro sexo, nem entre os homens nem entre os teus rebanhos. O Senhor afastará de ti todas as doenças; e não fará cair sobre ti, mas sobre os teus inimigos as terríveis pragas do Egito, que tu conheces. Devorarás todos os povos, que o Senhor teu Deus está para te entregar. Não os pouparão teus olhos, e não servirás aos seus deuses, para que não venham a ser causa da tua ruína.

Se disseres no teu coração: Estas nações são mais numerosas do que eu, como poderei eu extingui-las? Não temas mas lembra-te do que o Senhor teu Deus fez a Faraó e a todos — os Egípcios, das grandíssimas pragas que os teus olhos viram, e dos milagres, e dos prodígios e da mão poderosa e do braço estendido com que o Senhor teu Deus te tirou para fora: o mesmo fará ele a todos os povos que temes. Além disso o Senhor teu Deus mandará vespas contra eles, até destruir e exterminar todos os que tiverem fugido ou tiverem podido esconder-se.

Não os temerás, porque o Senhor teu Deus está no meio de ti. Deus grande e terrível. Ele mesmo destruirá estas nações diante de ti pouco a pouco, e por partes. Tu não as poderás destruir a um tempo, a fim de que se não multipliquem contra ti as feras da terra. E o Senhor teu Deus os dará em teu poder, e os fará morrer até que todos sejam destruídos. E entregará nas tuas mãos os seus reis, e farás perecer os seus nomes de debaixo do céu. Ninguém te poderá resistir, até que os tenhas reduzido a pó. Queimarás no fogo as suas esculturas; não cobiçarás a prata nem o ouro de que são feitas, nem delas tomarás nada para ti, para que não tropeces, visto serem a abominação do Senhor teu Deus. E não levarás para a tua casa coisa alguma de ídolo, para que te não tomes anátema, como ele o é. Detestá-lo-ás como imundície, e abominá-lo-ás como coisa imunda e sórdida, porque é um anátema.

8 Tem muito cuidado em observar todos os preceitos que eu hoje prescrevo para que possais viver, e multiplicar-vos, e, tendo entrado, possuais a terra pela qual o Senhor jurou a vossos pais. E recordar-te-ás de todo o caminho por onde o Senhor teu Deus te conduziu pelo deserto durante quarenta anos, para te castigar, e para te provar, e para que tornasse manifesto o que estava dentro de teu coração, se guardarás ou não os seus mandamentos. Afligiu-te com a fome, e deu-te por sustento o maná, que tu desconhecias e teus pais, para te mostrar que o homem não vive só do pão, mas de toda a palavra que sai da boca de Deus. O teu vestido, com que te cobrias, não chegou a gastar-se com a velhice, e o teu pé não foi magoado, e este é o quadragésimo ano. Para que reconheças no teu coração, que do mesmo modo que um homem instrui seu filho, assim o Senhor teu Deus te instruiu a ti, para que guardes os mandamentos do Senhor teu Deus, e andes nos seus caminhos e o temas."

DEUTERONÔMIO, 7-8. *Bíblia Sagrada*. 9. ed. Tradução de Pe. Matos Soares. São Paulo: Paulinas, 1955. p. 207-208.

A cosmovisão grega

Do outro lado do Mediterrâneo, na Grécia, surgia de um pequeno agrupamento humano uma outra importante cultura e que também elaborara todo um sistema teórico de interpretação do real e da existência do homem. Não se julgava ligado a nenhum Deus pessoal, o universo se explicava, sim, por um princípio puramente racional, por um *logos*; os homens, naquilo que lhes é específico, são assim por "participarem" desse *logos*. Cada homem responde individualmente por seu destino e por seu agir nesta terra, devendo, pois, adequar-se o mais possível às exigências do *logos*, agindo assim sempre racionalmente, o que implica apoiar-se cada vez mais na sua *alma*, o corpo sendo apenas um obstáculo ao pleno desenvolvimento da alma.

Ao contrário dos judeus, os gregos: 1. privilegiavam a estabilidade, a permanência, já que o *logos* é sempre idêntico a si mesmo, imune ao tempo — desconheciam assim a historicidade; 2. valorizavam o individual, a "salvação" sendo uma responsabilidade exclusiva de cada homem; 3. enfatizavam o dualismo do ser humano, contrapondo matéria e espírito, corpo e alma, a "salvação" interessando apenas à alma; 4. o princípio divino é uma entidade totalmente impessoal; 5. o todo é visto sob a unidade do princípio fundador, que é uno.

A cosmovisão grega se expressa bem no fragmento que se segue, de autoria de Anaxágoras, pensador pré-socrático que viveu de 500 a 428 a.C., em Atenas. O jeito de pensar e de falar do "espírito" é bem diferente daquele do autor bíblico: o espírito é como se fosse um princípio, racional e impessoal.

ANAXÁGORAS

"11 — Em cada coisa, há uma porção de cada coisa, exceto no Espírito; em algumas, contudo, também há Espírito.

12 — Todas as outras coisas participam de todas as coisas; o Espírito, contudo, é ilimitado e autônomo, com nada misturado, mas só, por si e para si. Pois se não fosse para si mesmo e se estivesse misturado com qualquer outra coisa, participaria de todas as coisas, desde que estivesse misturado a qualquer uma delas. Porque em todas as coisas há uma parte de todas as coisas, como foi dito por mim no que precede; e o que lhe estaria misturado impediria qualquer poder sobre toda coisa, assim como tem agora sendo só para si. Pois é a mais fina de todas as coisas e a mais pura e tem todo conhecimento de todas as coisas e a maior força. E o Espírito tem poder sobre todas as coisas que têm alma, tanto as maiores como as menores. Também sobre toda a revolução tem o Espírito poder, e foi ele quem deu o impulso a esta revolução. E esta revolução moveu-se em um pequeno começo; agora estende-se mais e estender-se-á ainda mais. E todas as coisas que com ela se misturaram, se separaram e se distinguiram, são conhecidas pelo Espírito. E o Espírito ordenou todas as coisas, como deveriam ser e como eram e agora não são, e as que são e como serão; e também a esta revolução na qual se movem agora as estrelas e o Sol e a Lua e o ar e o éter, que estão separados. E esta mesma revolução operou a separação. E do ralo separou-se o denso, o quente do frio, o luminoso do escuro, o seco do úmido. E há muitas partes de muitas coisas. Mas nenhuma coisa é completamente separada ou distinta de nenhuma outra coisa, exceto o Espírito. O Espírito é sempre o mesmo, tanto o maior como o menor. Ao passo que nenhuma outra coisa é semelhante a outra coisa, mas cada coisa singular é e era manifestamente aquilo que mais contém.

13 — E quando o Espírito começou o movimento, separou-se de tudo o que era posto em movimento; e tudo o que o Espírito pôs em movimento foi separado. E quando as coisas foram postas em movimento e separadas, a revolução separou-as ainda mais umas das outras.

14 — O Espírito, que é eterno, é certamente também agora, lá, onde é toda outra coisa, na massa circundante, e naquilo que foi por separação unido a ela, e no separado."

ANAXÁGORAS, Fragmentos 11-14. In: BORNHEIM, Gerd A. *Os filósofos pré-socráticos*. 3. ed. Tradução de Gerd A. Bornheim. São Paulo: Cultrix, 1977. p. 95-96.

O encontro dessas duas cosmovisões no Cristianismo

Essas duas concepções de mundo, que durante séculos se desenvolveram isoladas, se encontraram e se confrontaram graças à expansão do Império Romano. O cristianismo vai então entrar em cena como sua síntese cultural. Originando-se como um movimento social e religioso enquanto dissidência do judaísmo, vai incorporando os princípios fundamentais do pensamento grego, nos seus elementos gerais: o *helenismo*. É através do cristianismo que esses princípios serão legados ao Ocidente, marcando-lhe as feições. De meu ponto de vista, a impregnação dos princípios filosóficos gregos no cristianismo foi profunda e radical, prevalecendo de maneira expressiva sobre os princípios teológicos judaicos. Toda a história da filosofia e da teologia no Ocidente, a partir da constituição do cristianismo, só faz comprovar esse movimento contínuo de helenização do judaísmo. Não é, pois, sem razão que se pode afirmar que o Ocidente é filho do racionalismo grego.

O próprio Novo Testamento já testemunha essa transformação. Mas foi sobretudo São Paulo, judeu formado no espírito do helenismo e que foi o grande organizador da Igreja primitiva, quem consolidou o espírito grego no seio do próprio cristianismo. Na sua postura apostólica, na sua atividade pastoral, buscando atingir e convencer os "gentios", é levado a incorporar cada vez mais elementos helênicos na sua doutrina, fundindo-os harmoniosamente com pontos básicos do judaísmo: Deus criador e salvador dos homens, através de Cristo, o verdadeiro Messias.

Biblioteca de Alexandria, junto do Museu da cidade. O núcleo inicial foi formado pelas obras de propriedade de Aristóteles. Com o tempo se tornou muito rica chegando a 700 mil volumes. Para ali convergiam cientistas, tutores de reis e doutos da antiguidade. A cultura gerada no seu interior consolidou-se no desenvolvimento da matemática, da astronomia, da geografia e da medicina entre outras.

Vejamos agora como a visão cristã, expressa na Introdução do Evangelho de São João, já soa helenizada e sintetiza bem, unindo-os intimamente, elementos do judaísmo e do helenismo.

"1 No princípio era a Verbo, e o Verbo estava em Deus, e o Verbo era Deus. Ele estava no princípio em Deus. Todas as coisas foram feitas por ele, e nada do que foi feito, foi feito sem ele. Nele estava a vida, e a vida era a luz dos homens. E a luz resplandece nas trevas, e as trevas não a compreenderam.

Houve um homem enviado por Deus, que se chamava João. Este veio por testemunha, para dar testemunho da luz, a fim de que todos cressem por meio dele. Ele não era a luz, mas era para dar testemunho da luz: (*O Verbo*) era a luz verdadeira, que ilumina todo o homem que vem a este mundo. Estava no mundo, e o mundo foi feito por ele, e o mundo não o conheceu. Veio para o que era seu, e os seus não o receberam. Mas a todos os que o receberam, deu poder de se tornarem filhos de Deus, àqueles que creem no seu nome; os quais não nasceram do sangue, nem da vontade da carne, nem da vontade do homem, mas de Deus (*pela graça*).

E (*para isso*) o Verbo se fez carne e habitou entre nós; e nós vimos a sua glória, glória como de (*Filho*) Unigênito do Pai, cheio de graça e de verdade. João dá testemunho dele e clama, dizendo: Este era aquele de quem eu disse: O que há de vir depois de mim, é mais do que eu: porque era antes de mim. E todos nós participamos da sua plenitude, e (*recebemos*) graça sobre graça; porque a lei foi dada por Moisés (*mas*), a graça e a verdade foi trazida por Jesus Cristo. Ninguém jamais viu a Deus; o (Filho) Unigênito, que está no seio do Pai, ele mesmo é que o deu a conhecer (*aos homens*)."

Evangelho de São João, 1. 1-18. *Bíblia Sagrada*. 9. ed. Tradução de Pe. Matos Soares. São Paulo: Paulinas, 1955. p. 1283-1284.

Nos primeiros quatro séculos de nossa era, a tarefa dos padres da Igreja foi justamente a de sistematizar e organizar a doutrina cristã para divulgá-la aos habitantes do Império Romano. Precisavam marcar sua identidade frente ao paganismo romano mas também frente ao pensamento grego; contudo, ao mesmo tempo, era necessário elaborar um discurso acessível a essa população de "gentios", uma vez que o cristianismo visava ultrapassar o mundo judeu.

Após o fim do Império Romano, com a doutrina já consolidada, a tarefa que se impunha então era não só a evangelização mas até mesmo a educação dos novos "bárbaros", vindos do norte da Europa, invadindo o seu território. Os teólogos da Igreja continuariam assim a desenvolver a doutrina cristã ao mesmo tempo que construíam um método pedagógico para "civilizar" essas populações. Tanto para um como para outro objetivo, é novamente o pensamento grego que servirá de base. Tal é o sentido do trabalho desenvolvido pela Igreja na Idade Média. E o fato de a Igreja ter seguido esse caminho, ter se apoiado, agora explicitamente, na filosofia grega, serve para comprovar a afinidade das concepções básicas do cristianismo com aquelas do pensamento grego.

Nessa reelaboração, dois pensadores medievais cristãos tiveram papel de destaque: Santo Agostinho e Santo Tomás de Aquino. O primeiro compatibilizando a teologia e a ética cristãs com a filosofia platônica; o segundo fazendo o mesmo com a filosofia aristotélica. Em ambos os casos, salvaguardando os princípios básicos da herança judaica.

Alberto Magno, filósofo e teólogo alemão, realizou importantes pesquisas em que desenvolve o pensamento científico de Aristóteles. Foi chamado "Magno" porque seu pensamento científico, filosófico e teológico teve grande repercussão enquanto ensinava na Universidade de Paris, em 1245-1248. Entre seus discípulos, está Santo Tomás de Aquino.

Todo o pensamento moderno procede da cosmovisão grega...

Os elementos fundamentais do modo de pensar grego se incorporaram definitivamente ao pensamento ocidental, permanecendo até hoje. Assim, no Renascimento há uma crítica ao pensamento medieval, à escolástica e, aparentemente, à filosofia aristotélico-tomista que a fundamentava. Mas isso é só aparência. Na realidade, a crítica renascentista era uma retomada ainda mais apurada do *naturalismo* e do *racionalismo* dos gregos, livrando-os dos elementos metafísicos e teológicos que ainda os limitavam. A força desse movimento é tão grande que o próprio *protestantismo*, ao pleitear o livre exame da consciência, nada mais fazia do que reforçar o racionalismo e o individualismo. Mas, de modo particular, a *ciência* é fruto acabado do naturalismo e do racionalismo gregos. Ela surge em decorrência direta da convicção dos pensadores modernos de que o mundo constituído de acordo com leis racionais, "geometricamente", pode ser perfeitamente lido e manipulado pela razão humana, mediante um atento trabalho de observação e de raciocínio matemático, sem ter que se recorrer a qualquer outro tipo de ajuda ou de inspiração.

Sobre essa influência profunda do pensamento grego na formação do pensamento moderno, voltaremos a tratar, de maneira mais aprofundada, nas unidades 7 e 8. Por enquanto, estou apenas adiantando o quanto a revolução científica da época moderna, que fundava o projeto iluminista da cultura ocidental, com suas consequências tecnológicas e sociais, é toda baseada na reafirmação dos pressupostos do pensamento filosófico grego.

O próprio capitalismo é fundado nesse racionalismo

Por outro lado, o modo de formação econômico-social, tal qual se dá sob o *capitalismo moderno*, também está relacionado com essa visão de mundo que, por sua vez, já é também um reflexo das forças econômicas e sociais relacionadas com a produção que estiveram atuando na constituição da sociedade ocidental, dando-lhe sua configuração. O capitalismo é o modo de produção que encontra no naturalismo e no racionalismo não só sua expressão epistemológica como também a sua justificação ideológica. Por isso, nunca fomos tão gregos como atualmente...

Como teremos a oportunidade de constatar na análise de vários aspectos da realidade sociocultural do Ocidente, mesmo na sua atualidade, nossas concepções de mundo continuam profundamente marcadas pelos pressupostos da filosofia grega. E isso explica muitas coisas...

Michelangelo, um dos grandes artistas do Renascimento, retorna a temas do mundo antigo e de forte apelo popular. Uma das grandes obras é *A Criação de Adão*, c. 1510, detalhe de pintura do teto da Capela Sistina, em Roma.

ESCLARECENDO ALGUNS CONCEITOS

Cosmovisão: trata-se do conjunto de concepções, intuitivas e espontâneas, de acordo com as quais uma pessoa ou um grupo social pensam a sua própria realidade, a sua época e a sua existência em geral. É o conjunto mais ou menos articulado das ideias presentes e vigentes numa determinada sociedade ou implícitas numa teoria sistematizada.

Ideologia: é igualmente um conjunto de representações, ideias, conceitos e valores, mediante os quais as pessoas ou grupos acreditam estar conhecendo e avaliando todos os aspectos da realidade. O caráter ideológico dessas representações vem do fato de que elas atuam mascarando, no plano subjetivo, o significado real objetivo desses aspectos, e isso em função de interesses de pessoas ou grupos particulares, que pretendem impor algum tipo de dominação. Nesse sentido, a ideologia é um falseamento da consciência, camuflando a objetividade das situações reais. Como toda produção da consciência, também a cosmovisão envolve elementos ideológicos, funcionando ideologicamente.

Escolástica: no seu sentido histórico, é a escola filosófica constituída na Idade Média, nas escolas eclesiásticas e nas universidades europeias da época. Com conteúdo formado pela síntese das doutrinas platônico-aristotélicas com as doutrinas cristãs, caracteriza-se pelo desenvolvimento de uma metodologia de pensamento e por uma pedagogia fundadas na lógica formal de Aristóteles. O seu caráter formalista, repetitivo, verbalista e a sua tendência ao dogmatismo acabaram por dar ao termo um sentido pejorativo.

Trabalhando e debatendo
a temática da Unidade

Questões e atividades

A unidade mostra a formação da cultura ocidental a partir do encontro, da fusão e fecundação recíproca das três culturas: a judaica, a grega e a romana. Mostra qual foi a contribuição de cada uma delas na formação da civilização do Ocidente que surge na bacia do Mediterrâneo e se expande no espaço, abrindo um grande círculo geográfico, e no tempo, durando já quase três milênios.

- Procurar, nos textos de história, mais detalhes sobre as características culturais do judaísmo, do helenismo e do cristianismo antigo.
- Como a cultura judaica expõe sua cosmovisão?
- Por que os filósofos gregos assumiam uma concepção dualista do ser humano?
- Como a Igreja Católica procedeu na Idade Média para "educar" a população europeia?

UNIDADE 4

Mas como fica a Filosofia, nesse emaranhado cultural? Afinal, para que ela serve?

Como vimos na Unidade 2, a subjetividade emerge do próprio processo vital, como um prolongamento dos instintos orgânicos, dotando os seres humanos de um equipamento ainda mais sofisticado para lidar com os elementos do ambiente natural e social em que vive. Ela se manifesta sob diferentes modalidades. Sem entrar, neste momento, na especificidade de cada uma dessas formas, o que se pode afirmar com segurança, com base nos estudos antropológicos, é que os homens têm uma tendência "espontânea" a "descobrir" o que é o mundo que os circunda, a conhecer, a compreender esse mundo e a si mesmos nesse mundo, a natureza e a sociedade. Como vivos, trata-se fundamentalmente da capacidade de reduplicarmos os elementos de nossa experiência da realidade, em "cópias" simbolizadas, de tal modo que passamos a dispor destes elementos, os objetos do mundo, em nossas mentes, sob uma forma subjetivada.

A consciência subjetiva surge no bojo do próprio processo vital...

Assim, podemos afirmar que, para os homens, "conhecer" é um impulso como que natural e instintivo no sentido em que ele brota espontaneamente, confundindo-se, na sua origem, com o próprio impulso da vida. *A consciência emerge e se desenvolve como estratégia da vida, integrando o equipamento de ação do homem com vista a sua sobrevivência.* O pensar surge, assim, concomitantemente ao agir, com ele se confundindo. O pensamento não é anterior à ação, pois surge no próprio fluxo do agir.

Não é, pois, necessário "justificar" o conhecimento, uma vez que isto coincidiria com a justificação do próprio homem. Fica muito difícil explicar esse maravilhoso processo, pois a própria explicação já é uma manifestação do conhecer. Mas o homem é, numa abordagem inicial, um puro fato empírico e histórico e é justamente dessa condição que se impõe partir se quisermos realizar uma empreitada explicativa de sua existência, num plano racional.

Mas qual é a utilidade da filosofia?

A filosofia também se constitui como uma forma peculiar desse esforço do espírito humano na busca da compreensão, do sentido das coisas. Ela é uma das modalidades de exercício da subjetividade, uma forma de conhecimento. No entanto, ela é uma forma de conhecimento que, à primeira vista, pelo menos, apresenta maior dificuldade de ser justificada quando se analisa o conhecimento humano à luz das premissas acima colocadas. Com efeito, seria ela uma forma necessária de conhecimento, impregnada da mesma imperiosidade do conhecimento originário praticado pelo homem? Até que ponto o desenvolvimento do equipamento cognoscitivo do homem deveria chegar a essa forma específica de conhecimento que culturalmente se chamou de Filosofia? Não seria essa uma forma de puro devaneio e, consequentemente, um desvario do espírito humano, de repente incapaz de controlar a expansão de sua subjetividade vivenciada, originariamente vinculada às exigências vitais de seu organismo? Não há dúvida de que, com relação às demais formas de expressão da subjetividade, é possível encontrar justificativas mais próximas e adequadas a essa finalidade pragmática da consciência humana. Com efeito, o senso comum é a forma de consciência cuja continuidade com as estratégias do instinto na sua busca de recursos é clara e patente, dando bem conta de sua natureza pragmática.

Dizemos que uma atividade é **pragmática** quando ela é útil, tem um efeito prático, concreto, aplicável à ação, ao contrário de uma atividade puramente especulativa, abstrata, sem eficácia no concreto.

Esse caráter pragmático também se encontra no máximo de evidência no caso do conhecimento científico moderno, uma vez que a **ciência** é a própria matriz da técnica e, consequentemente, da indústria. A ciência se caracteriza particularmente por essa sua eficácia na manipulação e no domínio da natureza. É a forma mais sofisticada e elaborada de viabilização da atividade transformadora da natureza pelo homem e, por isso, o próprio clímax do cumprimento da função básica da subjetividade humana enquanto equipamento para a sobrevivência.

Justificativas igualmente plausíveis podem ser dadas com relação à **arte**, forma de expressão simbólica do sentido das coisas, vinculada, sem dúvida, à dinâmica lúdica da vida.

Também a **religião**, no que tem de especificamente religioso, encontra fundamentos nas exigências do existir social dos homens e se insere no universo psíquico dessa existência coletiva.

Até mesmo a **magia** e o **mito** têm claras funções no exercício da vida humana. São processos subjetivos que servem para ajudar os homens a conduzirem sua existência, por mais fantasiosas que sejam suas expressões.

Portanto, em todas essas formas, as explicações elaboradas, os sentidos constituídos, a compreensão propiciada estão de algum modo ligados diretamente à subjetividade vivenciada pelos homens, sendo-lhes diretamente úteis para a condução de algum aspecto concreto e imediato de suas vidas.

Parece não ocorrer o mesmo com a filosofia. É difícil entender o seu relacionamento direto com as exigências do sobreviver e com as necessidades imediatas dos homens. Ela não parece, à primeira vista, necessária para nada. É por essa ausência do caráter pragmático, utilitário, que a Filosofia tem sido motivo de inúmeras críticas, severas e rigorosas, como forma de pensar e de conhecer, acusada então de se transformar num refinamento desvairado do procedimento intelectual. Há dificuldade de se perceber a necessidade, a finalidade e a utilidade do conhecimento filosófico, aspectos estes que parecem se identificar com seu próprio processo.

Não há dúvida de que a atividade da consciência desenvolvida na expressão do conhecimento filosófico representa mesmo o máximo de autonomização da subjetividade, desimpregnando-se do próprio impulso vital. Obviamente, isso não quer dizer que o filosofar nada tivesse a ver com a vida, uma vez que não deixa de ser uma atividade humana. O que se está querendo dizer tão somente é que o filosofar coloca a consciência, a subjetividade humana no ponto máximo de seu patamar de reflexão. É a capacidade da consciência não apenas de se exercer como vivência subjetiva, mas ainda de se ver enquanto tal. Num certo sentido, essa atividade reflexiva implica um distanciamento sistemático do vivido e, por isso mesmo, corre riscos de cair em múltiplas formas de *alienação*, faltando-lhe justamente o controle dado pelas *referências da pragmaticidade*.

Pode-se afirmar então que todas as formas de conhecimento buscam um sentido, visam compreender a realidade em seus vários aspectos e em suas relações com os homens. Mas as formas de conhecimento não especificamente filosóficas buscam um sentido voltado para uma finalidade que está sempre além desse sentido que se busca. O conhecimento por elas obtido é útil, serve para alguma coisa concreta, tem sempre uma função a desempenhar no contexto da existência concreta... O sentido eventualmente encontrado é sempre uma mediação, um meio para outro fim, que está fora dele, ligado ao processo vital da humanidade. Já no caso da filosofia, ocorre a busca de um sentido que, por assim dizer, termina em si mesmo, busca-se compreender apenas por compreender, não há outra finalidade externa a essa compreensão. É como se essa compreensão, embora não acrescentasse nada à capacidade do homem de dominar o mundo, lhe trouxesse alguma autossatisfação. O homem se realizaria tanto mais quanto maior fosse sua compreensão da realidade.

Shiva, símbolo oriental que está presente na comunicação de signos do pensamento do Ocidente e que aparece em concepções da Antropologia e da Teologia.

A nova pragmaticidade do conhecimento filosófico

Mas é preciso cuidado! Dizer que a filosofia se autossatisfaz não nos deve levar à conclusão de que ela é uma atividade inútil, só valendo enquanto uma espécie de fruição intelectual diletante. A inutilidade de que se fala aqui é aquela confrontada à pragmaticidade, ou seja, à atividade transformadora que o ser humano exerce sobre a natureza, no âmbito de seu processo de adaptação/desadaptação, com vista à sua própria sobrevivência, à produção dos meios de existência e à sua própria reprodução individual e social. Na realidade, a compreensão filosófica da realidade é um fim em si mesma na exata medida em que a *existência humana como um todo é sua meta*! Todo o esforço da consciência filosófica na busca do sentido das coisas tem, na verdade, a *finalidade de compreender de maneira integrada o próprio sentido da existência do homem*! Temos, então, de fato, uma nova pragmaticidade: o homem não consegue viver e existir apenas como um fato bruto, ele sente a necessidade inevitável de compreender sua própria existência. Portanto, o esforço despendido pela consciência no seu refletir filosófico não é só mero diletantismo intelectual, nem puro desvario ideológico, nem tentativa de representação do mundo para fins pragmáticos. É antes a *busca insistente do significado mais profundo da sua existência, sem dúvida alguma para torná-la mais adequada a si mesmo*!

É o que não deixa de testemunhar, ao longo de vários milênios, todo um acervo de expressões de conhecimentos assumidos pela cultura como filosóficos, ou seja, como formas de conhecimento cuja utilidade e finalidade não vão além de seu próprio processo, não sendo voltadas diretamente para as exigências imediatas do sobreviver nem para as necessidades concretas dos homens. Na realidade, o espírito humano está buscando insistentemente compreender a especificidade da existência do homem com o objetivo de torná-la cada vez mais plena. Até porque essa compreensão da própria existência ajudará os homens a darem sentido mais coerente ao conjunto de suas outras atividades.

Mas essa especificidade humana não é dada clara e distintamente na transparência da atividade consciente, como se decorresse de uma iluminação ou de alguma forma de evidência. Daí a facilidade com que a subjetividade, no seu confronto com a opacidade do mundo objetivo, cai em suas próprias armadilhas, perdendo-se em ilusões e alienando-se constantemente, como o demonstram também esses produtos culturais registrados pela história da filosofia. A atividade consciente é constantemente dominada pelo viés ideológico e pela autoalienação.

Por enquanto, podemos reafirmar que a forma filosófica de conhecimento se apresenta como a busca ilimitada de mais sentido, de mais significação. Transforma-se então a filosofia num esforço do espírito humano com vistas a dar conta da significação de todos os aspectos da realidade, com a maior profundidade possível e sempre em relação à significação da existência do homem. É a tentativa de compreender o sentido mais radical de todas as coisas, independentemente da sua utilização imediata. Esse sentido é o modo pelo qual as coisas se apresentam ao "espírito", modo peculiarmente humano de a consciência se apropriar delas. Não sabemos se há outras maneiras de se construir o sentido, uma vez que nossa experiência só se revela e se constitui vivenciando essa única forma de captar/doar significações. Ter consciência, para o homem, identifica-se com o dispor de sentido, o que para ele representa a compreensão da realidade.

Compreender é, pois, reconhecer, no nível da subjetividade, nexos que vinculam, com determinada coerência entre si, elementos da realidade experienciada a partir do próprio processo vital.

No desdobramento de sua história sociocultural, a humanidade sempre se esforçou para se autocompreender, tendo esboçado modelos antropológicos, ainda que dogmáticos, inconsistentes e fragmentados, mas sempre resultantes dessa atividade constitutiva de sentido.

No Ocidente, entrecruzando-se com a teologia e com a ciência, a filosofia elaborou várias imagens do homem, apresentando-as como o fundamento de sua verdade e possível critério de si mesmo; construiu igualmente concepções que se quiseram explicativas de seu modo de conhecer, de seu agir, de seu avaliar, de seu conviver com os outros. Delineou assim também explicações para o mundo natural, para a vida, para a existência material.

Dessa maneira, mediante representações teóricas abstratas, reduplica o homem o mundo real, num processo de simbolização que é especificamente seu.

É esse pensamento imanente à vida, enquanto consciência originária e originante, que não cabe justificar, já que ele é a base de toda forma ulterior de consciência. Essa consciência é originária e originante; basta-se a si mesma e não dispõe de recursos para dar conta de si mesma, limitando-se a expressar-se como *vivência subjetivada primordial*. É, pois, o próprio lastro do conhecer humano e traz implícita em si um esboço de compreensão do mundo, dos vários aspectos da realidade.

Mas sobre essa base de compreensão mais vivenciada do que pensada, surgirão formas diferenciadas de tentativas de elaboração dessa compreensão do mundo pelos homens. Expande-se a partir dela uma força explicativa que busca desenvolver-se autonomamente, por assim dizer, desimpregnando-se do processo vital e da prática de transformação da natureza que lhe correspondia. Como ocorre esse processo? Como se configura enquanto produto da atividade global do homem? É isso que tentaremos ver ao longo desta nossa caminhada reflexiva...

Assim, o conhecimento, em linhas gerais, é o esforço do "espírito" humano para compreender a realidade, dando-lhe um sentido, uma significação, mediante o estabelecimento de nexos aptos a satisfazerem as exigências intrínsecas de sua subjetividade. Mas são várias as formas de conhecimento, culturalmente já caracterizadas, em função das peculiaridades de seu processo de elaboração: assim, o senso comum, o mito, a religião, a arte, a ciência são, de suas perspectivas específicas, esforços de compreensão dos vários aspectos do real.

É que todo conhecimento, incluindo o filosófico, se dá mediante um processo de construção e não de contemplação, de representação. Os conteúdos significativos de que podemos dispor para nossas atividades de pensamento não nascem de forma puramente intuitiva, contemplativa. Seu perfil representacional é como um estágio já final de todo um processamento construtivo e não o seu ponto de partida.

Quando falamos, na esfera filosófica, de buscar sentido, desvelar os significados e de outras expressões semelhantes, precisamos estar atentos. O sentido não está lá, como que escondido nas coisas, como se nos bastasse levantar um véu que o escondia... ou se projetássemos um feixe de raios X e o radiografássemos. O processo do compreender não se dá dessa maneira simplificada, particularmente quando esse conhecimento se volta para o próprio homem. Em primeiro lugar, trata-se sempre de um processo de construção, de elaboração, não de mera representação, de visão, como nos passa a própria tradição filosófica ocidental. Em segundo lugar, essa "construção" envolve ainda um tanto de criatividade, ou seja, cabe-nos ainda "projetar" esse sentido, propô-lo como algo para o qual nossa ação deve tender. Os sentidos que nos permitem compreender as coisas humanas, as finalidades a que eles nos acenam, não estão inscritos ou escritos em algum lugar, em alguma essência, fora de nós. Cabe-nos, somente a nós, avançar propostas que sejam significadoras, apresentá-las e propô-las a todos nós.

Como este é o procedimento fundamental e original da Filosofia, ainda voltaremos a ele mais à frente...

Gaston Bachelard, filósofo contemporâneo francês, chama a atenção para o "novo espírito científico", que busca harmonizar as práticas do homem moderno, de modo especial aquelas relacionadas à arte, ciência e formas do conhecimento filosófico.

Trabalhando e debatendo
a temática da Unidade

Questões e atividades

Designar um nome dos signatários da Declaração a seguir para cada aluno, encarregando-os de pesquisar, na Internet, mais informações sobre os mesmos:

- suas principais atividades;
- suas publicações;
- suas posições filosóficas.

Para cada autor, abrir uma Ficha Biográfica.

Em prol da Filosofia...

Os textos que formarão esta seção, ao longo do livro, trarão manifestações de diferentes procedências relacionadas à luta pela presença da educação e da cultura filosóficas. Este inaugural foi produzido em 1995, por iniciativa da Unesco, foi assinado por eminentes filósofos do mundo inteiro e destaca a importância da Filosofia para a formação humana. Representou a comunidade filosófica brasileira a Profa. Marilena Chaui, sem dúvida, uma das maiores expressões do pensamento filosófico nacional.

Declaração de Paris para a Filosofia

"Nós, participantes das jornadas internacionais de estudo 'Filosofia e democracia no mundo', organizadas pela Unesco, que ocorreram em Paris, nos dias 15 e 16 de fevereiro de 1995,

Constatamos que os problemas de que trata a filosofia são os da vida e da existência dos homens considerados universalmente,

Estimamos que a reflexão filosófica pode e deve contribuir para a compreensão e conduta dos afazeres humanos,

Consideramos que a atividade filosófica, que não subtrai nenhuma ideia à livre discussão, que se esforça em precisar as definições exatas das noções utilizadas, em verificar a validade dos raciocínios, em examinar com atenção os argumentos dos outros, permite a cada um aprender a pensar por si mesmo,

Sublinhamos que o ensino de filosofia favorece a abertura do espírito, a responsabilidade cívica, a compreensão e a tolerância entre os indivíduos e entre os grupos,

Reafirmamos que a educação filosófica, formando espíritos livres e reflexivos — capazes de resistir às diversas formas de propaganda, de fanatismo, de exclusão e de intolerância — contribui para a paz e prepara cada um a assumir suas responsabilidades face às grandes interrogações contemporâneas, notadamente no domínio da ética,

Julgamos que o desenvolvimento da reflexão filosófica, no ensino e na vida cultural, contribui de maneira importante para a formação de cidadãos, no exercício de sua capacidade de julgamento, elemento fundamental de toda democracia.

É por isso que, engajando-nos em fazer tudo o que esteja em nosso poder — nas nossas instituições e em nossos respectivos países — para realizar tais objetivos, declaramos que:

Uma atividade filosófica livre deve ser garantida por toda parte — sob todas as formas e em todos os lugares onde ela possa se exercer — a todos os indivíduos;

O ensino de filosofia deve ser preservado ou estendido onde já existe, criado onde ainda não exista, e denominado explicitamente 'filosofia';

O ensino de filosofia deve ser assegurado por professores competentes, especialmente formados para esse fim, e não pode estar subordinado a nenhum imperativo econômico, técnico, religioso, político ou ideológico;

Permanecendo totalmente autônomo, o ensino de filosofia deve ser, em toda parte onde isto é possível, efetivamente associado — e não simplesmente justaposto — às formações universitárias ou profissionais, em todos os domínios;

A difusão de livros acessíveis a um largo público, tanto por sua linguagem quanto por seu preço de venda, a geração de emissões de rádio ou de televisão, de audiocassetes ou videocassetes, a utilização pedagógica de todos os meios audiovisuais e informáticos, a criação de múltiplos espaços de debates livres, e todas as iniciativas susceptíveis de fazer aceder um maior número a uma primeira compreensão das questões e dos métodos filosóficos devem ser encorajadas, a fim de constituir uma educação filosófica de adultos;

O conhecimento das reflexões filosóficas das diferentes culturas, a comparação de seus aportes respectivos e a análise daquilo que os aproxima e daquilo que os opõe, devem ser perseguidos e sustentados pelas instituições de pesquisa e de ensino;

A atividade filosófica, como prática livre da reflexão, não pode considerar alguma verdade como definitivamente alcançada, e incita a respeitar as convicções de cada um; mas ela não deve, em nenhum caso, sob pena de negar-se a si mesma, aceitar doutrinas que neguem a liberdade de outrem, injuriando a dignidade humana e engendrando a barbárie.

φ

Esta declaração foi subscrita por: Prof. Ruben G. Apressian (Instituto de Filosofia da Academia de Ciências de Moscou, Federação Russa), Prof. Tanella Boni-Koné (Universidade de Abidjan, Costa do Marfim), Prof. Tzotcho Boyadjiev (Universidade Saint Klément Ohridski, Sófia, Bulgária), Prof. In-Suk Cha (Secretário-Geral da Comissão Nacional para a Unesco da República da Coreia, Seul, República da Coreia), Prof. Marilena Chaui (Universidade de São Paulo, Brasil), Prof. Donald Davidson (Universidade de Berkeley, EUA), Prof. Souleymane Bachir Diagne (Universidade de Dakar, Senegal), Prof. François Dossou (Universidade Nacional do Benin, Cotonou, Benin), Prof. Michaël Dummett (Oxford, Reino Unido), Prof. Artan Fuga (Universidade de Tirana, Albânia), Prof. Humberto Gianini (Universidade de San Tiago do Chile, Chile), Prof. Paulin J. Houtondji (Universidade Nacional do Benin, Benin), Prof. Joanna Kuçuradi (Secretária-Geral da Federação Internacional das Sociedades de Filosofia, Ancara, Turquia), Prof. Dominique Lecourt (Universidade de Paris VII, Paris, França), Prof. Nelly Motroshilova (Universidade de Moscou, Federação da Rússia), Prof. Satchidananda Murty (Vice-Presidente da Federação Internacional das Sociedades de Filosofia, Índia), Prof. Ulrich Johannes Schneider (Universidade de Leipzig, Alemanha), Prof. Peter Serracino Inglott (Reitor da Universidade de Malta), S. E. Mohammed Allal Sinaceur (Antigo Diretor da Divisão de Filosofia da Unesco, Rabat, Marrocos), Prof. Richard Susterman (Temple University, Filadélfia, EUA), Prof. Fathi Triki (Decano da Faculdade de Letras e Ciências Humanas de Sfax, Tunísia), Prof. Susana Villavicencio (Universidade de Buenos Aires, Argentina).

Extraído de: UNESCO. *Philosophie et démocratie dans le monde*. Une enquête de L'Unesco. Paris: Librairie Génerale Française, 1995. p. 13-14.

Afiando FERRAMENTAS...

Lidando com outras linguagens no ensino da Filosofia

Em termos de estratégias gerais para o ensino de Filosofia no curso médio, podemos recorrer, com proveito, a outros recursos viabilizados seja pelas outras formas de nossa sensibilidade, seja pelas novas tecnologias da comunicação. Contamos com outras modalidades de linguagens que, tanto quanto a linguagem escrita do discurso diretamente filosófico, servem de mediadoras para o exercício da análise e reflexão que se demanda da Filosofia. São diferentes produções da cultura, outros tantos discursos que nos provocam, lançam problemas e sugerem pistas para o redirecionar de nosso pensamento.

A literatura, o cinema, o teatro, a imprensa, as artes plásticas se tornam mediadores de conteúdos significativos para o adolescente, a partir da cultura contextuante, servindo então de base para a aprendizagem filosófica. Obviamente, para interagir com seus alunos recorrendo a essas mediações, o professor precisa "introduzir-se e introduzi-los" nas respectivas linguagens, que têm seus elementos específicos, que as diferenciam da narrativa escrita conceitual.

Como não cabem nestas orientações um desenvolvimento amplo de todas as potencialidades didático-pedagógicas dessas outras linguagens, e também porque nesse assunto cabe ouvir primeiro os especialistas dos respectivos campos, vamos nos limitar a rápidas inserções, indicando algumas outras fontes que poderão ser consultadas e utilizadas pelo professor de Filosofia, caso se interesse em buscar esses caminhos.

Já de início, mencionamos então a coleção *Como usar na sala de aula*, publicada pela Editora Contexto, da qual já foram lançados os seguintes volumes:

- *Como usar artes visuais na sala de aula,* de Katia Helena Pereira;
- *Como usar as histórias em quadrinhos na sala de aula*, de Ângela Rama e Waldomiro Vergueiro (orgs.);
- *Como usar a literatura infantil na sala de aula*, de Maria Alice Faria;

- *Como usar a música na sala de aula,* de Martins Ferreira;
- *Como usar a televisão na sala de aula*, de Marcos Napolitano;
- *Como usar o cinema na sala de aula*, de Marcos Napolitano;
- *Como usar o jornal na sala de aula*, de Maria Alice Faria;
- *Como usar o rádio na sala de aula*, de Marciel Consani;
- *Como usar outras linguagens na sala de aula*, de Beatriz Marcondes, Gilda Menezes e Thais Toshimitsu.

Estes livros, embora não direcionados especificamente para o ensino de Filosofia, trazem elementos didático-pedagógicos facilmente apreensíveis e utilizáveis em nosso trabalho.

Sugerimos ainda mais alguns títulos que poderão subsidiar os professores na utilização de outras linguagens para o seu trabalho didático com a Filosofia.

- GHEDIN, Evandro. Epistemologia da prática: a imagem como possibilidade de ampliação do horizonte reflexivo no ensino-aprendizagem da Filosofia. In: *Ensino de filosofia no ensino médio*, São Paulo: Cortez, 2008, p. 191-222
- BUORO, Anamelia B. *Olhos que pintam*: a leitura da imagem e o ensino da arte. São Paulo: Educ/Cortez/Fapesp, 2003.

Em outras unidades, serão apresentadas sugestões e exemplos de como algumas dessas linguagens podem ser utilizadas no ensino e no estudo da Filosofia.

UNIDADE 5

Como a Filosofia se expressou ao longo da história da cultura ocidental?

O objetivo desta unidade é apresentar, sinoticamente, os resultados desse grande esforço da consciência racional ao assumir formas culturais de pensamento objetivado que expressam os sistemas de explicação que foram sendo elaborados pelos filósofos.

Não se trata de fazer uma *história da filosofia*, mas tão somente de dar uma visualização de suas grandes articulações, destacando os momentos mais significativos que se desdobraram articuladamente com os vários momentos históricos.

Este acervo dos "produtos culturais da filosofia", no que diz respeito à história do Ocidente, se encontra consolidado, objetivado nas obras escritas dos filósofos e pensadores, sob formas variadas de teorias, doutrinas, sistemas, nem sempre em obras específicas de filosofia, e se expressando sob os mais diferentes gêneros literários. Não é sempre que o pensar filosófico se expressa explicitamente; muitas vezes ele se encontra implícito, subjacente a outras formas de expressão cultural — obras artísticas, textos religiosos, mitos, romances, textos científicos, códigos, legislações etc. — exigindo, para ser apreendido, um cuidadoso trabalho de exegese e de interpretação.

Na verdade, vamos ver, aqui nesta unidade, uma exposição e um desdobramento do quadro sinótico da filosofia ocidental que acompanha o livro. E é como tal que ele deve ser abordado. Com efeito, as informações aqui fornecidas têm por objetivo situar as várias expressões filosóficas no contexto histórico do Ocidente, com o intuito de familiarizar o aluno com o dado cultural da filosofia. Por isso, a unidade deve ser considerada como um texto de referência, a ser reiteradamente consultado. Não se faz necessário que tenhamos o domínio exaustivo dessas informações, até porque muitas delas serão retomadas nos capítulos seguintes.

Assim sendo, o texto pode ser trabalhado da seguinte forma:

- fazer uma primeira leitura corrente do texto para se ter uma visão de conjunto da evolução da filosofia;
- fazer uma segunda leitura, acompanhando e relacionando as várias etapas dessa evolução com os elementos constantes do quadro sinótico;

- fazer uma terceira leitura relacionando agora os grandes momentos da filosofia com os dados da história ocidental, buscando articular as manifestações filosóficas com os eventos históricos que o aluno estuda nas outras disciplinas de seu curso.

A filosofia nasce na Grécia, no século V a.C., com os filósofos pré-socráticos procurando encontrar o princípio do universo e com os sofistas praticando a retórica...

A atividade filosófica, como abordagem racional, surge no contexto cultural grego se expressando inicialmente como tentativa de explicar a realidade do mundo sem recorrer à mitologia e à religião. É o período dos chamados *filósofos pré-socráticos*, de cujas obras nos restaram apenas alguns fragmentos.

Dentre esses filósofos, alguns vão explicar o mundo apelando para uma *arqué*, ou seja, o elemento constitutivo básico do qual a totalidade do universo seria constituída. Note-se que a grande preocupação é que haja um *princípio ordenador*, que dê ordem ao universo. Esses filósofos são chamados de *fisiólogos*, pois buscam explicar a *fusis*, a natureza material. Assim, para *Anaxágoras*, o elemento primordial são as *sementes* que se encontram misturadas no caos e são, em seguida, ordenadas pela Inteligência, formando o *cosmos*; já para *Anaximandro*, esse princípio é o *infinito*; para *Anaxímenes*, é o *ar*; para *Tales de Mileto*, a *água*; para *Heráclito*, o *fogo*; para *Parmênides*, é o *ser*; para *Empédocles* são quatro elementos em combinação: a *terra*, a *água*, o *ar* e o *fogo*; para *Demócrito*, era o *átomo*; e para *Pitágoras*, o *número*.

Um outro grupo de filósofos pré-socráticos já tinha uma preocupação mais voltada para a vida dos homens. Foram os chamados *sofistas*, porque eram professores ambulantes de retórica e oratória e foram acusados de estarem mais interessados em convencer pela persuasão, com sacrifício até da verdade, do que pela sua demonstração rigorosa. Entre os sofistas se destacaram *Górgias*, que era cético, achando que não se pode conhecer a verdade, e *Protágoras*, que entendia ser o homem a medida de todas as coisas, todo conhecimento dependendo de cada indivíduo que conhece, não se podendo chegar, pois, a uma verdade universal.

Sócrates, Platão e Aristóteles são os pensadores clássicos da Grécia dos séculos V e IV a.C. e que constituíram a filosofia como metafísica, fornecendo os alicerces de toda a tradição filosófica do Ocidente

Retomam as preocupações de seus antecessores, criticando severamente os sofistas. São os primeiros filósofos a criarem sistemas mais completos de filosofia, instaurando-a como metafísica.

Sócrates é um "educador dos homens" e acredita que a verdade existe e pode ser conhecida desde que se proceda a uma interrogação metódica, através do processo que chama de *maiêutica*, arte de partejar ideias verdadeiras. E o homem, conhecendo a verdade, pode agir moralmente bem se estiver de acordo com ela. Essa sua posição é o chamado *intelectualismo moral*, de acordo com o qual basta o homem conhecer o bem para praticá-lo.

Platão, discípulo de Sócrates, desenvolve um sistema filosófico completo. Para ele, as coisas concretas deste mundo nada mais são do que sombras, cópias imperfeitas de modelos perfeitos e únicos, as *Ideias*, que existem eternamente num mundo à parte, superior, o *Mundo das Ideias*. Como nossa alma, que é inteligente, partícipe do *logos*, conviveu com essas Ideias antes de se encarnar, ela pode conhecer as coisas deste mundo, reconhecendo por lembrança, por *reminiscência*, a Ideia que elas realizam imperfeitamente. O objetivo de toda filosofia e de toda a educação é desenvolver um esforço dialético no sentido de se elevar da visão das coisas terrenas, concretas e mutáveis, à contemplação das Ideias. A contemplação das Ideias fornecerá também critérios para o agir moral dos indivíduos e para a organização da vida em sociedade.

Aristóteles, discípulo de Platão mas aluno crítico, não concorda com esse idealismo exagerado de seu mestre. Para ele, de fato, todo ser concreto é a realização de uma essência, mas essa essência está presente em cada indivíduo em particular, desaparecendo com a morte desse indivíduo. Ela é a mesma em todos os indivíduos de uma mesma espécie, pois todos são formados por dois coprincípios básicos: a *matéria-prima* e a *forma específica*, que, unidas, formam a *substância* do ser. Quando o indivíduo morre, dá-se a separação desses coprincípios, que não subsistem isolados. Não existe, assim, um modelo prototípico ideal, como defendia Platão: apenas o *conceito*, que representa a substância, é universal. Por isso mesmo, o saber deve ser constituído pelo *processo de abstração*, o intelecto humano sendo capaz de ir apreendendo, a partir da experiência sensível, a essência das coisas mediante os *conceitos universais*.

Escola de Atenas (detalhe), de Rafael Sanzio, 1510-1511.

Neste detalhe da pintura pode-se ver Aristóteles ao centro, com a mão para baixo, indicando a importância da natureza material. Ao seu lado, Platão ergue o indicador para o alto, advertindo sobre o poder das ideias.

Os romanos entram em cena e a filosofia grega se expõe a um mundo cosmopolita e se envolve com o cristianismo nos séculos III a.C. a III d.C.

A filosofia dos três grandes filósofos representou o apogeu da filosofia grega. Nos últimos séculos antes de nossa era e nos primeiros séculos da era cristã (de 300 a.C. a 300 d.C.), aparece no cenário histórico o povo romano. Os romanos conquistam militarmente e organizam política e administrativamente todos os "países" da bacia do Mediterrâneo. Eles se apropriaram da cultura grega e a expandiram por todo o seu vasto império. É o período do *helenismo*. Só que, nesse processo de expansão e de ampla divulgação, a filosofia acaba se dissipando em pequenas escolas, perdendo a força das grandes sínteses. As condições de vida e da cultura não lhe são propícias. Surgem assim pequenas escolas filosóficas, tais como: o *estoicismo*, cuja maior preocupação é com a ética, que concebe fundada na harmonia e no equilíbrio dos elementos éticos, de modo análogo ao que ocorre com o cosmos, harmonizado pelo *logos*; o *epicurismo*, também preocupado com o viver humano, defende uma ética fundada no prazer, considerado o bem autêntico; o *ceticismo*, escola filosófica que acha impossível o conhecimento da verdade, sendo inútil tentar encontrá-la. Destaca-se ainda nesse período um outro importante filósofo, *Plotino*, seguidor de Platão, sendo o seu pensamento conhecido como o *neoplatonismo*.

É nesse contexto helenístico, universalizado pela ação político-administrativa dos romanos, que a filosofia grega vai se encontrar com o *cristianismo*. Desde o início da era cristã, pensadores ligados à nova religião estudam o pensamento dos gregos e estabelecem relações com ele, incorporando alguns elementos e rejeitando outros. Inicia-se então um grande processo de simbiose que vai durar séculos! Na realidade, como vimos na unidade anterior, nesse processo que se inicia com São Paulo, no século I, e culmina com Santo Tomás de Aquino, no século XIII, o racionalismo grego leva a melhor sobre a mística judaica, fonte originária do cristianismo.

Assim, já os primeiros *padres da Igreja* (Santo Irineu, Tertuliano, Orígenes, Clemente de Alexandria), mas sobretudo *Santo Agostinho*, desenvolvem suas reflexões teológicas assumindo elementos da filosofia racionalista grega. Santo Agostinho apropria-se das inspirações de Platão, por intermédio do neoplatonismo, colocando, no entanto, no lugar do Mundo das Ideias, a consciência de Deus, que assume as qualidades e as prerrogativas da Ideia do Bem.

Na Idade Média, a filosofia grega é utilizada pela Igreja como base da pedagogia civilizadora dos povos bárbaros, a escolástica, nos séculos V a XIV

Com a queda do Império Romano, sob o impacto da invasão dos povos vindos do Norte da Europa, a Igreja Católica assumiu a tarefa de civilizar e educar esses povos, assimilando-os à cultura greco-romana. Foi nesse clima que se formou a *escolástica*, método pedagógico por excelência, fundado na lógica aristotélica e que serviu tanto como instrumento de educação quanto como veículo de evangelização, cujo conteúdo era uma teologia vazada na filosofia neoplatônica, cristianizada por Santo Agostinho.

No final do primeiro milênio, graças às traduções que se faziam na Espanha, do árabe para o latim, de textos de física e de metafísica de Aristóteles — textos esses que ainda não haviam chegado ao Ocidente —, ocorrerá uma influência do naturalismo aristotélico concorrendo então com o idealismo platônico que dominava até esse momento. É a vez então da grande síntese que fará de Santo Tomás de Aquino o principal filósofo do período. Nessa mesma época, surgiam as primeiras universidades, verdadeiros centros de pesquisas e de estudos também em filosofia.

O *tomismo* representou uma tentativa de harmonizar as posições básicas do cristianismo com os pressupostos ontológicos do *aristotelismo*. Sem dúvida, isso provocou reações da parte dos pensadores/teólogos ligados à Igreja, adeptos da fundamentação platônico-agostiniana. Santo Tomás de Aquino acabou prevalecendo, tendo conseguido com sua extensa obra fornecer fundamentos filosóficos aristotélicos para a teologia cristã. O tomismo foi então considerado a base filosófica da teologia da Igreja Católica.

O Renascimento promove uma volta direta à cultura grega, rejeitando as contribuições da Idade Média e inaugurando a era moderna: séculos XV a XVII

O naturalismo aristotélico que Santo Tomás pôs à disposição dos pensadores ocidentais dos séculos XIV e XV foi, na realidade, um dos elementos substantivos para a revolução cultural e filosófica que iria ocorrer com o Renascimento. É que, no aristotelismo, a natureza para existir e funcionar prescindia da intervenção divina, sendo assim incompatível com a visão teocêntrica da Idade Média. Abriam-se então as portas para o *cosmocentrismo* e para o *antropocentrismo*: os elementos centrais da realidade e, consequentemente, da reflexão filosófica são o mundo natural e o homem, e não mais Deus. A visão hegemônica deixa de ser o *teocentrismo*. A era moderna se caracterizará, com efeito, por desenvolver uma concepção na qual a natureza física e o homem ocuparão o centro.

Mas estavam influindo também outros elementos que atuam no contexto sociocultural dessa época e que ajudam a explicar as grandes transformações que ocorreram. Assim, é grande a contribuição que dará a *matemática árabe*, que é introduzida na Europa pelos árabes ao invadirem a península ibérica. A matemática herdada da Grécia era muito limitada, com poucas possibilidades como instrumental técnico-operativo e lógico; seu poder se multiplica com as contribuições da álgebra.

Ocorreu ainda uma grande transformação socioeconômica: o *feudalismo* entrando em declínio e desenvolvendo-se o *mercantilismo* e o *colonialismo*. Esse desenvolvimento no plano econômico estimula inventos e descobertas no plano tecnológico, ampliando-se o poder de manipulação que o homem exercia sobre a natureza. Estavam lançadas as bases do *capitalismo*, que surgia como novo modo de organização da produção.

Por outro lado, houve significativas reformulações também no plano político, os príncipes começando a se unir à burguesia e a se opor ao poder centralizado dos reis e dos papas. Começaram a se formar as nações que se contrapunham aos grandes impérios. Cabe referir-se ainda às transformações que se deram na própria religião. A *Reforma Protestante* se insere nesse quadro de afirmação do racionalismo individualista.

A grande revolução cultural que deu início à época moderna é marcada assim, no plano filosófico, por um incisivo racionalismo e pelo naturalismo que se expressam: no âmbito econômico, pelo capitalismo; no âmbito religioso, pelo protestantismo; e no âmbito social, pelo individualismo burguês.

Estavam assim postas as condições para o redimensionamento geral da perspectiva filosófica. Apesar das pretensões alardeadas pelos renascentistas, não havia como reproduzir a cultura grega, fazendo-a renascer. Na realidade, o que se retomou, com renovado vigor, foi o racionalismo naturalista grego, agora instrumentalizado à altura para possibilitar a superação da metafísica enquanto *ciência das essências*.

A era moderna elabora um grande projeto de revolução cultural: o projeto iluminista que se marca pela consolidação de uma filosofia racionalista e pelo surgimento da ciência (séculos XVII e XVIII)

A Idade Moderna se caracterizou no plano filosófico-cultural por um projeto iluminista: tudo o que se faz é feito com a convicção de que as luzes da razão natural iluminam os homens, eliminando as trevas da ignorância. Por meio dos conhecimentos obtidos racionalmente, os homens não apenas se esclarecerão individualmente como ainda poderão construir uma sociedade mais adequada e justa.

Esse projeto iluminista da filosofia, conduzido sob o mais exigente racionalismo, se iniciou por duas grandes vias. De um lado, praticando-se uma *filosofia crítica*, encarregada de superar a metafísica no plano teórico, mostrando a sua inviabilidade; de outro, criando uma nova forma de conhecimento, a *ciência*, que substituiria o saber das *essências* pelo saber dos *fenômenos*.

Assim, enquanto as preocupações da filosofia antiga e medieval eram *ontológicas*, as preocupações da filosofia moderna são *epistemológicas*, ou seja, tratava-se, antes de tudo, de avaliar qual a verdadeira capacidade de o homem conhecer a realidade que o circunda.

Duas foram as orientações pelas quais se expressou a nova postura crítica da filosofia: uma, a do *racionalismo idealista*, que defendeu a posição de que o conhecimento verdadeiro só é possível na intuição intelectual que se dá no ato de reflexão, ou seja, no momento em que o sujeito pensante apreende seu próprio ato de pensar. É nesse momento que se tem a *evidência racional*; único critério capaz de garantir a certeza do conhecimento. Tomaram essa orientação *Descartes*, *Malebranche*, *Espinosa* e *Wolff*. Uma vez garantida a evidência, é até possível reconstruir a metafísica, uma metafísica idealista...

A outra orientação, assumida por pensadores como *Bacon*, *Locke*, *Berkeley* e *Hume*, consistiu, ao contrário, na defesa da posição segundo a qual o único conhecimento possível e válido é aquele que se tem por intermédio de ideias formadas a partir das impressões sensíveis. Trata-se de um racionalismo empirista.

Para além dessas orientações filosóficas, formou-se ainda um saber novo, a *ciência*. Tratava-se de um conhecimento diferente do conhecimento metafísico, pois, embora seja impossível à razão atingir a *essência* das coisas, ela pode atingir os *fenômenos* das mesmas, ou seja, sua manifestação empírica à consciência dos homens. Nomes como *Copérnico*, *Galileu*, *Kepler* e *Newton*, entre tantos outros, nos lembram pesquisadores trabalhando fora das universidades e dos conventos e produzindo novas explicações dos vários aspectos da natureza, mediante uma postura ao mesmo tempo teórica e prática. Adotam uma nova metodologia para seu conhecimento: um método simultaneamente matemático e experimental. Esse novo

Nicolas de Malebranche, filósofo francês, pretende resolver a questão da comunicação da alma e do corpo — objeto central do cartesianismo — por intermédio da visão em Deus e de causas circunstanciais.

conhecimento, além de seu alcance explicativo, no plano teórico, revelava-se também muito fecundo pelo seu alcance técnico, no plano prático. Permitia ao homem construir equipamentos por meio dos quais se ampliava seu poder de manipulação do mundo. A ciência se fazia então matriz da técnica.

No século XVIII, o *criticismo de Kant* representou a tentativa de sintetizar essas várias orientações e movimentos do iluminismo. Kant desenvolveu uma teoria do conhecimento tal que integrava aspectos do idealismo e do empirismo. Insistia em que o conhecimento pressupõe formas lógicas anteriores à experiência sensível, mas estas só exerciam alguma função se aplicadas sobre conteúdos empíricos fornecidos pela experiência.

Mas a síntese kantiana também se desdobrou, deixando uma dupla herança: uma que, via *Fichte*, *Schelling* e *Hegel*, voltou à metafísica idealista, priorizando novamente o sujeito e a intuição intelectual; a outra, priorizando o objeto e a experiência sensível, se desenvolve como uma justificativa epistemológica da ciência, sobretudo com *Comte*.

Johann Gottlieb Fichte, filósofo germânico, funda seu sistema de pensamento em uma única realidade: o eu. Este eu sofre o impacto das mazelas do liberalismo. Como salvação, introduz o conceito de autarquia, mediante o qual descreve o "Estado comercial fechado". Sua análise contundente antecipa a concepção de planejamento econômico centralizado, como será praticado na França e na Rússia no começo do século XX.

Friedrich W. Joseph von Schelling, seguidor de Kant, preconiza um sistema do idealismo objetivo. Prevalecem conceitos que marcam a relação trágica do sujeito com o mundo. Costuma ser identificado ao Romantismo, no qual se destacam os conceitos de criatividade e liberdade de espírito.

No século XIX, assistimos ao fecundo desdobramento da ciência, o surgimento de novas perspectivas filosóficas que lançam as raízes da filosofia contemporânea

O século XIX foi talvez o século mais fértil para a cultura filosófica, uma vez que ciência e filosofia adquiriram sua autonomia plena e grandes desdobramentos se dão em ambas as frentes.

No âmbito da ciência, três aspectos se destacam: 1. grande desenvolvimento das *ciências naturais*, sobretudo das ciências físico-químicas; 2. as *ciências biológicas* adquirem uma dimensão histórica em função da descoberta do caráter evolutivo da vida; e 3. formam-se as *ciências humanas* (Psicologia, Sociologia, Economia, Política, História, Antropologia, Geografia etc.) pela extensão do uso do método científico aos diversos aspectos da vida dos homens.

Essa fecundidade do conhecimento científico torna igualmente fecundo o *positivismo*, que vai inspirar várias vertentes filosóficas que repercutiram no século XX: o *evolucionismo*, o *pragmatismo*, o *vitalismo* e o *cientificismo*.

Sigmund Freud, criador da psicanálise, método e teoria que pretende pesquisar a psique humana, dando prioridade à investigação das tendências do inconsciente.

Já no âmbito da filosofia, multiplicam-se as novas orientações: na linha do subjetivismo, surgem a *fenomenologia* (Husserl, Scheler); a *genealogia* (Nietzsche); procurando unir a dialética hegeliana com o naturalismo, a sociologia e a economia, surge o *marxismo* (Feuerbach, Marx, Engels); buscando explorar a psicologia e o naturalismo, surge a *psicanálise* (Freud, Jung).

O século XX: acentua-se a preocupação com o conhecimento e com o sentido da existência do homem

O século XX continuou sendo um período marcado por conquistas, contradições e retrocessos em todos os planos. Duas guerras mundiais e centenas de conflitos bélicos regionais o abalaram diuturnamente. As consequências desses conflitos são cada vez mais desastrosas devido ao desenvolvimento e à sofisticação tecnológica dos armamentos. Os esforços diplomáticos não impedem os conflitos políticos e econômicos que opõem entre si as nações. Fortes ideologias provocam confrontos radicais: fascismo, nazismo, socialismo, capitalismo. Se o sistema colonial desmoronou, a exploração econômica dos países periféricos pelos países centrais se amplia e se aprofunda, dividindo os povos em ricos dominantes e pobres dominados. Ocorre um incontrolável desenvolvimento técnico-industrial que, ao mesmo tempo que resolve problemas básicos do homem, cria outros tantos novos, dos quais perde o controle.

A ciência está na base de toda essa revolução permanente em que se transformou a civilização ocidental no século XX. É o século da terceira revolução industrial, a da tecnologia eletrônica, da cibernética e da informática, pela qual os homens ampliam o poder do próprio cérebro.

No âmbito filosófico, ocorre também uma multiplicidade de manifestações. Sem dúvida, a ciência parece ser a principal preocupação da maioria dos filósofos. Assim, quase todas as tendências filosóficas contemporâneas dedicam espaço à discussão do conhecimento científico, de modo especial àquele relacionado com as Ciências Humanas.

Assim, é florescente a orientação *neopositivista* da filosofia que aborda especialmente o discurso da ciência como seu tema, tratando das questões formais da linguagem e da lógica utilizadas nesse discurso. Pensadores como *Carnap*, *Popper*, *Wittgenstein*, *Ayer*, *Russell*, entre outros, além de manterem um pressuposto cientificista de base — "só a ciência é conhecimento verdadeiro e válido" —, entendem que a única atividade especificamente filosófica é proceder à análise técnica e rigorosa da linguagem da ciência.

Mas uma outra tendência, também herdeira do positivismo, dedica-se à compreensão da atividade científica, embora se preocupando menos com seus aspectos formais. Trata-se do *racionalismo transpositivista* e é praticado no âmbito da reflexão filosófica iniciada por filósofos/cientistas como *Brunschvicg*, *Koyré*, *Poincaré*, *Meyerson*, *Piaget*, *Bachelard*, *Kuhn*, *Feyerabend*.

As preocupações relacionadas com o objeto e o método das Ciências Humanas provocaram a emergência de tendências filosóficas que desenvolvem reflexões tanto sobre os fundamentos epistemológicos como sobre o seu objeto. É o caso do *estruturalismo*, que se formou a partir da inspiração da metodologia das ciências semiológicas, especialmente da Linguística. Busca construir uma epistemologia válida para todo o campo das Ciências Humanas. Assim, *Lévi-Strauss* o aplica à Antropologia e à Etnologia; *Godelier*, à Economia; *Lacan*, à Psicologia; *Dumezil*, à História.

Atendo-se a uma tradição mais subjetivista, a *fenomenologia* se torna uma das importantes correntes da filosofia contemporânea que também lida com a questão do objeto e do método das Ciências Humanas e que vai servir de epistemologia para o *existencialismo*, corrente filosófica que se preocupa fundamentalmente com o sentido do existir humano. *Kierkegaard*, *Heidegger*, *Sartre*, *Merleau-Ponty* e *Ricoeur* são alguns de seus principais representantes.

As condições peculiares da existência humana, as contradições que a tornam extremamente vulnerável e contingente são o tema de outra tendência mais recente da filosofia contemporânea: a *arqueogenealogia* que, apoiando-se nas reflexões de Nietzsche e Freud, se expressa na atualidade através da obra de pensadores como *Foucault*, *Deleuze*, *Guattari*, *Maffesoli*, *Baudrillard*...

Já as condições objetivas da existência social do homem, no plano econômico e político, constituem a temática das tendências marxistas da filosofia contemporânea, cuja preocupação situa-se tanto no âmbito da teoria, buscando o sentido dialético da história, como naquele da prática, buscando reorientar os processos da transformação social e política das sociedades. *Gramsci*, *Althusser*, *Lukács*, *Goldmann*, *Schaff*, *Lefebvre* são alguns nomes da filosofia marxista.

Merece destaque ainda, no contexto dessas tendências, a que se poderia designar como a *dialética negativa*, que é a filosofia desenvolvida pela Escola de Frankfurt, cujos principais pensadores são *Adorno*, *Horkheimer*, *Benjamin* e *Habermas*. Sob inspiração do marxismo, do hegelianismo e da psicanálise, desenvolvem uma crítica ao projeto iluminista da modernidade, à instrumentalização da razão.

Por outro lado, no complexo tecido do pensamento filosófico contemporâneo, levando-se em conta a planetarização da cultura (viabilizada pelo intenso intercâmbio cultural), se fazem presentes muitas outras tendências filosóficas, oriundas das mais diferentes regiões do mundo, tais como as tendências de procedência oriental.

Além disso, sobrevivem em nossa atualidade, embora em círculos restritos, outras tantas tendências filosóficas mais antigas, como, por exemplo, o caso do tomismo, que se mantém tradicionalmente difuso na cultura católica e teorizado nos centros de investigação teológica da Igreja.

Soren Kierkegaard, pensador e teólogo dinamarquês, enfatiza a temática da angústia. Por intermédio desse conceito, ele chega a uma concepção de liberdade. Para alguns, o filósofo expressa uma tendência pessimista do existencialismo.

Trabalhando e debatendo
a temática da Unidade

Questões e atividades

Como já dito no início desta unidade, as aulas a ela dedicadas devem ter como principal atividade a leitura panorâmica do texto expositivo, acompanhando-a com os registros do Quadro Sinótico. Trata-se também de um grande roteiro para se ter uma ideia abrangente de toda a filosofia ocidental. É um momento essencialmente informativo, mas não se deve exigir do aluno nenhuma memorização. Seu objetivo fundamental é situar historicamente as diversas manifestações culturais da Filosofia. Não sendo uma unidade temática, não consta trecho específico de algum filósofo para leitura.

Levando em conta a característica de visão panorâmica das tendências da filosofia, nesta unidade, é o momento oportuno para solicitar aos alunos o desenvolvimento de uma variada investigação sobre elas, o que poderá ensejar um interessante exercício de trabalho em equipe. O professor fornecerá um roteiro para essa pesquisa, de modo a que a abordagem a ser feita não ultrapasse as possibilidades do aluno do ensino médio. Ajudaria igualmente na identificação de mais fontes acessíveis, além das indicadas a seguir.

O trabalho sugerido poderá ainda versar sobre os filósofos mais destacados, sobre um determinado tema representativo de um autor ou de uma tendência (exemplo: o tema da morte em Sartre ou a liberdade no existencialismo) ou, ainda, comparando-se as posições de alguns autores ou tendências a respeito de um mesmo tema.

Os resultados desses trabalhos poderiam ser apresentados sob a forma de painéis, durante algumas das últimas aulas do período letivo da disciplina.

Afiando FERRAMENTAS...

Fontes para a pesquisa filosófica

Dadas as finalidades deste livro, indicamos apenas alguns poucos instrumentos de pesquisa, só em língua portuguesa. Considero-os um conjunto básico mínimo de obras de referência que deveriam estar disponíveis na biblioteca das escolas.

Fontes primárias

São os escritos dos próprios filósofos. Os textos clássicos. Quanto mais os textos originais dos filósofos estejam disponíveis na biblioteca, tanto melhor, pois o contato com os originais clássicos, já desde o ensino médio, seria de todo desejável. Sabemos das dificuldades enfrentadas pelo sistema público em equipar suas bibliotecas escolares. Mas pelo menos a ***Coleção Os Pensadores*** (São Paulo: Abril Cultural. 48 v.) deveria constar do acervo. Além de trazer uma significativa representação do pensamento filosófico, destacando os principais filósofos de nossa tradição, traz ótimas contribuições sobre a vida e o pensamento deles na Introdução de cada volume.

Dicionários

BLACKBURN, Simon. *Dicionário Oxford de Filosofia*. Rio de Janeiro: Jorge Zahar Editor, 1997.

FERRATER MORA, José. *Dicionário de Filosofia*. São Paulo: Loyola. 2001. 4 v.

GIACCOIA JR., Oswaldo. *Pequeno dicionário de Filosofia contemporânea*. São Paulo: Publifolha, 2006.

HUISMAN. Denis. *Dicionário de obras filosóficas*. São Paulo: Martins, 2000.

______. *Dicionário dos filósofos*. São Paulo: Martins, 2001.

Estes dois dicionários, embora já especializados, são acessíveis, trazendo importantes subsídios sobre os filósofos e suas obras. Úteis para os professores.

JAPIASSU, Hilton F.; MARCONDES, Danilo. *Dicionário básico de filosofia*. Rio de Janeiro: Jorge Zahar Editor, 1990.

Considero este um dos mais adequados dicionários para fins didáticos, uma vez que ele traz verbetes bem dosados sobre os conceitos e autores.

LALANDE. André. *Vocabulário técnico e crítico de Filosofia*. São Paulo: WMF/Martins Fontes, 1996.

RUSS, Jacqueline. *Dicionário de Filosofia*. Lisboa: Plátano Editora, 2000.

SAVATER, Fernando. *Meu dicionário filosófico*. Lisboa: Publicações Dom Quixote, 2010.

Histórias

Há obras especiais destinadas à exposição geral das ideias filosóficas: são os textos de *História da Filosofia*. Em nosso contexto, já se encontram publicadas e acessíveis nas bibliotecas vários textos de *História da Filosofia* que poderão ser consultados com o intuito de aprofundamento dessas informações. Dentre eles, destaco os seguintes:

ABBAGNANO, Nicola. *História da Filosofia*. 5. ed. Lisboa: Presença, 2000. 14 vols.

ANDERY, C. Amália et al. *Para compreender a ciência: uma perspectiva histórica*. 14. ed. São Paulo: Garamond, 2007.

CHAUI, Marilena. *Introdução à história da Filosofia*: dos pré-socráticos a Aristóteles. São Paulo: Companhia das Letras, 2002.

MARCONDES, Danilo. *Iniciação à história da filosofia. Dos Pré-socráticos a Wittgenstein*. 13.ed. Rio de Janeiro: Zahar, 2010.

REALE, Giovanni; ANTISERI, Dario. *História da Filosofia*. São Paulo: Paulus, 2003. 7 vols.

Introduções

ARANHA, M. Lúcia; MARTINS, M. Helena. 4. ed. *Filosofando*: introdução à filosofia. São Paulo: Moderna, 2009.

______. *Temas de filosofia*. 3. ed. São Paulo: Moderna, 2005.

BUZZI, Arcângelo. *Filosofia para principiantes*: a existência humana no mundo. 16. ed. Petrópolis: Vozes, 2007.

CHAUI, Marilena. *Convite à filosofia*. 14. ed. São Paulo: Ática, 2010.

CHAUI, Marilena. *Filosofia*: série novo ensino médio. 2. ed. São Paulo: Ática, 2008.

CUNHA, J. Auri. *Filosofia*: iniciação à investigação filosófica. São Paulo: Alínea, 2009.

GALLO, Silvio (Coord.). *Ética e cidadania*: caminhos da filosofia. Campinas: Papirus, 1997.

GARCIA MORENTE, Manoel. *Fundamentos de filosofia*: lições preliminares. 8. ed. São Paulo: Mestre Jou, 1980.

MATOS, Olgária. *Filosofia*: a polifonia da razão — filosofia e educação. São Paulo: Scipione, 1997.

Ensino de Filosofia: sentido e fundamentos

CARMINATI, Celso J. *Professores de filosofia: crise e perspectivas*. Itajaí: Editora Univali, 2006.

FAVERO, Altair A.; RAUBER, Jaime J.; KOHAN, Walter O. (Orgs.). *Um olhar sobre o ensino de filosofia*. Ijuí: Unijuí, 2002.

GALLO, Silvio; KOHAN, Walter (Orgs.). *Filosofia no ensino médio*. Petrópolis: Vozes, 2000.

GONZALEZ PORTA, Mario A. *A filosofia a partir de seus problemas*: didática e metodologia do estudo filosófico. São Paulo: Loyola, 2003. 182 p. (Col. Leituras Filosóficas).

SILVEIRA, René J. T.; GOTO, Roberto (Orgs.). *Filosofia na escola*: diferentes abordagens. São Paulo: Loyola, 2008.

______ (Orgs.). *Filosofia no ensino médio*: temas, problemas e propostas. São Paulo: Loyola, 2007.

Ensino de Filosofia: aspectos didáticos

ARONDEL-ROHAUT, Madeleine. *Exercícios filosóficos*. 2. ed. São Paulo: Martins, 2005.

ASPIS, Renata L.; GALLO, Silvio. *Ensinar filosofia*: um livro para professores. São Paulo: Atta Midia, 2009.

COSSUTA, Frédéric. *Elementos para a leitura de textos filosóficos*. 2. ed. São Paulo: Martins, 2001.

GHEDIN, Evandro. *Ensino de Filosofia no ensino médio*. São Paulo: Cortez, 2008. (Col. Docência em formação: ensino médio.)

RODRIGO, Lidia Maria. *Filosofia em sala de aula*: teoria e prática para o ensino médio. Campinas: Autores Associados, 2009.

SEVERINO, Antônio J. *Como ler textos de filosofia*. São Paulo: Paulus, 2008.

Orientações específicas sobre a leitura analítica de textos filosóficos, onde se encontram, de forma mais desenvolvida, as diretrizes também apresentadas neste livro, às p. 37-44.

DVDs

A filosofia no ensino médio:

- A história da Filosofia e os textos na experiência filosófica.
- Elementos didáticos para a experiência filosófica.
- Experiência filosófica.
- Procedimentos didáticos na aula de Filosofia.

Filósofos e a educação.
Sócrates/Platão/Aristóteles, Santo Agostinho/Santo Tomás de Aquino, Maquiavel, Locke, Kant, Nietzche, Hegel, Marx, Gramsci.

Trata-se de duas coleções de DVDs produzidas por Atta Midia e Educação. (<http://www.attamidia.com.br>), gravados por autores.

Revistas

Aqui estão indicadas apenas duas interessantes revistas de divulgação filosófica, que inclusive são encontradas nas bancas de jornais, dado que, nessa condição, são mais acessíveis para os estudantes do ensino médio.

- *Filosofia: Ciência & Vida.* São Paulo: Editora Escala.
- *Viver: Mente & Cérebro.* São Paulo: Duetto. Coleção Memória da Filosofia.

Portais na Internet

Alguns *sites* especializados em Filosofia, abrigando todos os setores deste campo. Em que pesem os problemas qualitativos presentes nesse novo tipo de fonte, os portais acessíveis pela via da Internet são úteis para o estudante de filosofia do ensino médio, sobretudo no que concerne às informações biográficas dos filósofos.

- Mundo dos Filósofos: <www.sobresites.com/filosofia>.
- Portal Brasileiro de Filosofia: <www.filosofia.pro.br>.
- Consciência: <www.consciencia.org>.
- Educadores: <www.attamidia.com.br>.
- Mundo dos filósofos: <www.mundodosfilosofos.com.br>
- Associação Portuguesa de Filosofia: <www.apfilosofia.org>

Blogs

Já estão na rede mundial inúmeros *blogs* de autoria de filósofos, de grupos, entidades culturais, de instituições educativas, interessados em divulgar informações, ideias, propostas, submetendo-as à apreciação e à discussão públicas. Por esse motivo, como espaço complementar para o estudo, os *blogs* temáticos, mantidos por especialistas ou por instituições especializadas, são particularmente relevantes para os estudantes do ensino médio. Sua grande contribuição encontra-se na viabilização de um diálogo vivo com parceiros na prática filosófica, pois os autores expõem suas ideias em textos disponibilizados, abrindo espaço para comentários, críticas, debates, atividades que são sempre fecundos para a formação filosófica.

Indicamos os seguintes *blogs* que se relacionam com o estudo da Filosofia:

- http:/logosecb.blogspot.com:
- http://filosofiaes.blogspot.com:
- http:// blog.criticanarede.com: blog vinculado à Revista Crítica.
- http://derenatura.blogspot.com.br: traz discussão interdisciplinar sobre assuntos pertinentes às ciências e à filosofia.

UNIDADE 6

Num primeiro momento, buscou conhecer as coisas explicitando suas essências...

Já vimos, na unidade anterior, que o modo metafísico de pensar é uma verdadeira constante do pensamento humano. Os homens sempre pensaram metafisicamente. Tendem a explicar a realidade adotando uma perspectiva metafísica. Esse modo metafísico de pensar, embora culturalmente tenha predominado na Antiguidade e na Idade Média, continua presente na atualidade, não só em algumas escolas filosóficas isoladas, mas também como parte integrante de nosso próprio pensar cotidiano.

Esta unidade tem por objetivo exatamente nos levar a entender o que significa explicar as coisas metafisicamente. O esquema do pensar metafísico está, de fato, intimamente ligado à estrutura de nossa consciência racional, por isso é preciso ter bem claro quando é que estamos pensando metafisicamente.

O modo metafísico de pensar é um pensar sob a forma das essências, ele é um essencialismo. Todos os objetos que constituem o sistema do real se explicam pela sua essência, característica eterna e fixa de cada ser, graças à qual ele se insere no sistema do real, identificando-se com uma espécie e distinguindo-se dos demais entes. Os textos complementares, trazidos como manifestações do pensamento metafísico, são de Platão e de Santo Tomás, representando respectivamente a perspectiva idealista e realista da ontologia.

Explicando as coisas pela sua essência

A explicação metafísica tem por base a convicção da nossa consciência racional de que todas as coisas que existem — os filósofos preferem dizer todos os *entes*, todos os *seres* — possuem uma *natureza própria*, uma *essência* que lhes é específica. Cada ser, cada indivíduo é do jeito que é porque, ao existir, ele está realizando uma essência, uma natureza que lhe define suas características específicas, ou seja, características pelas quais ele pertence a uma determinada espécie de seres. Assim, por exemplo, haveria uma *essência equina*, que faz com que um determinado animal seja um cavalo e não um gato. Sem dúvida, os indivíduos de uma mesma espécie, portanto tendo a mesma essência, podem ter diferenças relevantes entre si, mas essas diferenças são acidentais e não *substanciais*, uma vez que a *substância* é parte permanente e fixa da essência, comum a todos os indivíduos.

É no caso do homem que essa visão metafísica terá consequências radicais. Com efeito, para os metafísicos, os homens pertencem à mesma espécie por compartilharem da mesma essência. Eles todos têm uma mesma natureza — a *natureza humana* — que permanece idêntica em todos os homens, sem exceção, apesar das diferenças que marcam os indivíduos humanos entre si. Essas diferenças, tais como o sexo, a cor, a saúde, o tamanho, a raça etc. — já vimos —, são acidentais.

É por isso que podemos dizer que os metafísicos adotam uma *perspectiva essencialista*, já que todos os seres que constituem o real, incluindo o homem, são como são porque realizam uma essência. E o que é ainda mais importante: é essa essência que preestabelece qual deve ser o modo de agir do homem. É que o agir adequado já está previamente traçado pelo seu modo de ser. Por aí se vê então que os *valores* que presidem a ação humana já se encontram inscritos na essência do homem. Portanto, para o homem, agir *eticamente*, agir *moralmente* bem, é agir segundo sua própria natureza.

Mas como o homem sabe quais são as características de sua natureza? Quanto a isso os metafísicos não veem maior problema: eles acreditam que há uma harmonia entre a *razão* que conhece e as *essências* que são conhecidas! Os homens estão aquinhoados, na sua essência, com uma razão que lhes permite apreender, recorrendo apenas à sua luz natural, a própria essência dos objetos, incluindo também a sua própria natureza. Com efeito, o homem tem todas as condições para conhecer-se a si mesmo.

Como se vê, na sua busca do princípio ordenador do mundo, na busca do princípio que tornasse o mundo inteligível, os primeiros filósofos do Ocidente acreditaram tê-lo encontrado na *essência*! Com essa forma de pensar, eles construíram não só uma *teoria* que explicava o modo de ser das coisas e dos homens, mas também explicavam o funcionamento do conhecimento e davam uma justificativa para o agir moral do homem.

Assim, esses filósofos instituíram um verdadeiro sistema de saber, criaram grandes sistemas filosóficos que continham explicações sobre o modo de ser das coisas, sobre o modo de conhecer e de agir dos homens.

Como a metafísica foi a primeira forma de expressão da filosofia no Ocidente, a sua terminologia acabou sendo incorporada pela cultura filosófica posterior, mesmo quando seus conteúdos tenham sido mudados. Por isso, vamos inserir agora uma explicitação de alguns termos que passaram a fazer parte do vocabulário filosófico, tornando-se necessário que nos familiarizemos com eles.

Não é preciso assustar-se com essa terminologia abstrata, nem decorá-la artificialmente. Por enquanto, procuremos apenas compreender o seu conteúdo, voltando a ele toda vez que ele reaparecer em suas leituras e estudos.

Assim, quando a filosofia está tratando das *condições de existência das coisas em geral, da existência do ser em geral*, ela está desenvolvendo a *ontologia*. É a teoria do ser em geral, independentemente de suas particularidades. Às vezes, o termo ontologia é usado como sinônimo puro e simples de metafísica. Trata-se, pois, de *ontologia*, toda vez que especulamos sobre características comuns a todas as coisas, a todos os seres, sejam eles o que forem. Assim, quando falamos que todos os entes possuem uma essência, essa é uma consideração ontológica.

Quando nossas considerações ontológicas se particularizam, ou seja, continuamos falando das condições de existência dos seres mas com referência a esferas particulares, a ontologia também se especifica. Assim, quando falamos das condições particulares da existência do mundo, estamos fazendo *cosmologia*; se falamos do homem, então estamos fazendo *antropologia* (no sentido filosófico, a se distinguir da antropologia, disciplina científica).

Mas um outro âmbito da explicação filosófica diz respeito ao conhecimento, aos seus processos, a sua validade: temos então outra esfera da sistemática filosófica, que é aquela da *epistemologia*, a teoria do conhecimento. Ela é a área da filosofia que estuda os processos do conhecimento humano, tanto de um ponto de vista descritivo como de um ponto de vista crítico. Busca explicar como se dá o conhecimento humano e qual é o seu alcance, até que ponto ele nos dá a verdade.

Quando o centro das preocupações do filósofo é a justificativa do agir humano, quando se discutem os valores que presidem as nossas ações, temos então a área da *axiologia*. A questão básica da axiologia é saber a significação do valor, saber por que os homens o atribuem a tudo. Quando os valores se particularizam, vamos ter as subáreas da axiologia: valores morais são debatidos pela *ética*; valores ligados à sensibilidade, à beleza e à arte são tratados pela *estética*; valores sociais se incluem no âmbito da *política*.

É bom relembrar que, embora essas denominações tenham sido criadas no contexto da expressão metafísica da filosofia, elas foram incorporadas no categorial da filosofia e por isso continuam sendo utilizadas ainda hoje, razão pela qual precisamos conhecê-las. Formam o vocabulário técnico formal da filosofia, vocabulário este que é utilizado por todas as correntes filosóficas.

Atualmente, nos damos conta de que os filósofos que pensaram metafisicamente criaram um sistema abrangente de saber: todos os aspectos da realidade natural e social encontram seu lugar e sua explicação nesse sistema.

Na Antiguidade e na Idade Média, prevaleceu esse modo metafísico de pensar: assim, praticamente, de 500 a.C. até 1400 d.C., a filosofia se expressou fundamentalmente de modo metafísico. Para os filósofos dessa época, as coisas possuíam uma existência autônoma, objetiva, independente da consciência humana, existindo na exata medida em que realizavam uma determinada essência. Pouco importava se eram essências criadas por Deus ou se existindo eternamente: elas eram imutáveis, servindo de modelo e de molde para as coisas concretas que, estas sim, eram contingentes, perecíveis, mutáveis.

Por outro lado, nós podemos conhecer as coisas concretas porque apreendemos sua essência através do *conceito universal*, porque nossa consciência compartilha da mesma qualidade do logos que torna o mundo ordenado: a nossa razão tem o mesmo critério lógico, ela é uma *razão lógica*!

Os filósofos metafísicos eram filósofos às vezes idealistas, às vezes naturalistas...

Afirmar que as coisas existem em si mesmas, independentemente da consciência que as pensam, é assumir uma posição que, do ponto de vista ontológico, é *realista*.

O *realismo* é, portanto, *uma concepção filosófica, situada no plano ontológico, que afirma a existência de uma realidade exterior à mente humana, independentemente do conhecimento que o homem tenha dela*.

Assim, a metafísica é necessariamente realista, já que o que nós conhecemos são coisas, entes, que existem independentemente de nossa consciência. Só que, *atenção*, pode haver duas formas de realismo enquanto concepção da realidade: vai depender de como concebemos a essência das coisas.

Se, como Aristóteles e Santo Tomás de Aquino, entende-se que a essência existe independentemente no mundo real e concreto, no mundo natural, então temos um *realismo naturalista*; mas se se entende, como Platão e Santo Agostinho, que as essências são autônomas porém ideais, não se identificando com as coisas concretas e contingentes da natureza, então temos um *realismo idealista*. Veja bem que isso não é um contrassenso: o que se está dizendo é que, ontologicamente, a essência do real é de natureza ideal.

Quando falamos do conhecimento, das posições epistemológicas dos filósofos, as coisas vão mudar um pouco quanto ao significado desses termos. Vamos aguardar. Por enquanto, vejamos como se expressou esse realismo no pensamento dos filósofos metafísicos mais conhecidos.

Platão: as essências eternas e imutáveis estão no Mundo das Ideias....

Assim, **Platão** foi o filósofo mais representativo da posição metafísica caracterizada como realismo idealista. Isso porque para ele as essências verdadeiras eram as *Ideias* que, aliás, existiam num mundo separado, no *Mundo das Ideias*. Platão imaginava um outro mundo onde essas Ideias existiriam realmente, cada uma sendo um modelo, um verdadeiro protótipo das coisas concretas que "existiam" precariamente aqui, no mundo sensível. Assim, para Platão, existiam dois mundos: o *Mundo Inteligível*, formado pelas Ideias, e o *Mundo Sensível*, formado pelas coisas concretas de nossa experiência comum. As Ideias eram essências perfeitas, únicas, imutáveis. Havia uma Ideia para cada espécie de ser. Assim, lá naquele mundo, existia uma Ideia de árvore, que era a essência verdadeira de árvore. As árvores aqui da terra não passam de cópias imperfeitas daquela Ideia; elas "participam" da sua perfeição, porém nunca chegando a igualar-se a ela.

Mas por que as coisas daqui são imperfeitas? Essa limitação do mundo sensível se deve à união da Ideia com a matéria. No espírito do platonismo, a matéria é fonte de imperfeição. Quanto mais a matéria está presente num ser, tanto mais ele é imperfeito: múltiplo, contingente, mutável, perecível...

Portanto, segundo Platão, a Ideia se refere a algo real e não apenas à representação mental, a nossa ideia conceitual, imagem mental. É por isso que a Ideia é uma essência permanente e imutável que serve de modelo para as coisas.

Com essa teoria, Platão pretende explicar por que neste nosso mundo tudo está em movimento, tudo muda. O movimento, de modo particular o movimento qualitativo, que é a mudança, sempre foi um grande problema para os pensadores gregos. Para eles, a permanência, a imutabilidade expressam mais perfeição do que a transformação e a mutabilidade. Tudo o que é uno e imutável é mais perfeito do que o que é múltiplo e mutável. A valorização da unidade e da permanência era uma arraigada característica do pensamento grego. Daí a importância que atribuíam ao *logos*, princípio unificador e ordenador, eternamente igual a si mesmo. Daí também a ausência da historicidade em seu pensamento! Então, situações como o nascimento, o envelhecimento e a morte dos seres, bem como o visível e contínuo fluxo de mudanças no mundo, traziam muitas dificuldades para o espírito grego. Por

Academia de Platão: mosaico de Pompeia, agora no Museu Arqueológico Nacional (Nápoles).

isso mesmo estavam sempre buscando algum princípio imutável sob as coisas que mudam...

Platão criou o Mundo Inteligível das Ideias exatamente para garantir a unidade e a imutabilidade sob o fluxo das mudanças: as coisas mudam e se transformam, mas sua essência permanece imutável lá no Mundo das Ideias...

A mesma coisa vai ocorrer com o homem: só que com uma característica nova especial. Como os homens estão mais impregnados pelo *logos*, a cada indivíduo humano vai corresponder uma *alma*! Assim, não existe apenas uma Ideia de Homem, mas um número limitado de almas que preexistiam aos indivíduos concretos e que conviviam com as Ideias, no seu Mundo Inteligível. Lá as almas viviam "contemplando" as Ideias sob a iluminação da Ideia principal e superior, que era a Ideia de Bem!...

Só que, de vez em quando, as almas devem se encarnar e aparecer no mundo sensível como "homens". Isso é um verdadeiro castigo, já que o prazer e a perfeição da alma é ficar mesmo no Mundo de Ideias, a contemplá-las, sob a luz do Bem, que atua no Mundo Inteligível de modo análogo ao sol, no Mundo Sensível. Sem ter como explicar logicamente o porquê desse castigo, Platão apela para uma suposta "vontade dos deuses", sem aprofundar mais a questão. Viver ligada ao corpo é um extremo sacrifício para a alma. O corpo é considerado um túmulo; a encarnação, uma queda! Por isso mesmo, todo o objetivo da vida enquanto busca da perfeição é livrar-se dessa condição de ser corporal: o que não justifica de maneira alguma o suicídio, no entendimento de Platão, mais uma vez se referindo à vontade dos deuses. O livrar-se do mundo sensível se dá através da *dialética*, ou seja, esforço de ascender ao mundo inteligível das Ideias mediante uma sistemática atividade intelectual. É assim, pelo cultivo da vida intelectual, que o indivíduo deve se preparar para a morte, aguardando ansioso o momento de voltar ao seio do mundo das Ideias e retomar a contemplação delas.

Esta é a *teoria das Ideias* de Platão, pela qual se tornou um defensor do *realismo idealista*. E essa teoria lhe fornecerá as bases para explicar ainda como se dá o conhecimento, como se justifica a ética e como se fundamenta a política.

Conhecer, para Platão, é evidentemente apreender, por contemplação, as Ideias. Quando a alma está no Mundo das Ideias, antes do nascimento ou depois da morte, tudo bem, ela está conhecendo perfeitamente toda a realidade, já que contempla todas as Ideias. O problema é aqui na terra: ocorre que, ao nascermos, em consequência dos traumas do parto, nos *esquecemos* de tudo o que sabíamos de nossa convivência no Mundo das Ideias. É preciso então *relembrarmo-nos* de tudo, de novo! E Platão explica nosso conhecimento dizendo que ele não passa de uma relembrança do que tínhamos esquecido. Defende assim a *teoria da reminiscência*: ao vermos as árvores concretas, imperfeitas, mutáveis, somos estimulados pelos nossos sentidos, sobretudo pela visão, e acabamos nos *relembrando* da Ideia de Árvore, da *Árvore-Ideia*, nossa antiga companheira no Mundo das Ideias! A dialética é então, para ele, o esforço para recuperarmos o nosso antigo conhecimento, apreendendo cada vez mais todas as ideias.

Do mesmo modo, o nosso agir individual — ético — e social — político — se funda na intuição das Ideias. Elas é que são os fundamentos de nossos valores. Quem apreende a essência da virtude, da justiça e do bem terá condições também de agir de maneira virtuosa e justa, de acordo com o bem.

O platonismo vai influenciar em muito o modo de pensar ocidental...

Dessa rápida apresentação do pensamento de Platão, já deu para perceber que ele é menos distante de nós do que parece à primeira vista. De fato, o platonismo marcou profundamente a cultura ocidental e o fez através do Cristianismo. Com efeito, **Santo Agostinho**, que além de filósofo era teólogo e bispo da Igreja Católica, se apropriou das grandes linhas da filosofia platônica, servindo-se delas para apoiar a teologia e a moral cristãs. Bem entendido, como cristão, não podia adotá-la integralmente. Por isso, ele introduziu algumas modificações.

Assim, Agostinho substituiu o Mundo das Ideias pela consciência divina, ou seja, os modelos prototípicos das coisas existem sim, mas enquanto ideias divinas, enquanto pensadas por Deus. Aliás é ele que cria as coisas de acordo com esses modelos que pensa. Ademais, as almas são também criadas por Deus na hora de nossa concepção; elas não preexistiam, como pensava Platão. Igualmente Santo Agostinho descarta as reencarnações, ficando assim de acordo com a doutrina cristã.

Santo Agostinho.

Em consequência disso, quando conhecemos a essência da árvore, por exemplo, não é à contemplação das Ideias que chegamos, mas sim à consciência divina, que nos ilumina. Deus nos permite aceder a suas ideias, nós compartilhamos delas.

Do mesmo modo, agir moralmente bem é, pois, agir de acordo com as ideias divinas, é cumprir a vontade de Deus, que ele nos revela não só pelas Escrituras mas também pela Iluminação direta, que ocorre na reflexão filosófica.

Já para Aristóteles, as essências estão nas próprias coisas deste mundo...

Aristóteles, no entanto, vai discordar de Platão e apresenta uma outra teoria para explicar o conhecimento. A sua teoria pode ser considerada como um *realismo naturalista*, ou seja, a essência se encontra nas próprias coisas naturais. Não há nenhum Mundo de Ideias separado, as coisas existem neste próprio mundo natural. Platão confundiu, na sua opinião, as características de nossos conceitos com as próprias coisas, atribuindo assim às ideias uma realidade que elas não possuem...

Aristóteles já possuía um espírito experimental, achava que só podemos partir do mundo objetivo e é esse mundo o que deve ser conhecido. Só que ele enfrentava também o problema da mudança e do movimento: como é que as coisas mudam e ao mesmo tempo permanecem idênticas a si mesmas?!...

Já que os seres têm sua essência em si mesmos, existem por conta própria e não por participação, como pensava Platão, eles subsistem por si mesmos, eles devem ser considerados *substâncias*, ou seja, o sujeito, o suporte dos atributos, qualidades e acidentes.

Agora essa substância, esse substrato é, por sua vez, constituído de dois coprincípios: a *matéria-prima* e a *forma específica*. A forma específica é o princípio que define a essência mesma da coisa; a matéria-prima é o aspecto passivo do substrato, que dá concretude à forma. Esses dois coprincípios não se separam na realidade: a substância é unitariamente matéria e forma. Quando ela deixa de existir, os coprincípios também desaparecem, caso em que ocorre uma mudança substancial.

Ao contrário, as mudanças que não afetam a substância são mudanças *acidentais*, que se dão nas qualidades que não existem por si mesmas mas só na substância. Assim, acidente é aquilo que não existe em si mesmo, depende de um substrato para se ligar, só existe unido a uma substância.

A teoria da união dos coprincípios matéria e forma, definida por Aristóteles, é conhecida na filosofia como o *hilemorfismo*. Assim, de acordo com essa teoria hilemorfista, as características essenciais de um ser são definidas pela sua forma específica. Mas essa forma específica não preexiste aos seres concretos, ela só existe no ente real e concreto. Só que nós podemos ter dela um *conceito universal*, mas este é apenas uma abstração de nossa mente, não existe como uma entidade modelo, como pensava Platão.

Assim, quando se fala do homem, estamos, sim, afirmando que o homem é um ente concreto que realiza a *essência humana*; mas esta se realiza nos vários indivíduos humanos, ela existe neles e não em algum mundo superior.

Desse modo, na essência de cada indivíduo estão presentes as características da espécie a que pertence. Sua ação deve, pois, fundar-se nessas características, cada ser tendo um agir adequado a sua essência.

Aristóteles introduz ainda duas noções importantes: há duas situações de existência. É possível existir em ato ou em potência. Existir em ato é estar já realizado concretamente; existir em potência é conter uma possibilidade. Um exemplo esclarece bem a intenção de Asistóteles: a árvore existe em potência na semente e em ato na planta real. A criança é criança em ato e adulto em potência!

Com essas noções, Aristóteles dá conta das mudanças substantivas: ocorre que os entes vão constituindo sua própria existência mediante um processo de atualização, de passagem de uma condição de potência a uma situação de ato. É a realização de sua essência. Aliás, a essência, em geral, é pura potência, ou seja, define uma possibilidade de existir, mas, para se tornar ato, ela precisa exatamente existir, ser posta na existência.

De qualquer modo, uma vez existindo, cada ente existe de acordo com as características de sua essência. Existe como uma substância, delineada pelas características próprias de sua forma específica.

Para Aristóteles, essa teoria é suficiente para dar conta da realidade. Só que cria um problema: ela não seria compatível com a imortalidade da alma humana, já que, ao morrer, a substância humana se dissolveria, os seus coprincípios se desunindo. Mas como então garantir a sobrevivência da alma, forma específica do ser humano? Aristóteles não esclareceu devidamente a questão, deixando-a numa posição ambígua.

Acontecerá com essa metafísica aristotélica o mesmo que aconteceu com o platonismo: ela também será apropriada pelo cristianismo e passará a servir de base para a teologia. Só que isso ocorrerá apenas no século XIII, com a entrada em cena de Santo Tomás de Aquino.

Aristóteles fundou em Atenas uma escola de pensamento, o Liceu, em que ensinou a arte da argumentação e da poética. Também fez preleções sobre as virtudes dos cidadãos, que são fundamentadas em sua importante obra *Ética a Nicômaco*.

Por intermédio de Santo Tomás, também o aristotelismo marcará profundamente nossa cultura...

Santo Tomás de Aquino, teólogo dominicano, retomará praticamente toda a teoria aristotélica, mas a modificará no sentido de assegurar não só a criação do mundo por Deus como também a imortalidade da alma, posições inquestionáveis para a teologia cristã.

Quanto ao primeiro ponto, Santo Tomás dirá que a criação divina é exatamente a responsável pela *existência* das coisas que existiam apenas potencialmente, enquanto pensamento divino. Portanto, sua criação é uma atualização; quanto à sobrevivência da alma humana, no entender de Santo Tomás, deve-se abrir uma exceção no interior da teoria hilemórfica: trata-se de uma forma específica tão perfeita, que ela pode existir como uma verdadeira substância, autônoma, sem estar ligada a qualquer matéria. E, uma vez criada por Deus, posta no ato de existir e dada sua extrema perfeição, não será mais destrutível, a não ser por vontade expressa de seu criador — o que não é, obviamente, o caso.

De qualquer modo, para o pensamento metafísico, o conhecimento humano se dá porque a razão do homem é capaz de apreender, muito naturalmente, a essência das coisas. Seja por um processo de pura intuição intelectual, como queria Platão, seja por iluminação divina, como acreditava Agostinho, seja ainda por abstração a partir da experiência sensível, como defendiam Aristóteles e Santo Tomás, a razão humana pode aceder à essência das coisas, conhecendo-as assim.

Do mesmo modo, a ação humana perfeita é aquela que se desenvolve de acordo com essa essência. O critério da justiça e bondade de nossas ações é sua conformidade com nossa própria natureza...

Santo Tomás de Aquino.

Trabalhando e debatendo
a temática da Unidade

Questões e atividades

Situar, no Quadro Sinótico, os principais representantes do pensamento metafísico, antigo e medieval.

Elaborar uma comparação entre as posições platônica e aristotélica, traçando duas colunas paralelas, focalizando as concepções de essência do homem, de verdade, de conhecimento e de ação boa.

Explicitar as convergências e divergências entre os pensamentos de Platão e Santo Agostinho e entre aqueles de Aristóteles e Santo Tomás de Aquino.

Montar uma representação cênica da Alegoria da Caverna, para se debater o contraponto que Platão faz entre o mundo sensível, lugar das aparências, e o mundo inteligível, lugar das essências.

Fazer uma leitura coletiva do texto de Platão, dramatizando o diálogo. Três alunos seriam designados para desempenhar o papel, respectivamente, de Sócrates, de Símias e de Cebes. Isso após uma apresentação explicativa pelo professor, respectivamente

Diálogo com Platão e com Santo Tomás de Aquino

Vamos ler dois textos representativos do modo de pensar metafísico, um de Platão e outro de Santo Tomás de Aquino. O de Platão integra o *Diálogo Fédon*, e, nele, temos uma amostra do estilo de filosofar de Platão: adota a forma do diálogo maiêutico, sempre Sócrates dialogando com seus discípulos e convivas. Mediante questões adequadamente formuladas e logicamente articuladas, Sócrates vai fazendo com que seus interlocutores verbalizem o que, afinal, já sabiam.

O texto mostra, aliás, a teoria do conhecimento de Platão (*a teoria da reminiscência*), segundo a qual conhecer é relembrar-se das Ideias (essências) com as quais nossas almas já conviveram antes de se encarnarem. Tal epistemologia pressupõe sua teoria do *Mundo das Ideias*: as essências existem, eternamente, imutáveis, como modelos prototípicos, num mundo superior. As coisas concretas são apenas imitações imperfeitas dessas ideias/modelos.

Platão nasceu em Atenas, de família aristocrática, em 428 a.C. Militou politicamente em sua juventude, mas, desgastando-se, retirou-se da vida política, dedicando-se contudo à reflexão sobre a natureza do Estado. Discípulo de Sócrates, influenciando-se profundamente pelo seu modo de pensar. É assim que, em quase todos os *Diálogos*, a figura de Sócrates está sempre presente como o grande mestre. Após a morte de Sócrates, Platão sai de Atenas, transferindo-se para outras cidades onde havia núcleos de estudos filosóficos. Em 390 a.C., foi para Siracusa com a esperança de convencer o tirano Dionísio a adotar os seus ideais políticos. Seu plano fracassou e acabou como prisioneiro de guerra. Foi libertado em 388 a.C., quando volta a Atenas e funda sua própria escola de Filosofia, a Academia. Voltou posteriormente a Siracusa mais duas vezes na tentativa de ajudar a resolver, com suas ideias, as crises políticas locais. Mas, novamente fracassando, acabou por se concentrar na direção de sua escola.

Platão nos legou 36 *Diálogos*, forma literária que escolheu para expor suas ideias, apoiando-se em Sócrates, contrapondo-se aos sofistas e fundamentando suas posições pessoais.

Seu pensamento cobre toda a sistemática da filosofia, discutindo problemas do conhecimento, da existência individual, da ação moral, da educação e da organização política da sociedade.

"— Em verdade, Sócrates — tornou então Cebes — é precisamente esse também o sentido daquele famoso argumento que (suposto seja verdadeiro) tens o hábito de citar amiúde. Aprender, diz ele, não é outra coisa senão recordar. Se esse argumento é de fato verdadeiro, não há dúvida que, numa época anterior, tenhamos aprendido aquilo de que no presente nos recordamos. Ora, tal não poderia acontecer se nossa alma não existisse em algum lugar antes de assumir, pela geração, forma humana. Por conseguinte, ainda por esta razão é verossímil que a alma seja imortal.

— Mas, Cebes — atalhou por sua vez Símias — de que modo se poderá provar isso? Faze com que me lembre, pois, de momento, não consigo recordar-me muito bem desse argumento.

— Temos disso — volveu Cebes — uma prova magnífica: interroga-se um homem. Se as perguntas são bem conduzidas, por si mesmo ele dirá, de modo exato, como as coisas realmente são. No entanto, esse homem seria incapaz de assim fazer se sobre essas coisas não possuísse um conhecimento e um reto juízo! Passa-se depois às figuras geométricas e a outros meios do mesmo gênero, e assim se obtém, com toda a certeza possível, que as coisas de fato assim se passam.

— Entretanto — disse Sócrates — é muito provável, Símias, que, pelo menos dessa maneira, não se consiga convencer-te! Vê, se, encarando a questão de outra forma, poderás compartilhar de minha opinião. Porque, o que parece difícil de ser compreendido é precisamente de que maneira o que chamamos aprender seja apenas recordar?

— Incredulidade a respeito disso? — volveu Símias —; não, não a tenho! Sinto apenas necessidade de ser posto nesse estado de que fala o argumento, e de que me façam recordar. Na verdade, Cebes contribuiu um pouco, com a exposição que fez, para despertar minhas lembranças e convencer-me. Mas nem por isso, Sócrates, deixarei de ouvir, com prazer, a tua explicação.

— Aqui a tens: estamos sem dúvida de acordo em que para haver recordação de alguma coisa num momento qualquer é preciso ter sabido antes essa coisa?

— Sim.

— E, por conseguinte, sobre o ponto que segue estamos também de acordo: que o saber, se se vem a produzir em certas circunstâncias, é uma rememoração?

Que circunstâncias sejam essas, vou dizer-te: se vemos ou ouvimos alguma coisa, ou se experimentamos não importa que outra espécie de sensação, não é somente a coisa em questão que conhecemos, mas temos também a imagem de uma outra coisa, que não é objeto do mesmo saber, mas de um outro. Então, dize-me, não teremos razão em pretender que aí houve uma recordação, e uma recordação daquilo mesmo do que tivemos a imagem?

— Como assim?

— Tomemos alguns exemplos. São coisas muito diferentes, penso, conhecer um homem e conhecer uma lira?

— Efetivamente.

— Ignoras tu que os amantes, à vista duma lira, duma vestimenta ou de qualquer outro objeto de que seus amados habitantes se servem, rememoram a própria imagem do amado a quem esse objeto pertenceu? Ora, e aqui temos o que vem a ser uma recordação. Da mesma forma, também, acontece que, se alguém vê Símias, isso lhe faz recordar Cebes. E poder-se-iam encontrar milhares de exemplos análogos.

— Milhares seguramente por Zeus! — assentiu Símias.

— Assim, pois, um caso desse gênero constitui uma recordação, principalmente quando se trata de coisas que o tempo ou a distração já nos tinham feito esquecer, não é verdade?

74 — Absolutamente certo.

— Mas responde-me — continuou Sócrates: — ao ver o desenho dum cavalo, o desenho de uma lira, pode-se recordar um homem? Ao ver um retrato de Símias, recordar-se de Cebes?

— Certo que pode.

— Ao ver um retrato de Símias, não é fácil recordar-se do próprio Símias?

— Seguramente que sim!

— Assim — não é verdade? — o ponto de partida da recordação em todos esses casos é, algumas vezes, um semelhante, outras vezes também um dessemelhante?

— É verdade.

— Mas, considerando o caso em que o semelhante nos sirva de ponto de partida para uma recordação qualquer, não somos forçosamente levados a reflexões como esta: falta ou não alguma cousa ao objeto considerado, em sua semelhança com aquilo de que nos recordamos?

— Sim, isso é necessário.

— Examina agora — tornou Sócrates — se não é deste modo que isso se passa: afirmamos sem dúvida que há um igual em si; não me refiro à igualdade entre um pedaço de pau e outro pedaço de pau, entre uma pedra e outra pedra, nem a nada, enfim, do mesmo gênero; mas a alguma coisa que, comparada a tudo isso, disso, porém se distingue: — o Igual em si mesmo. Deveremos afirmar que ele existe, ou negar?

— Seguramente que devemos afirmá-lo, por Zeus! — disse Cebes. — Muito bem!

— E sabemos também o que ele é em si mesmo?

— Também.

— E onde obtemos o conhecimento que dele temos? Acaso não foi dessas coisas de que falamos há pouco? Acaso não foram esses pedaços de pau, essas pedras, ou outras coisas semelhantes, cuja igualdade, percebida por nós, nos fez pensar nesse igual que entretanto é distinto delas? Ou dirás que ao teu parecer ele não se distingue delas? Pois bem; examina outra vez a questão, mas sob este outro aspecto: não acontece que pedaços de pau ou pedras, sem se modificarem, se apresentem a nós ora como iguais, ora como desiguais?

— Acontece, realmente.

— Mas então? O Igual em si acaso te pareceu em alguma ocasião desigual, isto é, a igualdade uma desigualdade?

— Jamais, Sócrates!

— Logo, a igualdade dessas coisas não é o mesmo que o Igual em si.

— De nenhum modo, Sócrates! Isso para mim é evidente.

— E, entretanto, não é certo que foram essas mesmas igualdades que, embora sendo distintas do Igual em si, te levaram a conceber e adquirir o conhecimento do Igual em si?

— Nada mais certo!

— E, isso, quer ele se lhes assemelhe, quer seja dessemelhante delas, não é?

— Realmente.

— Sim, por certo; isso é indiferente. Desde que, vendo uma coisa, a visão desta faz com que penses numa outra, desde então, quer haja semelhança ou dessemelhança, necessariamente o que se produz é uma recordação?

— Necessariamente.

— Mas dize-me — continuou Sócrates — se passam as coisas para nós da mesma forma como as igualdades dos pedaços de pau e como as de que falávamos há pouco? Essas coisas nos parecem iguais assim como o que é Igual em si? Falta-lhes ou não lhes falta algo para poderem convir ao Igual?

— Oh, falta-lhes muito!

— Estamos, pois, de acordo quando, ao ver algum objeto, dizemos: 'este objeto que estou vendo agora tem tendência para assemelhar-se a um outro ser, mas, por ter defeitos, não consegue ser tal como o ser em questão, e lhe é, pelo contrário, inferior'. Assim, para podermos fazer estas reflexões, é necessário que antes tenhamos tido ocasião de conhecer esse ser de que se aproxima o dito objeto, ainda que imperfeitamente.

— Sim, é necessário.

— Que poderemos concluir? Encontramo-nos, sim ou não, no mesmo caso a propósito das coisas iguais e do Igual em si?

— Sim, seguramente.

— Portanto, é necessário que tenhamos anteriormente conhecido o Igual, mesmo antes do tempo em que pela primeira vez a visão de coisas iguais nos deu o pensamento de que todas elas aspiram a ser tal qual o Igual em si, embora lhe sejam inferiores?

— É isso mesmo.

75 — Mas também estamos de acordo sobre o seguinte: uma tal reflexão, e a possibilidade mesma de fazê-la, provêm unicamente do ato de ver, de tocar, ou de qualquer outra sensação; pois o mesmo podemos dizer a respeito de todas.

— De fato, é o mesmo, Sócrates, pelo menos em relação ao fim visado pelo argumento.

— Como quer que seja, seguramente são as nossas sensações que devem dar-nos tanto o pensamento de que todas as coisas iguais aspiram à realidade própria do Igual, como o de que elas são deficientes relativamente a este. Que dizer, senão isto?

— Isso mesmo!

— Assim, pois, antes de começar a ver, a ouvir, a sentir de qualquer modo que seja, é preciso que tenhamos adquirido o conhecimento do Igual em si, para que nos seja possível comparar com essa realidade as coisas iguais que as sensações nos mostram, percebendo que há em todas elas o desejo de serem tal qual é essa realidade, e que no entanto lhe são inferiores!

— Necessária consequência, Sócrates, do que já dissemos.

— Logo que nascemos começamos a ver, a ouvir, a fazer uso de todos os nossos sentidos, não é verdade?

— Efetivamente.

— Sim, mas era preciso antes, como já dissemos, ter adquirido o conhecimento do Igual?

— Sim.

— Foi, portanto, segundo parece, antes de nascer que necessariamente o adquirimos?

— É o que parece.

— Assim, pois, que o adquirimos antes do nascimento, uma vez que ao nascer já dele dispúnhamos, podemos dizer, em consequência, que conhecíamos, tanto antes como logo depois de nascer, não apenas o Igual, como o Maior e o Menor, e também tudo o que é da mesma espécie? Pois o que, de fato, interessa agora à nossa deliberação não é apenas o Igual, mas também o Belo em si mesmo, o Bom em si, o Justo, o Piedoso, e de modo geral, digamos assim, tudo mais que é a Realidade em si, tanto nas questões que se apresentam a este propósito, como nas respostas que lhes são dadas. De modo que é uma necessidade adquirir o conhecimento de todas essas coisas antes do nascimento...

— É bem isso.

— E também, supondo pelo menos que depois de tê-lo adquirido não o esqueçamos constantemente, é uma necessidade lógica que tenhamos nascido com esse saber eterno, conservando-o sempre no curso de nossa vida. Saber, com efeito, consiste nisto: depois de haver adquirido o conhecimento de alguma coisa, dispor dele e não mais perdê-lo. Aliás, o que denominamos 'esquecimento' não é, por acaso, o abandono de um conhecimento?

— Sem dúvida.

— E em troca, penso, poder-se-ia supor que perdemos, ao nascer, essa aquisição anterior ao nosso nascimento, mas que mais tarde, fazendo uso dos sentidos a propósito das coisas em questão, reaveríamos o conhecimento que num tempo passado tínhamos adquirido sobre elas. Logo, o que chamamos de 'instruir-se' não consistiria em reaver um conhecimento que nos pertencia? E não teríamos razão de dar a isso o nome de 'recordar-se'?

— Toda a razão.

— É possível, com efeito — e assim pelo menos nos pareceu — que ao percebermos uma coisa pela vista, pelo ouvido ou por qualquer outro sentido, essa coisa nos permita pensarmos num outro ser que tínhamos esquecido, e do qual se aproximava a primeira, quer ela lhe seja semelhante ou não. Por conseguinte, torno a repetir, de duas uma: ou nascemos com o conhecimento das ideias e este é um conhecimento que para todos nós dura a vida inteira — ou então, depois do nascimento, aqueles de quem dizemos que se instruem nada mais fazem do que *recordar-se*; e neste caso a instrução seria uma reminiscência.

— É exatamente assim, Sócrates!

— Qual é, por conseguinte, dessas alternativas a que escolhes, Símias? O saber inteiro e perfeito para nós ao nascermos, ou talvez uma recordação ulterior de tudo aquilo de que anteriormente havíamos adquirido o conhecimento?

— De momento, Sócrates, estou incapacitado de fazer uma escolha.

— Mas responde, eis aqui uma escolha que estás em condições de fazer, dizendo-me a seu respeito qual é a tua opinião: um homem que sabe é capaz ou não, de dar razões, de explicar, aquilo que sabe?

— Necessariamente, Sócrates!

— Crês, além disso, que toda a gente seja capaz de explicar o que são os seres de que há pouco nos ocupávamos?

— Ah! bem o desejaria eu — respondeu Símias. — Mas receio, pelo contrário, que amanhã não haja mais um só homem no mundo que esteja em condições de sair-se dignamente dessa tarefa.

— Daí resulta pelo menos, Símias, que, no teu entender, o conhecimento das ideias não pertence a todo o mundo?

— Absolutamente não!

— Vale então dizer que os homens se recordam daquilo que aprenderam num tempo passado?

— Necessariamente.

— E que tempo foi esse em que nossas almas adquiriram o saber acerca desses seres? Seguramente, não havia de ser a data de nosso nascimento humano?

— Seguramente que não!

— Seria pois, anteriormente?

— Sim.

— As almas, Símias, existiam, por conseguinte, antes de sua existência humana separadas dos corpos e dotadas de pensamento?

— A menos, Sócrates, que o instante de nosso nascimento seja aquele mesmo em que adquirimos tais conhecimentos; pois essa é a ocasião que nos resta.

— É verdade, meu amigo; mas então, em que outra ocasião nós os perdemos? É certo que não dispúnhamos deles quando nascemos, e a este respeito estávamos de acordo faz pouco. Assim, ou nós os perdemos no momento mesmo em que os adquirimos; ou acaso podes alegar algum outro momento?

— Impossível, Sócrates! A verdade é que, sem o perceber, falei levianamente.

— Em consequência, Símias, se existe, como incessantemente o temos repetido, um Belo, um Bom, e tudo mais que tem a mesma espécie de realidade; se é a essa realidade que relacionamos tudo o que nos provém dos sentidos, porque descobrimos que ela já existia, e que era nossa; se, enfim, à realidade em questão comparamos esses fenômenos — então, em virtude da mesma necessidade que fundamenta a existência de tudo isso, podemos concluir que nossa alma existia já antes do nascimento. Suponhamos, ao contrário, que tudo isso não exista. Não seria, então, em pura perda o que estivemos a demonstrar? Não é desta forma que apresenta a situação? Não há acaso uma igual necessidade de existência, tanto para esse mundo ideal, como também para nossas almas, mesmo antes de termos nascido, e a não existência do primeiro termo não implica a não existência do segundo?

74 — Não há quem sinta, Sócrates, mais do que eu — disse Símias — que a necessidade é idêntica em ambos os casos! Que bela base para uma prova, esta semelhança entre a existência da alma antes do nascimento com a realidade de que acabas de falar! Quanto a mim, parece-me que não há evidência que se emparelhe com esta: tudo o que é deste gênero possui o mais alto grau de existência, Belo, Bom, e tudo mais de que falavas há um instante. Assim, pelo que me toca, estou satisfeito com tua demonstração."

PLATÃO. Fédon, 73-77. In: *Diálogos*. Tradução de Jorge Paleikat e João Cruz Costa. Porto Alegre: Globo, 1961. p. 99-106.

A ideia central aqui é a preexistência da alma humana. Ela existia antes do nosso nascimento. Mas, para demonstrar essa tese, Platão, pela boca de Sócrates e de seus amigos, serve-se do argumento da reminiscência e da existência do mundo das ideias. Portanto, três teses famosas do platonismo: a existência do Mundo das Ideias, o conhecimento como recordação e a preexistência, a imortalidade da alma.

A argumentação de Platão parte da experiência do conhecimento: aprender, conhecer é recordar. Quando os objetos caem em nossos sentidos, nós fazemos uma ideia deles sempre comparativamente, associando uma coisa a outra. Mas só identificamos semelhanças e diferenças entre os objetos de nossa observação empírica porque "temos" um modelo ideal ao qual nós comparamos esses objetos, sobretudo ao perceber que eles, desiguais entre si, são inferiores a esse modelo ideal. Mas esse modelo ideal não veio da visão dos objetos, a menos que eles fossem todos idênticos, o que não ocorre. Logo nós já deveríamos dispor do conhecimento do modelo ideal, desse protótipo, antes de nascermos, já que é dele que nós recordamos quando comparamos os objetos concretos de nossa experiência empírica. Mas para que pudéssemos dispor desse conhecimento antes de nascermos, nossa alma precisava existir também antes de nossa encarnação.

Assim Platão pretende demonstrar, por uma necessidade lógica, a preexistência da alma, no Mundo das Ideias. Esta se apoia na sua famosa tese do conhecimento como recordação (Teoria da Reminiscência), que se articula com sua tese igualmente famosa da existência eterna de um Mundo das Ideias. Cada ideia é a essência dos entes: é única, perfeita e eterna. As coisas do mundo sensível nada mais são do que cópias imperfeitas (inferiores) dessa essência perfeita.

Já Santo Tomás de Aquino, herdeiro e seguidor de Aristóteles, tem um estilo redacional de discurso argumentativo, logicamente articulado e rigoroso. No texto ele expõe sua teoria das essências, fundada no substancialismo hilemorfista: todas as substâncias são compostas de dois coprincípios, matéria e forma, e subsistem por si mesmas na realidade concreta.

Tomás de Aquino (1227-1274), frade da ordem dominicana, nasceu na Itália, de família nobre, cujas regalias abandonou para dedicar-se à vida religiosa. Estudou em Nápoles, em Paris e em Colônia. Tornou-se professor de Filosofia e de Teologia na Universidade de Paris, tendo ainda escrito uma extensa obra, em que se destacam a *Suma teológica*, a *Suma contra os gentios*, muitos *Comentários*, *Questões disputadas*.

Seu trabalho filosófico está diretamente vinculado ao pensamento aristotélico, tendo buscado elaborar uma síntese entre o aristotelismo e o cristianismo, uma vez que não via conflito entre a fé e a razão. Assume assim o realismo naturalista de Aristóteles, vendo nele o fundamento racional das próprias verdades reveladas. Por isso mesmo, a filosofia atua como autêntico sustentáculo da teologia.

Santo Tomás foi o responsável pela mais completa sistematização da escolástica medieval. Sua obra monumental tornou-se então a própria referência filosófica da teologia católica, tendo sido assumido oficialmente como tal pelo magistério da Igreja, de quem foi declarado "doutor", e sua influência no pensamento filosófico ocidental se faz sentir até hoje, sobretudo nos ambientes marcados pela cultura católica.

"1. Já que o ente se predica absoluta e primariamente das substâncias e secundária e analogicamente dos acidentes, disto resulta que a essência reside própria e verdadeiramente nas substâncias, ao passo que nos acidentes se encontra em sentido secundário e só analogicamente ou em sentido menos próprio.

2. Algumas das substâncias são simples, ao passo que outras são compostas, sendo que em ambas existe uma essência. Todavia, nas substâncias simples a essência reside em sentido mais verdadeiro e mais elevado, mesmo porque possuem um ser mais nobre, e além disso constituem causas das substâncias compostas.

Isto ocorre, pelo menos, com aquela substância primeira e simples por excelência, que se denomina Deus.

3. Contudo, já que as essências daquelas substâncias simples estão para nós mais ocultas, cumpre-nos partir das essências das substâncias compostas, a fim de que, começando por aqui, a exposição se apresente mais lógica e mais fácil de ser seguida.

Nas substâncias compostas a forma e a matéria são conhecidas, como o são, no homem, a alma e o corpo. Todavia, não se pode dizer que apenas uma delas se denomine essência. Com efeito, é evidente que não é somente a matéria que é essência, pelo fato de que uma coisa é cognoscível através da sua essência e se engloba sob a categoria de espécie ou sob a de gênero. Todavia, a matéria não constitui princípio de conhecimento, nem é por ela que uma coisa é determinada em espécie ou em gênero. Isto ocorre exclusivamente em virtude daquilo em relação a que alguma coisa existe ou é em ato.

Tampouco é somente a forma de uma substância composta que se pode denominar essência, ainda que alguns filósofos o queiram afirmar. Com efeito, de quanto até aqui expusemos se evidencia que a essência é aquilo que é significado ou expresso pela definição de uma coisa. Ora, a definição das substâncias naturais compreende não apenas a forma, se não também a matéria, pois, se assim não fora, não existiria diferença entre as definições das coisas naturais e as definições matemáticas. Tampouco se pode afirmar que a matéria, na definição da substância natural, se considere como que algo acrescentado à essência da mesma, pois esta modalidade é característica dos acidentes, os quais, a rigor de termos, não possuem essência. Daí que em sua essência recebem a substância ou o sujeito que está fora do gênero deles. Por conseguinte, é evidente que a essência de uma coisa compreende a matéria e a forma.

4. Tampouco se pode afirmar que a essência significa a relação existente entre a matéria e a forma, ou então algo que se acrescenta às mesmas, visto que isto seria um acidente estranho à coisa, nem se poderia neste caso afirmar que a coisa se conhece pela sua essência. Tudo isto compete à essência: através da forma, que é ato da matéria, a matéria se torna ente em ato e este algo concreto; por conseguinte, o que se lhe acrescenta não somente dá à matéria o ser simplesmente em ato, mas também o ser atual, assim como ocorre com os acidentes, como por exemplo a brancura torna branca uma coisa em ato. Daqui se conclui que, quando tal forma é adquirida, não se diz que ela é gerada pura e simplesmente, mas como que analogicamente ou em sentido menos próprio.

5. Do exposto se infere, portanto, que o termo essência significa, nas substâncias compostas, o que é composto de matéria é forma. Com esta acepção con-

corda o ensinamento de Boécio no comentário às *Categorias*, onde afirma que *ousía* designa o composto. Com efeito, *ousía* reveste entre os gregos o mesmo sentido que tem o termo essência entre nós, como ele mesmo afirma na obra *Sobre as Duas Naturezas*. Aliás, também Avicena diz que a equidade das substâncias compostas é a mesma composição de matéria e forma. Comentando o livro VII da *Metafísica*, escreve o seguinte: "A natureza, possuída pelas espécies sujeitas a serem geradas, constitui um termo médio, ou seja, o composto de matéria e forma". Com isto concorda igualmente a razão, uma vez que o ser da substância composta não é apenas o ser da forma, nem somente o da matéria, mas o do próprio composto, pois a essência consiste naquilo segundo o qual se diz que uma coisa existe. Consequentemente, é necessário que a essência, em virtude da qual uma coisa se denomina ente, não consista só na matéria ou só na forma, senão nas duas juntas, embora só a forma seja a causa, a seu modo, de tal ser ou essência. Com efeito, observamos nas outras coisas, constituídas de muitos princípios, que as coisas não são denominadas somente por um dos referidos princípios, mas por aquele que compreende ambos, conforme se evidencia no caso dos sabores. Efetivamente, a doçura é produzida pela ação do calor que digere e dissolve o úmido, e, embora deste modo o calor constitua a causa da doçura, contudo o corpo se denomina doce não pelo calor, mas pelo sabor, o qual engloba tanto o calor como o úmido.

6. Contudo, visto como o princípio de individuação é a matéria, daqui pareceria talvez que a essência, a qual abrange simultaneamente a matéria e a forma, é apenas particular, e não universal, donde seguiria que os universais não possuem definição, uma vez que a essência constitui aquilo que é significado ou expresso pela definição.

Por isto mesmo cumpre notar que a matéria é, sim, o princípio individualizante: não, porém, a matéria *tout court*, mas a matéria signada. Por matéria signada entendemos aquela que é considerada sob certas dimensões. Esta matéria signada não integra a definição de homem enquanto homem, mas integraria a definição de Sócrates, se este possuísse definição. Na definição de homem se trata da matéria não signada, visto que na definição de homem não se costuma colocar este osso e esta carne concretos, mas pura e simplesmente o osso e a carne, os quais constituem a matéria não signada do homem."

AQUINO, Santo Tomás de. *O ente e a essência*. 2. ed. Tradução de José Cretella Júnior. São Paulo: Abril Cultural, 1979. p. 6-7. (Col. Os Pensadores.)

Como se vê nesta passagem, Santo Tomás de Aquino busca clarear o sentido da essência. Retoma o essencialismo de Aristóteles, no âmbito de sua teoria metafísica, o **Hilemorfismo**. Segundo essa teoria, os objetos, os entes que existem aqui no mundo real, se constituem pela articulação de três pares de coprincípios: em primeiro lugar, um ente, para ser real, precisa existir (**existência**) sob uma determinada configuração (**essência**). Existir significa estar realmente presente, não ser nada; sob determinada configuração significa pertencer a uma categoria de seres, ser alguma coisa. Mas essa essência, por sua vez, se configura por outros dois coprincípios, a **substância** e os **acidentes**. Substância é constituída por aqueles elementos que fazem um ente ser ele mesmo, igual a todos os entes da mesma espécie e diferente dos entes de outras espécies. Assim, a substância felina faz que todos os gatos tenham algo em comum enquanto os acidentes distinguem os gatos individuais no interior da espécie felina. Mas a própria substância é composta por forma específica e matéria-prima. A forma é o coprincípio que organiza e especifica os elementos materiais de cada ente, a materialidade da substância (a matéria-prima). A materialidade permite a individuação do ente, mas não apenas como matéria-prima, mas como a matéria concretizada (esta carne, este osso) que aparece como base da individuação. Por isso que Santo Tomás diz que essa matéria signada entra na definição de Sócrates mas não na definição de homem, ou seja, na essência humana, a referência é feita à matéria-prima.

Para exemplificar mais concretamente esta teoria tomista, podemos tomar a descrição que faz do homem: trata-se de um ente que existe (existência), realizando uma essência pela qual pertence à espécie humana; que a essência humana se compõe de uma substância (que faz que pertença à humanidade) unida aos acidentes, que distingue os homens entre si (cor, raça, gênero etc.), e que sua substância se compõe de uma forma específica (a espiritualidade) e matéria-prima (materialidade) que é "assinalada" em cada indivíduo. Não confundir a substância com a alma: a substância humana é simultaneamente espiritual e material. No entanto, dada a perfeição da forma específica do homem e a intervenção divina, com a morte, a alma sobrevive à decomposição do ente humano.

Definição, para Santo Tomás, é a explicitação da essência dos entes.

UNIDADE 7

Num segundo momento, passou a se preocupar mais em saber se e como o conhecimento verdadeiro era possível. Ela se fez então epistemologia...

Vimos na Unidade 4 que ocorreu, por volta do século XV, uma revolução epistemológica na cultura ocidental que colocou em crise a visão metafísica do homem e do mundo delineada pela filosofia da Antiguidade e da Idade Média. Vimos igualmente os motivos e as circunstâncias. Nesta Unidade, procuraremos mostrar como os modernos entendem construir uma nova imagem da realidade, como o homem deve praticar o seu poder de conhecimento.

A ciência se torna então a instância mais valiosa e poderosa da modernidade

Para criticar as pretensões da metafísica, os filósofos modernos vão mostrar que não temos como chegar à essência das coisas. Portanto, se essas *essências* existirem, nós não podemos conhecê-las. Assim, não há como afirmá-las, pois pressupô-las seria admitir necessariamente uma outra via de conhecimento que não fosse a da razão natural. Assim, a única atitude adequada por parte do homem é dedicar-se ao conhecimento dos *fenômenos*, abandonando o projeto da *metafísica* e substituindo-o pelo projeto da *ciência*.

Os pensadores modernos chegaram a essa conclusão ao rejeitarem a tutela da fé religiosa sobre a razão e ao analisarem o seu efetivo poder enquanto razão natural. Só que, ao buscarem determinar o que efetivamente podemos conhecer apenas com os recursos de nossa razão natural, os filósofos da era moderna se deram conta de que poderíamos ter certeza garantida de nossos conhecimentos em duas situações. Num primeiro caso, quando conhecemos, por intuição intelectual, nosso próprio pensamento, nossa própria atividade de consciência enquanto atividade intelectual; num segundo caso, quando conhecemos o mundo fenomenal que nos é transmitido pelas impressões sensíveis.

Nesse sentido, essa epistemologia racionalista vai servir de instrumento tanto para uma nova postura filosófica como para a postura científica. De um lado, a filosofia moderna desenvolveu uma filosofia subjetivista, que dá ênfase ao sujeito que conhece, à sua atividade cognoscitiva, filosofia essa que, às vezes, retoma a uma metafísica idealista, embora se preocupe mais com as questões epistemológicas. De outro lado, desenvolve-se a *ciência*, enquanto forma de conhecimento distinta da metafísica, que privilegia a atividade do sujeito, mas limitando-a ao conhecimento do mundo fenomenal.

O primeiro caminho da filosofia moderna garante a verdade para o sujeito, mas fecha a razão no seu próprio interior

Alguns filósofos modernos, liderados por Descartes, raciocinaram da seguinte maneira: é verdade que a razão não pode mesmo conhecer a essência das coisas, dos seres que constituem o mundo e se situam fora dela. Mas, em compensação, ela pode conhecer, e muito bem, *o seu próprio ato de conhecer e de pensar*. Isso porque, embora nós possamos duvidar de tudo, uma coisa resiste a qualquer dúvida: *o próprio ato de pensar!* Assim, pelo menos um ato de conhecimento é garantido, podemos ter dele absoluta certeza, é o ato mesmo de conhecer. E Descartes enunciava, orgulhoso, a sua famosa conclusão: *cogito, ergo sum! Penso, logo existo*, isto é, tenho absoluta certeza de que existo, pelo menos enquanto uma coisa pensante.

Cogito, ergo sum!

Penso, logo existo.

***O pensador*, de Auguste Rodin (1840-1917)**

ESQUEMA DO RACIOCÍNIO CARTESIANO

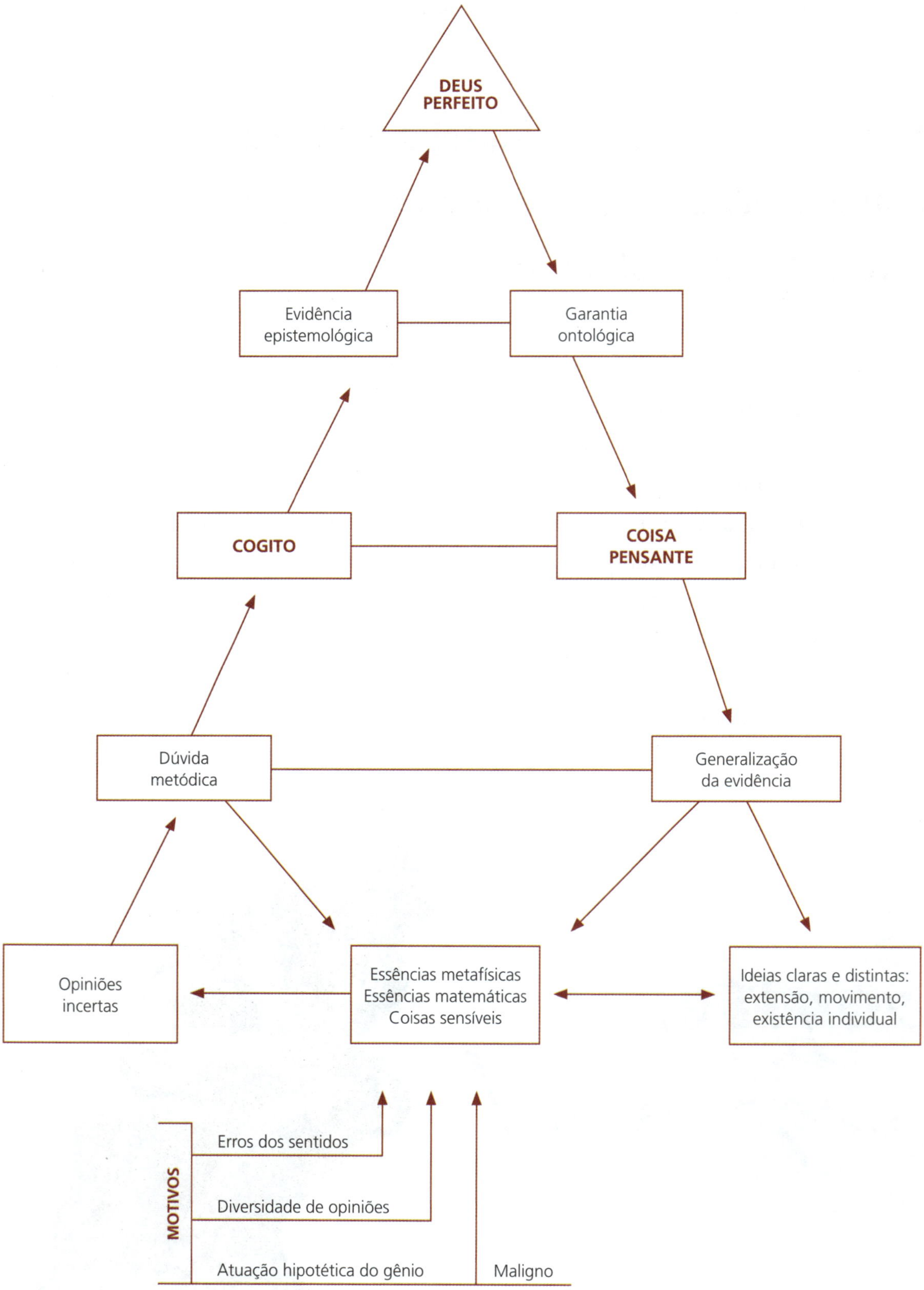

Mas o que nos garantiu essa certeza? A clareza e distinção com que intuímos esse objeto. Temos assim um *critério* para saber quando nosso conhecimento nos dá a verdade: é a *evidência racional*.

Descartes inaugurou assim uma nova tradição na filosofia: o *idealismo subjetivista*, o *subjetivismo*. Quem conhece é o sujeito, o espírito humano, a razão. Mas o objeto primeiro de seu conhecimento é o próprio ato de conhecimento, portanto, o próprio sujeito, ou seja, nós só conhecemos com segurança e certeza o mundo da consciência, as nossas próprias ideias, sendo que as ideias fundamentais são como que inatas, intrínsecas à própria subjetividade. Elas são constitutivas do nosso eu. Assim, não precisamos sair do interior de nossa própria consciência para conhecer o real: ou ela já está presente no âmbito de nossa consciência ou ele não poderá ser conhecido.

O segundo caminho da filosofia moderna abre a consciência para o mundo, mas escraviza a razão às impressões sensíveis...

Mas enquanto os pensadores da linha cartesiana (Leibniz, Espinosa, Malebranche, Wolff) julgavam que, deixada a si mesma, a razão só podia conhecer com certeza as ideias de que já dispunha, um outro grupo de filósofos modernos, os chamados *empiristas*, não podiam concordar com esse ponto de vista e entendiam, ao contrário, que nossas ideias não eram inatas e sim construídas a partir das impressões sensíveis, oriundas da experiência de nossos órgãos de sentido. Para eles, a consciência, a mente, a razão, o sujeito, originariamente, é como uma folha de papel em branco onde as impressões sensíveis vêm registrar suas imagens, que são nossas *ideias*. Esses pensadores são Locke, Berkeley e Hume.

Qual a consequência disso? Se é que podemos conhecer alguma coisa, só conhecemos aquilo que for registrado em nossa mente pelas impressões sensíveis! As ideias inatas não passam de uma ilusão, sem qualquer valor. E o que não pode se transformar em impressão sensível, não pode também ser conhecido.

Como vemos, essa posição é ainda uma posição subjetivista: só que agora estamos diante de um *subjetivismo empirista*. Só conhecemos nossas próprias ideias, mas apenas na medida em que impressões sensíveis se tornem conteúdos mentais, psíquicos...

Tanto no caso dos idealistas cartesianos como no caso dos empiristas humeanos, não há garantias de que estejamos conhecendo de fato a realidade em si mesma, como pretendiam os metafísicos! O que conhecemos são ideias dessa realidade, representações que recebemos em nossa consciência.

E todo o projeto filosófico da Idade Moderna é assim de natureza subjetivista, ou seja, ele privilegia o sujeito, o lado subjetivo, no processo do conhecimento.

É assim que a própria ciência, de que se falará no próximo capítulo, e que se apoia nos pontos de partida do empirismo, não deixa de ser um conhecimento "construído" pelo sujeito. Ela se propõe conhecer apenas os *fenômenos*, nunca as *essências* das coisas. Mas o que é um fenômeno? É a coisa tal qual ela se dá à percepção do sujeito. Só que a abordagem do cientista se utiliza de instrumentos que aperfeiçoam e sofisticam os órgãos dos sentidos dos homens, ampliando significativamente o seu alcance. Ademais, a razão constrói estruturas formais, sobretudo matemáticas, que servem de esquemas lógicos para construir essa representação da realidade. É por isso que o método científico é um conjunto de procedimentos experimentais e matemáticos...

Assim, na Idade Antiga e na Medieval, o uso da razão levou os filósofos a construírem uma imagem do mundo formada de essências metafísicas, como se fosse uma realidade autônoma que se impõe à consciência humana, que a conhece através dos conceitos.

Já na Idade Moderna, os filósofos se deram conta de que não podem conhecer o real dessa maneira, dadas as próprias limitações da razão. Por isso, a imagem que construíram do mundo foi uma imagem elaborada pela consciência, de acordo com as próprias regras de seu funcionamento. Tanto na filosofia idealista quanto na filosofia empirista, temos que é o sujeito que delineia essa imagem do mundo.

Essas duas perspectivas epistemológicas da era moderna, em que pese as diferenças de suas conclusões, têm em comum o fato de só se apoiarem nas "luzes" naturais da razão que, na realidade, só podem "iluminar" o objeto na medida em que ele é montado no âmbito da consciência. Compartilham, em decorrência, da outra posição segundo a qual não se pode mesmo conhecer a essência das coisas, mas só o seu fenômeno, o seu modo de aparecimento na consciência.

É por isso mesmo que se fala do *projeto iluminista* da filosofia moderna, uma vez que se trata de um *racionalismo radical*, ou seja, só a razão natural conhece e só é conhecido aquilo que cair no seu campo de apreensão.

Kant exerceu o cargo de vice-bibliotecário na biblioteca real da Universidade de Königsberg (1765-1772)

Vai entrar então em cena um outro grande filósofo desse período que tentará unificar esses dois caminhos: *Immanuel Kant*, pensador alemão, o nome mais representativo do Iluminismo.

Kant vai mostrar que não existem dois caminhos, um idealista e um empirista, no caso do conhecimento. Mas, ao contrário, o conhecimento é um ato único com duas dimensões, uma *empírica* e uma *teórica*.

De modo geral, Kant explica que o *conteúdo* do conhecimento procede, como queriam Hume e os empiristas, das impressões sensíveis; mas esse conteúdo, para ser conhecido, precisa ser devidamente organizado, precisa ser ordenado na consciência, o que dá uma certa procedência às perspectivas de Descartes e dos idealistas. Portanto, a *forma* que o conteúdo assume é fornecida pela subjetividade do sujeito que conhece. Assim, o ato de conhecimento é um ato *único* mas *complexo*, em que os dados empíricos são organizados, ordenados e estruturados por um sujeito lógico. Assim, para conhecer, o homem precisa da experiência sensível, única fonte do conteúdo empírico, mas precisa também de uma estruturação lógica, independentemente da experiência que organize esses dados empíricos.

Vamos nos aproximar ainda mais da teoria de Kant, acompanhando o quadro da página 155. Para Kant, a consciência humana é formada de três grandes faculdades: a *sensibilidade*, o *entendimento* e a *razão*. O processo do conhecimento se daria da seguinte maneira.

Tomemos como exemplo o conhecimento da árvore. Inicialmente, milhares de impressões sensíveis bombardeiam nossos olhos e nosso sistema nervoso, de acordo com os mecanismos puramente físicos e fisiológicos. Só que essas impressões chegam como milhares de pequenos pontos instantâneos, sem nenhuma ordem ou sequência, como se fosse um pipocar caótico nos órgãos sensíveis. É aí que entram em ação, para receber esse bombardeio de impressões, as *formas "a priori" da sensibilidade, que são o espaço e o tempo.*

Assim, para Kant, o espaço e o tempo não são, como pensamos espontaneamente, propriedades objetivas das coisas, mas sim estruturas subjetivas *a priori* (isto é, anteriores e independentes da experiência sensível). São elas, aliás, que possibilitam a experiência, pois na falta destas as impressões sensíveis continuariam como uma poeira de pequenos pontos desconexos, caóticos. O espaço assegura uma organização às impressões sensíveis, formando a silhueta do objeto enquanto o tempo mantém essa organização, fazendo-a ir além da fugacidade do instante da percepção. A silhueta dura e temos assim a *intuição*, a imagem sensível da árvore.

Mas a árvore não está ainda conhecida; por enquanto está apenas percebida como intuição sensível! Esta é então "enviada" ao entendimento que vai submetê-la às formas *a priori*, que nada mais são do que as doze categorias de que já falara Aristóteles. Só que, para Kant, elas pertencem ao mundo subjetivo e são aplicadas às intuições, constituindo-as como *fenômenos*,

KANT: O ESQUEMA DO PROCESSO DO CONHECIMENTO

SENSIBILIDADE			ENTENDIMENTO												RAZÃO
MATÉRIA	FORMAS *A PRIORI*		CATEGORIAS *A PRIORI*												
DADOS EMPÍRICOS			*QUANTIDADE*			*QUALIDADE*			*RELAÇÃO*			*MODALIDADE*			IDEIAS PURAS: *Eu*, *Mundo*, *Deus*
	Espaço	*Tempo*	*Multiplicidade*	*Unidade*	*Totalidade*	*Realidade*	*Negação*	*Limitação*	*Substância*	*Causalidade*	*Comunidade*	*Possibilidade*	*Existência*	*Necessidade*	
	INTUIÇÃO		FENÔMENO												NÚMENO
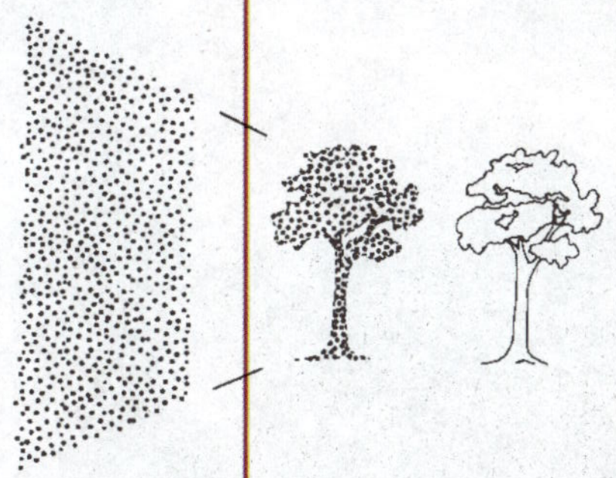			*A "Árvore" como Fenômeno* *Conceito = Conhecimento*												*A Árvore como Essência* *Ideia = Pensamento*

objeto adequado do conhecimento humano. E é aí que ele se completa, representando o fenômeno sob a forma de conceito.

Quanto à terceira faculdade, a razão, ela é a faculdade das ideias, ou seja, aquela pela qual nós podemos "pensar" as essências das coisas, os seus númenos, aplicando as categorias *a priori* sobre elas mesmas. Foi por isso que a razão filosófica criou a metafísica, ao tomar como reais as sínteses das categorias, que eram apenas ideais, lógicas e formais.

Qual a conclusão que tira então toda essa epistemologia kantiana? A conclusão de que só o conhecimento científico tem sustentação, enquanto a metafísica não tem nenhuma garantia. Com efeito, ela não é um conheci-

Detalhe do quadro de Pierre Louis Dumesnil (1698-1781) retratando René Descartes (dir.) com a Rainha Cristina da Suécia (esq.).

mento de fenômenos mas um conjunto de ideias pensadas. Assim, a árvore como essência é apenas uma ideia que a razão produziu indevidamente, não pode ser objeto de conhecimento, não tem nenhuma fenomenalidade, não existe uma intuição que a ela correspondesse no plano empírico.

Assim, de modo especial, as três grandes ideias/sínteses da metafísica, as três principais substâncias (a alma, o mundo e Deus) também não têm fenomenalidade, consequentemente não podem ser conhecidas, não podem ser objeto de conhecimento. Kant dirá que o substrato dessas ideias até pode ser *postulado*, mas nunca *conhecido*. Mas só podemos admiti-lo como postulado por razões *morais*, *práticas*, nunca por razões *teóricas*.

Kant forneceu assim as bases teóricas do conhecimento científico, o fundamento epistemológico da ciência e de sua expressão filosófica na modernidade, o *positivismo*.

O positivismo, do ponto de vista epistemológico, é a posição filosófica segundo a qual só é válido o conhecimento proveniente da experiência sensível e, portanto, o conhecimento que adota o método empirista da abordagem dos objetos.

O principal pensador que sistematizou o positivismo em sistema filosófico no período moderno foi Auguste Comte, filósofo francês. Comte extrai as consequências operacionais da filosofia de Kant e apresenta uma proposta de sistematização das ciências, tomando a física como ciência-modelo. Assim, além da contribuição epistemológica do kantismo, Comte está profundamente influenciado pelo êxito concreto da ciência newtoniana, efetiva instância cultural da época. Comte pretende até mesmo tornar positivas as ciências humanas que começam a se constituir, criando também uma "física social", análoga e simétrica à "física natural" de Newton. Na realidade, o que está subjacente na filosofia de Comte é a proposta de criação das ciências humanas sob os mesmos critérios das ciências naturais.

Mas a revolução epistemológica que foi ocorrendo na época moderna não fica só no plano teórico da filosofia! Ao mesmo tempo, a partir do Renascimento, a cultura ocidental vai presenciando a formação da ciência também como prática efetiva de conhecimento. Bacon, Galileu, Copérnico, Kepler, Newton, entre outros, são pensadores que praticam a ciência, que a fazem concretamente. A ciência se tornou então uma importante instância cultural que vai mudar completamente a visão de homem e de mundo desde então...

É o que será tratado no próximo capítulo.

ESCLARECENDO ALGUNS CONCEITOS

Fenômeno: no vocabulário científico, é toda manifestação dos corpos naturais, é o fato observável; na filosofia de Kant, é o objeto da experiência do conhecimento enquanto síntese de impressões sensíveis e das formas *a priori* do entendimento.

Númeno: conceito kantiano que designa a essência, a coisa em si, independente de qualquer relação a um sujeito.

Subjetivismo: posição filosófica que privilegia a contribuição e a participação da subjetividade no processo do conhecimento.

Inatismo: concepção epistemológica de acordo com a qual algumas ideias são inatas, ou seja, não dependem de nenhuma experiência anterior, surgindo com a própria estruturação da consciência.

Empirismo: teoria epistemológica que afirma a radical derivação, direta ou indireta, de todo conhecimento da experiência sensível, seja ela interna ou externa.

Racionalismo: posição filosófica que considera que só a razão natural é condição necessária e suficiente, bem como fundamento de todo conhecimento.

Iluminismo: concepção filosófica de acordo com a qual o conhecimento se dá em função das luzes da razão, e que só o conhecimento racional crítico e a cientificidade emancipam o homem da superstição e do dogma, promovendo seu progresso em todos os campos. Por extensão, é todo movimento político, literário ou cultural que se apoia nessa visão.

Postulado: proposição nem evidente nem demonstrável que deve ser aceita como válida para a sustentação de um raciocínio ou de um sistema teórico.

Trabalhando e debatendo
a temática da Unidade

Questões e atividades

a) Contextuar historicamente a cultura da época moderna no Ocidente.

b) Retomar a gênese histórica da ciência no início da época moderna.

c) Descrever, com base nos elementos oferecidos pela demais disciplinas do curso, o fenômeno cultural do iluminismo, correlacionando com as tendências filosóficas da era moderna.

Diálogo com Descartes

Descartes é considerado, com toda justiça, o pai da filosofia moderna, na medida em que esta se volta para a busca da fundamentação da atividade do conhecimento. Ele funda a orientação idealista da epistemologia, colocando no próprio sujeito a referência básica da validade de nosso conhecimento. Nesta passagem do seu famoso *Discurso do método*, Descartes mostra como chegou à sólida verdade do *cogito* e quais critérios prevaleceram para tal.

René Descartes (1596-1650), pensador francês do século XVII, fez seus estudos no Colégio Jesuíta de La Flèche. Cursou Direito em Poitiers, mas, espírito curioso e aguçado, pôs-se à procura de novos conhecimentos, viajando muito e acompanhando, com interesse, as experiências que os cientistas estavam começando a fazer fora dos ambientes universitários. Estuda a física copernicana, matemática e filosofia por conta própria. Engaja-se no exército de Maurício de Nassau, passa vários anos na Holanda, sempre estudando. Busca resgatar a metafísica em novas bases, de modo a poder conciliar suas verdades fundamentais com os novos conhecimentos da ciência nascente sobre o mundo e sobre o homem. Morre na Suécia, vítima de pneumonia, quando se transfere para Estocolmo com a finalidade de ensinar filosofia à rainha Cristina.

Escreveu: *Discurso do método* (1637); *Meditações metafísicas* (1641); *Os princípios da filosofia* (1644); *As paixões da alma* (1649); *O tratado do homem* (1662); *O tratado do mundo* (1664); e *Regras para a direção do espírito* (1701).

"Não sei se deva falar-vos das primeiras meditações que aí realizei; pois são tão metafísicas e tão pouco comuns, que não serão, talvez, do gosto de todo mundo.

E, todavia, a fim de que se possa julgar se os fundamentos que escolhi são bastante firmes, vejo-me, de alguma forma, compelido a falar-vos delas. De há muito observara que, quanto aos costumes, é necessário às vezes seguir opiniões, que sabemos serem muito incertas, tal como se fossem indubitáveis, como já foi dito acima; mas, por desejar então ocupar-me somente com a pesquisa da verdade, pensei que era necessário agir exatamente ao contrário, e rejeitar como absolutamente falso tudo aquilo em que pudesse imaginar a menor dúvida, a fim de ver se, após isso, não restaria algo em meu crédito, que fosse inteiramente indubitável. Assim, porque os nossos sentidos nos enganam às vezes, quis supor que não havia coisa alguma que fosse tal como eles nos fazem imaginar. E, porque há homens que se equivocam ao raciocinar, mesmo no tocante às mais simples matérias de Geometria e cometem aí paralogismos, rejeitei como falsas, julgando que estava sujeito a falhar como qualquer outro, todas as razões que eu tomara até então por demonstrações. E enfim, considerando que todos os mesmos pensamentos que temos quando despertos nos podem também ocorrer quando dormimos, sem que haja nenhum, nesse caso, que seja verdadeiro, resolvi fazer de conta que todas as coisas que até então haviam entrado no meu espírito não eram mais verdadeiras que as ilusões de meus sonhos. Mas, logo em seguida, adverti que, enquanto eu queria assim pensar que tudo era falso, cumpria necessariamente que eu, que pensava, fosse alguma coisa. E, notando que esta verdade: eu penso, logo existo, era tão firme e tão certa que todas as mais extravagantes suposições dos céticos não seriam capazes de a abalar, julguei que podia aceitá-la, sem escrúpulo, como o primeiro princípio da Filosofia que procurava.

Depois, examinando com atenção o que eu era, e vendo que podia supor que não tinha corpo algum e que não havia qualquer mundo, ou qualquer lugar onde eu existisse, mas que nem por isso podia supor que não existia; e que, ao contrário, pelo fato mesmo de eu pensar em duvidar da verdade das outras coisas seguia-se mui evidente e mui certamente que eu existia; ao passo que, se apenas houvesse cessado de pensar, embora tudo o mais que alguma vez imaginara fosse verdadeiro, já não teria qualquer razão de crer que eu tivesse existido; compreendi por aí que era uma substância cuja essência ou natureza consiste apenas no pensar, e que, para ser, não necessita de nenhum lugar, nem depende de qualquer coisa material. De sorte que esse eu, isto é, a alma, pela qual sou o que sou, é inteiramente distinta do corpo e, mesmo, que é mais fácil de conhecer do que ele, e ainda que este nada fosse, ela não deixaria de ser tudo o que é.

Depois disso, considerei em geral o que é necessário a uma proposição para ser verdadeira e certa; pois, corpo acabava de encontrar uma que eu sabia ser exatamente assim, pensei que devia saber também em que consiste essa certeza. E, tendo notado que nada há no *eu penso, logo existo*, que me assegure de que digo a verdade, exceto que vejo muito claramente que, para pensar, é preciso existir, julguei poder tomar por regra geral que as coisas que concebemos mui clara e mui distintamente são todas verdadeiras, havendo apenas alguma dificuldade em notar bem quais são as que concebemos distintamente.

Em seguida, tendo refletido sobre aquilo que eu duvidava, e que, por consequência, meu ser não era totalmente perfeito, pois via claramente que o conhecer é perfeição maior do que o duvidar, deliberei procurar de onde aprendera a pensar em algo mais perfeito do que eu era; e conheci, com evidência, que deveria ser de alguma natureza que fosse de fato mais perfeita. No concernente aos pensamentos que tinha de muitas outras coisas fora de mim, como do céu, da terra, da luz, do calor e de mil outras, não me era tão difícil saber de onde vinham, porque não advertindo neles nada que me parecesse torná-los superiores a mim, podia crer que, se fossem verdadeiros, eram dependências de minha natureza, na medida em que esta possuía alguma perfeição; e se não o eram, que eu os tinha do nada, isto é, que estavam em mim pelo que eu possuía de falho. Mas não podia acontecer o mesmo com a ideia de um ser mais perfeito do que o meu; pois tirá-la do nada era manifestamente impossível; e, visto que não há menos repugnância em que o mais perfeito seja uma consequência e uma dependência do menos perfeito do que em admitir que do nada procede alguma coisa, eu não podia tirá-la tampouco de mim próprio. De forma que restava apenas que tivesse sido posta em mim por uma natureza que fosse verdadeiramente mais perfeita do que a minha, e que mesmo tivesse em si todas as perfeições de que eu poderia ter alguma ideia, isto é, para explicar-me numa palavra, que fosse Deus. A isso acrescentei que, dado que conhecia algumas perfeições que não possuía, eu não era o único ser que existia (usarei aqui livremente, se vos aprouver, alguns termos da Escola); mas que devia necessariamente haver algum outro mais perfeito, do qual eu dependesse e de quem eu tivesse recebido tudo o que possuía. Pois, se eu fosse só e independente de qualquer outro, de modo que tivesse recebido, de mim próprio todo esse pouco pelo qual participava do Ser perfeito, poderia receber de mim, pela mesma razão, todo o restante que sabia faltar-me, e ser assim eu próprio infinito, eterno, imutável, onisciente, todo-poderoso, e enfim ter todas as perfeições que podia notar existirem em Deus. Pois, segundo os raciocínios que acabo de fazer, para conhecer a natureza de Deus, tanto quanto a minha o era capaz, bastava considerar, acerca de todas as coisas de que achava em mim qualquer ideia, se era ou não perfeição possuí-las, e estava seguro de que nenhuma das que eram marcadas por alguma imperfeição existia nele, mas que todas as outras existiam. Assim, eu via que a dúvida, a inconstância, a tristeza e coisas semelhantes não podiam existir nele, dado que eu próprio estimaria muito estar isento delas. Além disso, eu tinha ideias de muitas coisas sensíveis e corporais; pois, embora supusesse que estava sonhando e que tudo quanto via e imaginava era falso, não podia negar, contudo, que as ideias a respeito não existissem verdadeiramente em meu pensamento; mas, por já ter reconhecido em mim mui claramente que a natureza inteligente é distinta da corporal, considerando que toda a composição testemunha dependência, e que a dependência é manifestamente um defeito, julguei por aí que não podia ser uma perfeição em Deus o ser composto dessas duas naturezas, e que, por conseguinte, ele não o era, mas que, se havia alguns corpos no mundo, ou então algumas inteligências, ou outras naturezas que não fossem inteiramente perfeitos, o seu ser deveria depender do poder de Deus, de tal sorte que não pudessem subsistir sem ele um só momento."

DESCARTES, R. *Discurso do método*. Tradução de J. Guinsburg e Bento Prado Júnior. São Paulo: Abril Cultural, 1973. p. 54-55. (Col. Pensadores. v. 15.)

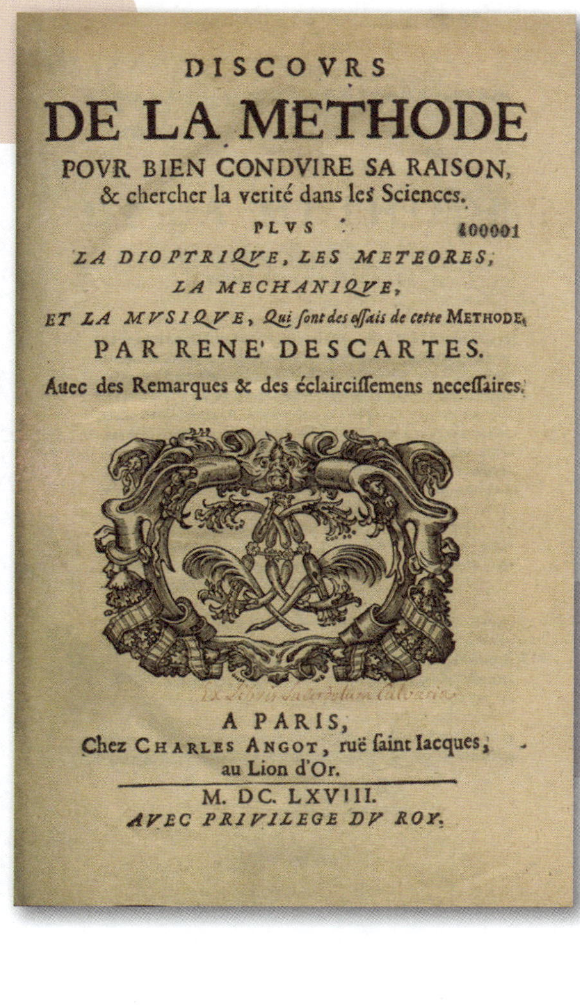

DISCOVRS
DE LA METHODE
POVR BIEN CONDVIRE SA RAISON,
& chercher la verité dans les Sciences.
PLVS
LA DIOPTRIQVE, LES METEORES,
LA MECHANIQVE,
ET LA MVSIQVE, Qui sont des essais de cette METHODE.
PAR RENE' DESCARTES.
Auec des Remarques & des éclaircissemens necessaires.
A PARIS,
Chez CHARLES ANGOT, ruë saint Iacques, au Lion d'Or.
M. DC. LXVIII.
AVEC PRIVILEGE DV ROY.

Folha de rosto da primeira edição do *Discurso sobre o método*, de 1637.

Exercício de Leitura

Vamos aproveitar este trechinho do famoso *Discurso do método* para fazer um exercício completo de leitura analítica, a que nos referimos teoricamente à p. 159. Trata-se de um exemplo da aplicação das referidas diretrizes, aplicáveis na leitura de qualquer texto filosófico. Obviamente, o professor avaliará a oportunidade e conveniência daquelas que devem ser utilizadas em cada tarefa de leitura solicitada ao longo do curso.

Primeira abordagem: análise textual

Preliminarmente, busquemos algumas informações sobre a vida de René Descartes e sobre a obra da qual é retirada esta passagem, o *Discurso do método*. Filósofo bastante conhecido, encontraremos dele sínteses biográficas com informações tais como as que se seguem e que transcreveremos para a Ficha Biográfica que abrimos para ele.

Ficha Biográfica

DESCARTES, René
Vida e obra

René Descartes (1596-1650), pensador francês do século XVII, fez seus estudos no Colégio Jesuíta de La Flèche. Cursou Direito em Poitiers, mas, espírito curioso e aguçado, pôs-se à procura de novos conhecimentos, viajando muito e acompanhando, com interesse, as experiências que os cientistas estavam começando a fazer fora dos ambientes universitários. Estuda a física copernicana, matemática e filosofia por conta própria. Engaja-se no exército de Maurício de Nassau, passa vários anos na Holanda, sempre estudando. Busca resgatar a metafísica em novas bases, de modo a poder conciliar suas verdades fundamentais com os novos conhecimentos da ciência nascente sobre o mundo e sobre o homem. Morre na Suécia, vítima de pneumonia, quando se transfere para Estocolmo com a finalidade de ensinar filosofia à rainha Cristina.

Escreveu: *Discurso do método* (1637); *Meditações metafísicas* (1641); *Os princípios da filosofia* (1644); *As paixões da alma* (1649); *O tratado do homem* (1662); *O tratado do mundo* (1664) e *Regras para a direção do espírito* (1701).

(Cf. Huisman, 2001, p. 269-276.)

Do mesmo modo, podemos encontrar informações sobre o livro em questão. Por exemplo, no *Dicionário de obras filosóficas*, de Denis Huisman, constam registros importantes sobre ele, dos quais seleciono alguns, sintetizados, só a título de exemplo. Abrimos então uma **ficha bibliográfica** para este livro, ora representado pela unidade em estudo.

Ficha Bibliográfica

DESCARTES, René. *Discurso do método*. Trad. J. Guinsburg e Bento Prado Jr. São Paulo; Abril Cultural, 1973. p. 54-55. (Col. Os Pensadores. v. 15.)

A unidade de leitura é uma parte do *Discurso do método*, revelando o estilo de pensamento e expressão de Descartes. Esta obra é um clássico da filosofia moderna, um registro que representa, de forma significativa, a inauguração da modernidade. Esse livro, cujo título completo é *Discurso do método para bem conduzir a própria razão e procurar a verdade nas ciências*, foi publicado em 1637, destinava-se a ser o prefácio de outro livro, com elementos de física, que só foi publicado postumamente com o título *O tratado do mundo*, em 1664. Tornou-se uma obra emblemática da filosofia. É o primeiro livro da filosofia francesa escrito em francês, opção de Descartes com vista a ampliar o público leitor. Após fazer considerações sobre o estágio das ciências e sobre a necessidade de um bom método para superar o senso comum, coloca a necessidade da dúvida metódica para se conduzir à descoberta da verdade, coloca a necessidade de uma moral provisória. Aplicado o método, será possível estabelecer alguns fundamentos metafísicos inabaláveis, bem como algumas verdades físicas, anunciando as conquistas da nova ciência (Huisman, 2000. p. 137-139). A unidade escolhida para nossa leitura integra a quarta parte do livro.

Nesta passagem, Descartes mostra como chegou à sólida verdade do cogito e quais os critérios que prevaleceram para tal.

Conhecendo um pouco sobre o autor e sobre a obra, façamos nossa primeira leitura panorâmica deste trecho. Vamos anotando as palavras e conceitos que parecem demandar algum esclarecimento, a começar por aqueles presentes no título: discurso, método, razão, verdade, ciência, metafísica, paralogismo, demonstrações, céticos, Escola, meditações. Palavras que em si mesmas certamente já são nossas conhecidas, mas desconfiamos de que, na filosofia, elas adquirem um sentido específico.

Discurso: no sentido tradicional, não é uma "simples sequência de palavras, mas um modo de pensamento que se opõe à intuição"... "é um pensamento operando num raciocínio, seguindo um percurso, atingindo seu objetivo por uma série de etapas intermediárias"; na atual filosofia da linguagem, não é entendido apenas "como o simples texto, mas como o próprio campo de constituição do significado em que se estabelece a rede de relações semânticas com a visão de mundo que pressupõe" (Japiassu, 1996, p. 74).

Método: conjunto de procedimentos racionais, baseado em regras, que visam atingir um objetivo determinado. O próprio Descartes define o método como "as regras certas e fáceis, graças às quais todos os que as observam exatamente jamais tomarão como verdadeiro aquilo que é falso e chegarão, sem se cansar com esforços inúteis, ao conhecimento verdadeiro do que pretendem alcançar" (Japiassu, 1996, p. 181).

Razão: faculdade de julgar e distinguir o verdadeiro do falso (Descartes); capacidade de, partindo de certos princípios, estabelecer determinadas relações constantes entre as coisas, permitindo assim chegar à verdade, ou demonstrar uma hipótese; luz natural ou conhecimento de que somos capazes naturalmente, por oposição à fé e à revelação (Japiassu, 1996, p. 229-230).

Verdade: adequação do intelecto ao real; propriedade dos juízos, que podem ser verdadeiros ou falsos, dependendo da correspondência entre o que afirmam e a realidade (Japiassu, 1996, p. 269).

Ciência: no contexto cartesiano, saber metódico e rigoroso, conjunto de conhecimentos metodicamente adquiridos, sistematicamente organizados; mais modernamente, forma de conhecimento que pretende explicar a realidade de forma racional e objetiva e estabelecer relações universais e necessárias entre os fenômenos (Japiassu, 1996, p. 43).

Ceticismo: concepção segundo a qual a razão humana não é capaz de conhecer o real, não havendo nunca certeza da verdade de nossos conhecimentos. O contrário de dogmatismo (Japiassu, 1996, p. 41).

Metafísica: parte da filosofia que estuda o ser enquanto ser, é a ontologia geral. Doutrina do ser em geral e não de suas determinações particulares (Japiassu, 1996, p. 180).

Paralogismo: raciocínio falso quanto à sua forma lógica mas sem intenção de enganar (Japiassu, 1996, p. 207).

Demonstração: operação lógica que, partindo de proposições já conhecidas, leva-nos a estabelecer a verdade ou falsidade de uma outra proposição, a conclusão; raciocínio que permite passar de proposições admitidas para proposição que resulta necessariamente delas (Japiassu, 1996, p. 65).

> **Escola**: forma pela qual, até o século XIX, se designava a escolástica, ou seja, ensinamentos de filosofia e teologia ministrados nas escolas eclesiásticas e universidades, no período medieval. Constituiu-se pela tentativa de conciliação dos dogmas da fé cristã com elementos da filosofia clássica, particularmente o platonismo e o aristotelismo (Japiassu, 1996, p. 86-87).
>
> **Meditação**: na filosofia cartesiana, meditar é refletir, pensar mas a partir da própria interioridade da consciência, estudar em si mesmo (Huisman, 2000, p. 137).

Registremos esses conceitos em **fichas temáticas.** Não nos preocupemos se o sentido desses esclarecimentos que encontramos nas fontes subsidiárias não nos ficar plenamente claro. O importante é tentar compreendê-los até onde nos for possível nesse momento. Mais tarde eles ficarão mais claros.

Feitos estes registros, vamos fazer uma nova leitura da unidade, agora para esboçar o esquema e o resumo deles. E já os acresentamos na Ficha Bibliográfica.

Ficha Bibliográfica

DESCARTES, René. *Discurso do método*. Trad. J. Guinsburg e Bento Prado Jr. São Paulo: Abril Cultural, 1973. p. 54-55. (Col. Os Pensadores.)

A unidade de leitura é uma parte do Discurso do método, revelando o estilo de pensamento e expressão de Descartes. Esta obra é um clássico da filosofia moderna, um registro que representa, de forma significativa, a inauguração da modernidade. Esse livro, cujo título completo é *Discurso do método para bem conduzir a própria razão e procurar a verdade nas ciências*, foi publicado em 1637, destinava-se a ser o prefácio de outro livro, com elementos de física, que só foi publicado postumamente com o título *O tratado do mundo*, em 1664. Tornou-se uma obra emblemática da filosofia. É o primeiro livro da filosofia francesa escrito em francês, opção de Descartes com vista a ampliar o público leitor. Após fazer considerações sobre o estágio das ciências e sobre a necessidade de um bom método para superar o senso comum, coloca a necessidade da dúvida metódica para se conduzir à descoberta da verdade, coloca a necessidade de uma moral provisória. Aplicado o método, será possível estabelecer alguns fundamentos metafísicos inabaláveis, bem como algumas verdades físicas, anunciando as conquistas da nova ciência (Huisman, 2000, p. 137-139). A unidade escolhida para nossa leitura integra a quarta parte do livro.

Nesta passagem, Descartes mostra como chegou à sólida verdade do *cogito* e quais os critérios que prevaleceram para tal.

Esquema

Introdução: razão pela qual divulgará suas meditações § 1.

1. A pesquisa da verdade exige que se coloque tudo em dúvida. § 1.
   1.1. por causa dos erros dos sentidos
   1.2. por causa dos equívocos no raciocínio matemático § 1.
   1.3. por causa das ilusões dos sonhos § 1.
2. A resistência do ato de pensar à dúvida universal § 1
3. A certeza do pensar e minha natureza como substância pensante § 2.
4. Regra geral da evidência: clareza e distinção § 3
5. Demonstração da existência de Deus e sua natureza § 4
   5.1. Capacidade do homem imperfeito de pensar a perfeição
   5.2. Necessidade da existência de um ser perfeito: Deus § 4
   5.3. Ausência de imperfeições em Deus § 4
   5.4. Dependência, em relação a Deus, dos seres imperfeitos § 4

Resumo

Pela experiência dos erros dos sentidos, dos raciocínios matemáticos e das ilusões dos sonhos sou obrigado a colocar todos os meus conhecimentos em dúvida; mas quando assim procedo, duvidando de tudo, algo se torna indubitável, o próprio ato de duvidar, ou seja, o pensar; portanto, se penso, existo, e existo como uma coisa pensante, já que de todas as outras características tenho de duvidar. Ao conhecer indubitavelmente minha existência de ser pensante, dou conta de que isso me é garantido pela evidência, que obtenho com a clareza e distinção com que apreendo meu ato de pensar, podendo então generalizar este critério. Refletindo sobre o fato de pensar a perfeição, sendo eu um ser imperfeito, sou forçado a concluir que se faz necessária a existência de um ser perfeito de quem possa derivar o meu pensamento de perfeição. Neste ser perfeito, que é Deus, não existem imperfeições, sua natureza não pode ser composta e dele dependem todos os seres imperfeitos.

Façamos agora uma nova leitura da unidade, com vistas a proceder à análise temática do texto. Esta nova leitura, atenta e bem informada, deve nos responder às seguintes questões:

1. Do que está falando Descartes, neste texto, qual o seu tema ou assunto do texto?

   O tema geral da unidade é o conhecimento verdadeiro, o método para se chegar a ele.

2. Qual o problema que se coloca, ou seja, por que o tema está em questão?

   São tantas as experiências de erros e enganos em nosso conhecimento que acabamos por ficar inseguros, sem saber se o conhecimento verdadeiro é possível. Como superar pois o conhecimento enganoso e chegar à verdade? Será que isso é possível? Existe algum caminho (método) para se chegar lá?

3. Qual a resposta que o autor dá ao problema, qual a tese que defende ao tentar resolver o problema ou explicar o tema?

   O próprio ato de duvidar, de pensar, comprova que existe sim a possibilidade de um conhecimento verdadeiro, pois, se penso, existo. Tenho assim um primeiro princípio da nova filosofia

4. Como o autor demonstra sua hipótese, como ele a comprova?

   — Se estou preocupado com a pesquisa da verdade, devo rejeitar como falso tudo aquilo a respeito do que possa pairar alguma dúvida, como é o caso dos dados sensíveis, das demonstrações matemáticas, das ilusões do sonho, pois tudo isso pode ser mesmo pura ilusão.
   — Só que, ao generalizar assim a dúvida a respeito de todos os meus conhecimentos, vou encontrar um elemento que não pode ser colocado em dúvida, que é o próprio ato de duvidar, ou seja, o ato de pensar. Posso duvidar de todos os conteúdos do pensamento, mas nunca do ato mesmo de pensar.

— Por isso, se penso, posso concluir indubitavelmente que eu existo, como ser que pensa. Não tenho certeza de nenhuma outra característica de meu ser, mas não daquela representada pela capacidade de pensar.
— E posso admitir ainda que essa certeza me vem da evidência dessa percepção, que se impõe a meu espírito com total clareza e distinção, o que se torna um critério, doravante, para que eu possa avaliar da certeza de outros conhecimentos.
— Como corolário dessa inferência, dou-me conta de minha imperfeição, pois duvidar é uma imperfeição. No entanto, tenho em meu pensamento a ideia clara e distinta de perfeição, que não pode obviamente vir de mim, pois sou imperfeito, devendo vir então necessariamente de um ser perfeito, que precisa existir (pois se não existisse seria uma imperfeição). Esse ser é Deus, ser infinitamente perfeito e que, por isso, não me engana.

5. Que outras ideias secundárias o autor, eventualmente, defende no texto em análise?

   A simplicidade, a unicidade da natureza de Deus. Toda composição é uma imperfeição.

Ensaiemos agora uma análise interpretativa, sem a pretensão de esgotar todas as possibilidades. Pela importância da contribuição cartesiana à filosofia, de cuja trajetória histórica e constituição teórica o *Discurso* do *Método* é uma das principais referências, seu pensamento já foi muito estudado, analisado, discutido e criticado. Coloquemos aqui apenas alguns aspectos, à guisa de exemplo. O professor poderá ampliar o leque de informações e considerações a respeito do significado desta etapa do pensamento cartesiano.

1. Situação do conteúdo da unidade no contexto da obra de onde ela foi extraída, bem como no conjunto do pensamento do autor.

   Esta passagem traz apenas uma pequena etapa do raciocínio de Descartes na grande construção de seu discurso sobre o método. Mostra o momento da necessária colocação da dúvida metódica universal, da resistência do *cogito* a essa dúvida, a generalização do critério da evidência e a necessidade da existência de Deus como ser perfeito. Certamente, esta pequena etapa é central no conjunto de sua epistemologia. Nas *Meditações metafísicas*, outra de suas obras, ele retomará esse raciocínio e o desenvolverá ainda mais.

2. Situação do autor no âmbito do pensamento teórico, na história do pensamento de sua área de reflexão.

As colocações aqui defendidas por Descartes caracterizam bem seu pensamento, inovador em seu tempo. Como se pode ver, trata-se do exercício inicial de uma nova postura frente ao conhecimento, da postura crítica, pelo que se posiciona contra a tradição metafísica da escolástica medieval, que assumia uma postura dogmática, acreditando muito facilmente na realidade do conhecimento verdadeiro. A novidade é que o conhecimento para ser declarado verdadeiro precisa justificar-se em fundamentos sólidos, postos tão somente pela razão natural do homem, e não na força da fé ou da revelação religiosa. Descartes contribui assim significativamente para a revolução epistemológica que vai acontecer na modernidade, ele é um de seus inauguradores, abrindo caminho para o conhecimento científico (física, mecânica) e mesmo para uma nova perspectiva da filosofia (intelectualismo, iluminismo, idealismo) que passará a priorizar a subjetividade no processo do conhecimento. Por isso mesmo, a filosofia moderna privilegiará a epistemologia, ao contrário da filosofia medieval e antiga, que privilegiavam a ontologia, a metafísica. Por isso mesmo, Descartes é considerado o pai tanto da física moderna como da filosofia moderna.

Por outro lado, a influência de Santo Anselmo na sua concepção da perfeição de Deus e sua repercussão em nossa condição existencial é explícita. Ele retoma o famoso argumento ontológico de acordo com o qual a perfeição divina exige sua existência real, pois se não existisse, não seria perfeito...

3. Explicitação dos pressupostos implicados no texto.

Sem dúvida, o raciocínio tão bem articulado de Descartes só se sustenta por estar apoiado no pressuposto de que a experiência interna da reflexão é um ato absolutamente originário, independentemente de qualquer condicionamento. E este pressuposto, por sua vez, envolve outro, o do dualismo da natureza humana e mesmo do real, a substancialidade dos objetos que compõem a realidade. Portanto, idealismo, dualismo e inatismo são posições filosóficas que Descartes aceita preliminarmente, partindo delas para construir o edifício de seu sistema.

4. Levantamento de ideias associadas às ideias presentes no texto.

Descartes não introduz discussões paralelas no presente discurso. No entanto, ideias como a existência e a natureza de Deus, a estrutura do procedimento metodológico da ciência, a heterogeneidade dos costumes, são ideias que poderiam ser retomadas e discutidas a pretexto das colocações aqui feitas.

5. Formulação de críticas à construção do texto bem como aos pontos de vista do autor, críticas positivas e negativas.

O autor articula muito bem o seu raciocínio, não deixando lacunas na sua argumentação. Defende uma posição inovadora para seu tempo na medida em que procura praticar uma postura crítica em relação à construção do conhecimento. Abre caminho para a abordagem científica do conhecimento, superando o dogmatismo metafísico da escolástica. Evidentemente, sua conclusão é questionável, pela pressuposição idealista em que ela se funda.

Quais problemas este texto nos coloca para nossa reflexão?

Praticamente todos os problemas do campo epistemológico são suscitados pelo texto de Descartes, até porque ele faz parte de uma obra que é inagural com relação à epistemologia moderna. O processo do conhecimento, as condições de sua validade, o alcance do conhecimento humano, a participação da subjetividade no processo epistêmico, a relação sujeito e objeto, a existência de um método seguro de conhecimento, a unidade humana, são alguns dos problemas que nos são colocados pela leitura deste texto.

Que considerações podemos fazer a partir deste diálogo com Descartes?

> A questão do conhecimento é questão permanente que nasce com a filosofia e continua interpelando o espírito humano até hoje. A postura dubitativa de Descartes representou um grande avanço na sua discussão, inaugurando sua abordagem moderna. Mas em que pesem as grandes conquistas, teóricas e práticas, ensejadas pela ciência e pela técnica, e as sugestivas construções dos sistemas filosóficos racionalistas da modernidade, o problema fundamental do conhecimento continua insuperado pela humanidade. Na verdade, parece mesmo que o conhecimento não tem como ser explicado, pois toda explicação já é prática do próprio conhecimento. Não há como abordá-lo "de fora" dele mesmo.

Todos os elementos resultantes desse movimento de análise do texto e de reflexão sobre os diversos aspectos devem ser transcritos para a ficha bibliográfica, a ser incluída no Fichário Pessoal do aluno.

O importante é ter presente que o estudo e o aprendizado da filosofia envolvem atividades de leitura, de reflexão, de discussão e de reelaboração e que estas atividades supõe, evidentemente, algumas práticas e técnicas de trabalho intelectual, de natureza didático-científica, a que seria vantajoso iniciar o aluno para que, além de maior agilidade e prazer, possa ter melhor desempenho e aproveitamento no seu estudo.

As orientações aqui oferecidas visam fundamentalmente equipar o aluno do ensino médio com algumas habilidades para a investigação filosófica via leitura, pautadas na premissa de que toda aprendizagem é necessariamente um processo de construção do conhecimento e que só o aprendiz pode desenvolvê-lo. Mas, levando em consideração o estágio em que o estudante da escola média se encontra, a intervenção interativa do professor é imprescindível, como reforço a esse trabalho de iniciativa autodidática.

UNIDADE 8

E aí os filósofos modernos chegaram à conclusão de que a única forma de conhecimento válido era a ciência, descartando a metafísica

A ciência, na Idade Moderna, foi se formando simultaneamente no plano teórico e no plano prático. Como vimos na Unidade 5, as condições histórico-culturais estavam dadas no período para que a humanidade avançasse mais esse passo de expansão de sua consciência. No plano filosófico, duas premissas foram colocadas: o *racionalismo*, enquanto afirmação radical da autonomia e do poder da razão humana como único instrumento do saber verdadeiro, e o *naturalismo* enquanto afirmação de que a natureza esgota a realidade, devendo trazer em si sua própria explicação.

O projeto iluminista da modernidade consistiu exatamente em construir um novo sistema de saber, distinto tanto do sistema teológico como do sistema metafísico, que esclarecesse a totalidade do universo com os recursos da razão natural.

Toda a filosofia moderna se desenvolveu nessa direção, mesmo que

Caricatura de Kant, por Friedrich Hagemann.

tenha ocorrido aparentes regressões metafísicas. Não é sem razão que se considera Descartes também como um dos pais da ciência moderna, pois, apesar de ter desenvolvido um novo sistema metafísico, ele lançou, com seu racionalismo e com sua ideia de extensão como fundamento do mundo natural, bases epistemológicas e metodológicas também para a física. Com efeito, Descartes atirou no que viu e acertou no que não viu...

A ciência é, ao mesmo tempo, um saber teórico sobre o mundo e um poder prático sobre ele

Como se caracteriza o trabalho da ciência? Como se dá o conhecimento científico? Já vimos que o conhecimento que a ciência propicia é *aquele que apreende o objeto como fenômeno*. A ciência não pretende ir além dessa fenomenalidade. No entanto, o que se busca é estabelecer *relações de causa e efeito entre os fenômenos*.

A ciência moderna foi se formando a partir da percepção que alguns pensadores foram tendo, para além do senso comum, de que os fenômenos do mundo natural se manifestam, se "comportam" dentro de uma certa regularidade, de tal modo que os cientistas acabaram pressupondo que o universo forma um *sistema completo de regularidades*. Os fenômenos se manifestam sempre da mesma forma, como que obedecendo a *leis*.

E quando a ciência afirma que conhece o mundo fenomenal, está dizendo apenas que conseguiu explicar essas leis que estão dirigindo o comportamento dos fatos, de tal modo que as *mesmas causas produzem os mesmos efeitos*.

Só que de causalidade já falavam também os metafísicos! Mas, para a ciência, trata-se de outro nível de causalidade, já que ela não avança até o nível da essência; portanto, a ciência não pode afirmar que um fenômeno "cria" o outro, no sentido que o estaria produzindo na sua essência. Para a ciência, a causalidade é uma relação que *liga dois fenômenos, de maneira constante*. Mas essa relação causal constante é basicamente uma relação *funcional*, ou seja, dado um conjunto de fenômenos, num determinado estado, seguirá necessariamente outro conjunto de fenômenos, num outro determinado estado. O que aconteceu entre um e outro estado? Uma alteração *quantitativa*, isto é, ocorrendo fenômenos em estado anteriormente medido seguir-se-ão fenômenos que, posteriormente medidos, apresentam-se modificados em sua quantificação.

Assim, para dar um exemplo, quando se diz que o calor dilata os metais, a física não está querendo dizer que é da essência do calor dilatar os metais, como se estivesse ocorrendo uma mudança qualitativa. É claro que nossos sentidos percebem mudanças qualitativas em suas impressões, mas estas são subjetivas, dependem da impressão pessoal de cada um. O que a física está querendo dizer é "que ao aumento da temperatura a que é submetida uma barra de metal, ocorre um aumento proporcional de tamanho da barra". Logo, o que ela está afirmando é que a dilatação é função da temperatura: d = f(t). Dilatação se mede em centímetros e temperatura se mede em graus.

O cientista quer dizer ainda que toda vez que uma barra de metal for submetida a uma variação de temperatura sofrerá uma dilatação, em determinada proporção que se mantém constante. Isso significa que estamos diante de uma *lei científica*, que expressa, pois, *uma relação causal constante entre fenômenos*.

A existência de leis que governam a natureza leva a ciência a pressupor o *determinismo universal*; isto é, o universo, tal qual ele existe, funciona sempre da mesma maneira, não se prevendo exceções. Quando se encontra a ocorrência de uma "exceção", de uma perturbação, é que está interferindo uma outra *variável*, ou seja, um outro fenômeno está interagindo com as primeiras variáveis.

Variáveis são os fenômenos que se interligam por uma determinada relação que é constante. Em nosso exemplo, a temperatura e o metal são variáveis e a constante é a relação de proporção de dilatação que vai estar sempre numa mesma proporção, qualquer que seja a temperatura e qualquer que seja a barra de metal.

Obviamente, o próprio calor já é um fenômeno resultante de outros fenômenos físico-químicos. E a ciência pode pesquisar e encontrar na estrutura atômica dos elementos a causa da alteração da temperatura, ou seja, pode-se *medir* novamente causa, efeito e relação. Nem por isso está se chegando à essência do calor... no sentido em que assim pensavam os metafísicos.

ESCLARECENDO ALGUNS CONCEITOS

Indução: procedimento lógico pelo qual se passa de alguns fatos particulares a um princípio geral. Trata-se de um processo de generalização, fundado no pressuposto filosófico do determinismo universal. Pela indução, estabelece-se uma lei geral a partir da repetição constatada de regularidades em vários casos particulares; da observação de reiteradas incidências de uma determinada regularidade, conclui-se pela sua ocorrência em todos os casos possíveis.

Dedução: procedimento lógico, raciocínio pelo qual se pode tirar de uma ou de várias proposições (premissas) uma conclusão que delas decorre por força puramente lógica. A conclusão segue-se necessariamente das premissas.

Determinismo universal: princípio segundo o qual todos os fenômenos da natureza são rigidamente determinados e interligados entre si, de acordo com leis que expressam relações causais constantes.

Lei científica: enunciado de uma relação causal constante entre fenômenos ou elementos de um fenômeno. Relações necessárias, naturais e invariáveis. Fórmula geral que sintetiza um conjunto de fatos naturais, expressando uma relação funcional constante entre variáveis.

Variável: é todo fato ou fenômeno que se encontra numa relação com outros fatos, enquanto submetido a um processo de variação, qualquer que seja o tipo de variação com relação a alguma propriedade ou grau, a variação de um fato se correlacionando com a variação do outro. Exemplo: o calor dilatando o metal.

Teoria: conjunto de concepções, sistematicamente organizadas; síntese geral que se propõe explicar um conjunto de fatos cujos subconjuntos foram explicados pelas leis.

Sistema: conjunto organizado cujas partes são interdependentes, obedecendo a um único princípio, entendido este como uma lei absolutamente geral, uma proposição fundamental.

Hipótese: proposição explicativa provisória de relações entre fenômenos, a ser comprovada ou infirmada pela experimentação. Se consumada, transforma-se na lei.

Trabalhando e debatendo
a temática da Unidade

Questões e atividades

- Procure ver, nos textos de ciências utilizados no curso, como se desenrola o processo de descoberta científica, percorrendo as várias etapas de aplicação do método.
- Por que a matemática é a forma mais adequada de expressão da realidade tal qual é conhecida pela ciência?
- Procure, em seus textos de estudo, exemplos de procedimentos indutivos e dedutivos.

Como forma de preparação da aula sobre esta Unidade, pode-se solicitar aos grupos uma atividade de investigação nos termos da proposta interdisciplinar. Trata-se de uma investigação contextuante que tem o mérito de envolver o aluno numa atividade bem operativa. O esquema a seguir orienta para esse tipo de atividade. Assim, para preparação da aula sobre Kant, pode-se solicitar, previamente, que os grupos busquem elementos sobre o autor, nas fontes adequadas. Do mesmo modo se procederia quando se for tratar do Iluminismo.

Filosofia	Geografia	História	Sociologia	Literatura	Arte
Kant	Região do mundo em que viveu, cidade, região, país, continente.	Como era o período em que viveu, como eram organizadas a Alemanha e a Europa.	Como eram as relações sociais na Europa daquela época. A malha social.	Como se expressava a literatura da época, na Alemanha.	Como era a manifestação artística na cultura da qual participava Kant.
Iluminismo	Em que regiões esse movimento surgiu e se desenvolveu.	Como se praticava o poder político na época, quais outros fatores históricos a marcaram.	Quais as relações desse movimento com o tecido da sociedade da época.	O que tem a ver o Iluminismo com a literatura.	E com as diversas manifestações artísticas de então.

Diálogo com Kant

Quanto ao texto de Kant, pequeno trecho transcrito de sua obra **Prolegômenos a toda metafísica futura**, está em pauta nela a teoria de conhecimento desse autor. Kant vai defender a ideia de que nosso conhecimento dos objetos da nossa experiência não só é possível como também é dotado de necessidade e universalidade. Mas que isso decorre não da natureza dos objetos, mas da estrutura do próprio sujeito que conhece. Este sujeito dispõe de formas e categorias *a priori*, ou seja, não só anteriores à experiência concreta mas também condicionantes dela. Mas isso só é válido na própria experiência, não fora dela. Daí a conclusão de que só a ciência é conhecimento verdadeiro, enquanto a metafísica é uma modalidade de pensamento, mas não de conhecimento. As essências metafísicas (voltar a Aristóteles e a Santo Tomás de Aquino) podem ser pensadas, mas não conhecidas, pois só conhecemos os fenômenos, que são dados a partir de experiência sensível, cujos elementos são estruturados pela atividade "transcendental" do sujeito que conhece.

Kant vai realizar uma grande síntese da filosofia moderna, unindo, com seu criticismo iluminista, o empirismo humano e o idealismo cartesiano. O conhecimento é um compromisso estrutural das intuições sensíveis com as formas *a priori* do entendimento. Assim, ele só será possível e válido enquanto se referir aos fenômenos (ciência) e não aos números (metafísica). Na passagem dos *Prolegômenos*... que se segue, Kant fala sobre essas condições.

Immanuel Kant nasceu em 1724, em Königsberg, cidade onde sempre esteve, chegando mesmo a reitor da universidade local, onde também estudou e foi professor de Lógica e de Metafísica. Foi fortemente marcado pelo luteranismo pietista de sua família. Levou vida tranquila, austera e estudiosa, mas mesmo assim seu pensamento, pelo teor crítico, provocou-lhe perseguições e censuras. Suas ideias vigorosas transformaram-no no grande expoente da filosofia iluminista moderna e em uma das mais significativas referências do pensamento ocidental. Morreu em 1804.

Escreveu vários trabalhos de filosofia, de grande importância para o pensamento moderno: *Dissertação* (1770); *Crítica da razão pura* (1781); *Prolegômenos a toda metafísica futura* (1783); *O que significa iluminismo?* (1783); *A ideia de uma história universal de um ponto de vista cosmopolita* (1784); *Fundamentos da metafísica dos costumes* (1785); *Crítica da razão prática* (1788); *A religião nos limites da simples razão* (1793); *Tratado sobre a paz perpétua* (1795); *A antropologia de um ponto de vista pragmático* (1798); *Lógica* (1800).

"§ 27

É este o lugar de se minar pela base a dúvida de Hume. Ele afirmava com razão: não vemos de maneira alguma, pelo entendimento, a possibilidade da causalidade, isto é, da relação da existência de uma coisa com a existência de uma outra coisa qualquer, posta necessariamente pela primeira. Eu ainda acrescento que não vemos melhor o conceito de subsistência, isto é, da necessidade de a existência das coisas se fundar num sujeito, que por sua vez não pode ser o predicado de uma outra coisa qualquer, que nem sequer podemos formar um conceito da possibilidade de uma tal coisa (embora possamos mostrar exemplos de seu uso na experiência); esta incompreensibilidade estende-se também à comunidade das coisas, pois não se compreende de modo algum como se possa tirar do estado de uma coisa uma consequência sobre o estado de outras coisas além dela e reciprocamente, nem como as substâncias, cada uma dotada de existência própria e particular, devam depender necessariamente umas das outras. Contudo, estou bem longe de considerar estes conceitos como meramente derivados de experiência, e a necessidade, representada neles, como ilusão e simples aparência resultante de longo hábito; muito mais, mostrei suficientemente que eles e os princípios dos mesmos são estabelecidos *a priori* anteriormente a toda experiência e possuem exatidão objetiva acima de qualquer dúvida, se bem que apenas no que diz respeito à experiência.

§ 28

Embora não tenha o mínimo conceito de uma tal conexão das coisas em si mesmas, de como elas existem como substância, ou de como agem como causa, ou como podem estar em comunidade com outras (como partes de um todo real), posso pensar menos ainda semelhantes propriedades nos fenômenos como fenômenos (pois aqueles conceitos não contêm nada do que está nos fenômenos, mas apenas o que o entendimento deve pensar), possuímos, entretanto, tal conceito de uma conexão desta espécie de representações em nosso entendimento e justamente no julgar em geral, a saber: as representações pertencem a uma classe de juízos, como sujeito em relação a predicados, a outra como causa em relação a um efeito e uma terceira, como partes que constituem todo um conhecimento possível. Além disso, conhecemos *a priori*: sem considerar a representação de um objeto como determinada em relação a um ou outro destes momentos, não poderíamos obter nenhum conhecimento válido do objeto e, se nos ocupássemos como objeto em si mesmo, não haveria um único indício possível, pelo qual pudesse conhecer, que fosse determinado em relação a um ou outro dos momentos pensados, isto é, que pertencesse ao conceito de substância, ou ao de causa, ou (em relação com outras substâncias) ao conceito de comunidade; pois, da possibilidade de uma tal conexão da existência não tenho conceito algum. Mas a questão não é como as coisas em si são determinadas, mas como o é o conhecimento de experiência das coisas em relação a momentos pensados de juízos em geral, isto é, de que maneira coisas, como objetos da experiência, podem e devem ser subsumidas sob aquele conceito de entendimento. Então fica claro que compreendo inteiramente não só a possibilidade, mas também a necessidade de subsumir todos os fenômenos sob estes conceitos, ou seja, utilizá-los como princípios da possibilidade da experiência.

§ 29

Para pôr à prova o conceito problemático de Hume (esta sua *crux metaphysicorum*), ou seja, o conceito de causa, é-me dada primeiramente *a priori*, pela lógica a forma de um juízo condicionado em geral, a saber, um conhecimento dado utilizável como fundamento e um outro como consequência. Mas é possível que seja encontrada na percepção uma regra da relação, que afirme: um determinado fenômeno segue regularmente outro (embora não inversamente), e este é um caso para me servir do juízo hipotético e dizer, por exemplo: se um corpo fica exposto ao sol por tempo suficiente, torna-se quente. Aqui não há ainda, na verdade, uma necessidade de conexão nem, por conseguinte, o conceito de causa. Mas continuo e digo: se a proposição anterior, que é apenas uma conexão subjetiva de percepções, deve ser uma proposição de experiência, deve ser considerada necessária e válida universalmente. Tal proposição seria, pois: o sol é, através de sua luz, a causa do calor. A regra empírica anterior é agora considerada lei, e assim não só válida para fenômenos, mas para fenômenos que visam a uma experiência possível, a qual necessita de regras universais e necessariamente válidas. Compreendo, portanto, muito bem o conceito de causa como um conceito pertencendo necessariamente à simples forma da experiência e sua possibilidade como uma união sintética das percepções numa consciência em geral; não compreendo, porém, de maneira alguma, a possibilidade de uma coisa em geral como uma causa, e isto porque o conceito de causa designa uma condição, inerente não às coisas, mas à experiência, a saber, que esta só pode ser um conhecimento objetivamente válido dos fenômenos e de sua sucessão no tempo na medida em que o antecedente pode ser ligado ao consequente, segundo regras dos juízos hipotéticos.

§ 30

Eis por que os conceitos de entendimento puro não têm nenhuma significação, quando se afastam dos objetos da experiência e querem ser relacionados apenas coisas em si mesmas (*noúmena*). Servem, de algum modo, apenas para soletrar fenômenos, a fim de que possam ser lidos como experiência; os princípios que brotam de sua relação com o mundo sensível servem apenas ao nosso entendimento para o uso da experiência; além disso, são ligações arbitrárias sem realidade objetiva, cuja possibilidade não se pode conhecer *a priori*, nem comprovar, ou tornar inteligível sua relação com objetos por nenhum exemplo, isto porque todos os exemplos só podem ser tirados de uma experiência qualquer e, por conseguinte, também os objetos destes conceitos não podem ser encontrados, a não ser numa experiência possível.

Esta solução completa do problema de Hume, apesar de contrária à pressuposição de seu autor, salva, pois, aos conceitos do entendimento puro sua origem *a priori* e às leis universais da natureza sua validade como leis do entendimento de tal maneira que limita seu uso na experiência, porque sua possibilidade só tem fundamento na relação do entendimento com a experiência; não no sentido que elas derivam da experiência, mas que a experiência deriva delas, uma maneira bem diversa de conexão, da qual Hume nunca suspeitou.

Daqui sai o resultado de todas as pesquisas precedentes: "Todos os princípios *a priori* nada mais são que princípios de experiência possível" e não podem ser nunca relacionados com coisas em si mesmas, mas somente com fenômenos como objetos da experiência. Por isso, tanto a matemática pura como a ciência pura da natureza nunca podem ir além dos meros fenômenos e representam apenas aquilo que torna possível uma experiência em geral ou o que, sendo derivado destes princípios, deve poder ser representado, em todo o tempo, em qualquer experiência possível.

§ 31

Temos, enfim, algo de determinado em que nos apoiar em todas as tentativas metafísicas, que até agora, suficientemente audazes, mas sempre cegas, foram além de tudo sem distinção. Pensadores dogmáticos nunca se convenceram de que o objetivo de seus esforços devia circunscrever-se em tão estreitos confins; nem mesmo aqueles que, fiando-se em sua razão pretensamente sadia, partindo de conceitos e princípios da razão pura, legítimos e naturais, mas de uso apenas de experiência, pretendiam chegar a conclusões das quais não conheciam nenhum limite determinado, nem podiam conhecer, por nunca haverem pensado ou ousado pensar sobre a natureza e mesmo a possibilidade de tal entendimento puro.

Algum naturalista da razão pura (sob este nome entendo aquele que se atreve a decidir, sem nenhuma ciência, sobre as coisas da metafísica) poderia muito bem opor que tudo que foi exposto aqui com tanto aparato ou, se o agrada mais, com prolixa e pedante solenidade, já desde há muito não só presumiu, através de seu espírito adivinhatório, como soube e viu: "que na verdade com toda nossa razão, nunca podemos ir além do campo da experiência". Todavia, se ele, simplesmente, é pouco a pouco interrogado a respeito de seus princípios da razão, deve confessar que entre eles estão muitos que não tirou da experiência, que, portanto, são independentes desta e válidos *a priori*, como e com quais motivos quer ele impor limites ao dogmático e a si mesmo, pretendendo servir-se destes conceitos e princípios para além de toda experiência possível, justamente por serem conhecidos independentemente desta. E mesmo ele, este adepto da razão sadia, não obstante sua pretensa sabedoria adquirida a preço baixo, não está seguro de não se desviar dos objetos da experiência, para cair no campo das quimeras. Também aí se encontra, de ordinário, suficientemente envolvido, embora por sua linguagem popular, pois considera tudo meras verossimilhanças, conjecturas racionais ou analogias, dá certo colorido a suas pretensões infundadas.

§ 32

Desde os tempos mais remotos da filosofia, os pesquisadores da razão pura conceberam, além dos seres sensíveis ou fenômenos (*phaenómena*), que constituem o mundo sensível, seres inteligíveis (*noúmena*), que deveriam constituir o mundo inteligível, e, como confundiam fenômeno com aparência (coisa desculpável numa época ainda inculta), atribuíram realidade apenas aos seres inteligíveis.

De fato, quando consideramos os objetos dos sentidos — como é justo — simples fenômenos, então admitimos, ao mesmo tempo, que uma coisa em si mesma lhes serve de fundamento, apesar de não a conhecermos como é constituída em si mesma, mas apenas seu fenômeno, isto é, a maneira como nossos sentidos são afetados por este algo desconhecido. O entendimento, portanto, justamente por admitir fenômenos, aceita também a existência das coisas em si mesmas, donde podemos afirmar que a representação de tais seres, que servem de fundamento aos fenômenos, e, por conseguinte, a representação de simples seres inteligíveis, não só é admissível como inevitável.

Nossa dedução crítica não exclui de maneira alguma tais coisas (*noúmena*), mas só limita os princípios da estética, de modo a não se estenderem a todas as coisas, o que transformaria tudo em meros fenômenos, mas a serem válidos somente como objetos de uma experiência possível. Através disso admitem-se seres inteligíveis, somente com a limitação desta regra, que não admite exceção: que não sabemos, nem podemos saber, nada de determinado destes seres inteligíveis puros, porque nossos conceitos de entendimento puro, bem como nossas intuições puras, referem-se apenas a objetos de uma experiência possível, portanto, a meros seres sensíveis e, tão logo nos desviemos deles, tais conceitos deixam de ter a mínima significação.

§ 33

Há, na verdade, algo de capcioso com nossos conceitos de entendimento puro, com respeito à atração que exercem para um uso transcendente; assim denomino aquele que vai além de toda experiência possível. Não apenas enquanto nossos conceitos de substância, de força, de ação, de realidade etc., são totalmente independentes da experiência e, por não conterem nenhum fenômeno dos sentidos, pois parecem na verdade referir-se a coisas em si mesmas (*noúmena*), mas, o que ainda corrobora esta suposição, encerram em si uma necessidade da determinação, à qual a experiência nunca consegue igualar-se. O conceito de causa contém uma regra segundo a qual a um estado se segue necessariamente um outro; mas a experiência só pode nos mostrar que muitas vezes, ou mais comumente, a um estado das coisas sucede outro, e não pode, portanto, gerar nem universalidade rigorosa, nem necessidade etc.

Donde parecem ter os conceitos do entendimento muito mais significado e conteúdo do que poderia exaurir o simples uso da experiência de todas as suas determinações, e assim constrói o entendimento para si, imperceptivelmente, ao lado do edifício da experiência, um anexo muito mais vasto, que é preenchido apenas com seres pensantes, sem ao menos reparar que, com seus conceitos aliás legítimos, foi além dos limites de seu uso.

§ 34

Eram necessárias, portanto, duas investigações importantes, até mesmo indispensáveis, embora sumamente áridas, empreendidas na *Crítica*, p. 137 etc., e 235 etc. Pelas primeiras ficou provado que os sentidos não fornecem os conceitos de entendimento puro em concreto, mas apenas o esquema para o uso dos mesmos, e que o objeto a ele conforme só se encontra na experiência (como produto do entendimento tirado dos materiais da sensibilidade). Na segunda investigação (*Crítica*, p. 235), mostra-se: não obstante a independência de nossos conceitos de entendimento puro e princípios de experiência e mesmo o âmbito aparentemente maior de seu uso, todavia, por meio desta nada pode ser pensado fora do campo da experiência, porque nada podem fazer a não ser determinar apenas a forma lógica do juízo em relação a intuições dadas; mas, como não há intuição além do campo da sensibilidade, falta a estes conceitos puros toda e qualquer significação, pois não podem ser representados de maneira nenhuma em concreto, consequentemente, todos os *noúmena* bem como o conjunto dos mesmos, de um mundo inteligível, nada mais são que representações de um problema, cujo objeto é possível em si, mas cuja solução, de acordo com a natureza de nosso entendimento, é totalmente impossível, visto não ser nosso entendimento um poder da intuição, mas apenas a conexão de intuições dadas numa experiência e que com isto ela deve conter os objetos correspondentes aos nossos conceitos, ao passo que fora dela todos os conceitos são destituídos de significação, já que nenhuma intuição pode lhes servir de fundamento."

KANT, I. *Prolegômenos a toda metafísica futura*. Tradução de Tânia M. Bernkopf. São Paulo: Abril Cultural, 1980. p. 48-50. (Col. Os Pensadores.)

UNIDADE 9

A ciência se torna então a instância mais valiosa e poderosa da modernidade

O novo modo de conhecimento exige
também um novo método...

Se o cientista quer lidar apenas com fenômenos, precisa adotar procedimentos lógicos e técnicas operativas adequados à apreensão deles. Só os procedimentos intelectuais de que se serviram os metafísicos não são mais suficientes.

O **método científico** é o conjunto de procedimentos lógicos e de técnicas operacionais que permitem ao cientista descobrir as relações causais constantes que existem entre os fenômenos. Quando está buscando descobrir tais relações, o cientista está pesquisando, está investigando. E faz isso praticando, aplicando o método científico.

O quadro a seguir representa a estrutura lógica do método científico. Trata-se de uma esquematização geral, pois o processo da descoberta científica é um processo extremamente complexo, nunca se partindo de uma situação simples que fosse isenta de interferências de variada natureza. Mas o esquema ajuda a entendê-lo em sua generalidade, na sua espinha dorsal.

Ao trabalhar com seu método, a primeira atividade do cientista é a *observação de fatos*. Num primeiro momento, essa observação pode ser casual e espontânea, como, por exemplo: todos nós vemos cotidianamente os objetos largados a si mesmos caírem no chão. Mas posso começar a jogar no chão de maneira sistemática, planejada, organizada. O que interessa é que sejam os mesmos fatos, eventualmente em circunstâncias variadas.

Mas os fatos nem sempre se explicam por si sós. Por mais que vejamos objetos caírem, não conseguimos observar por que eles caem! Aqui é preciso avançar uma consideração complicadora: na realidade, "fatos brutos" não existem, propriamente falando, não dizem nada, quando "observamos" fatos, já estamos "problematizados", sentindo alguma dificuldade e já de posse de

A ESTRUTURA LÓGICA DO MÉTODO CIENTÍFICO

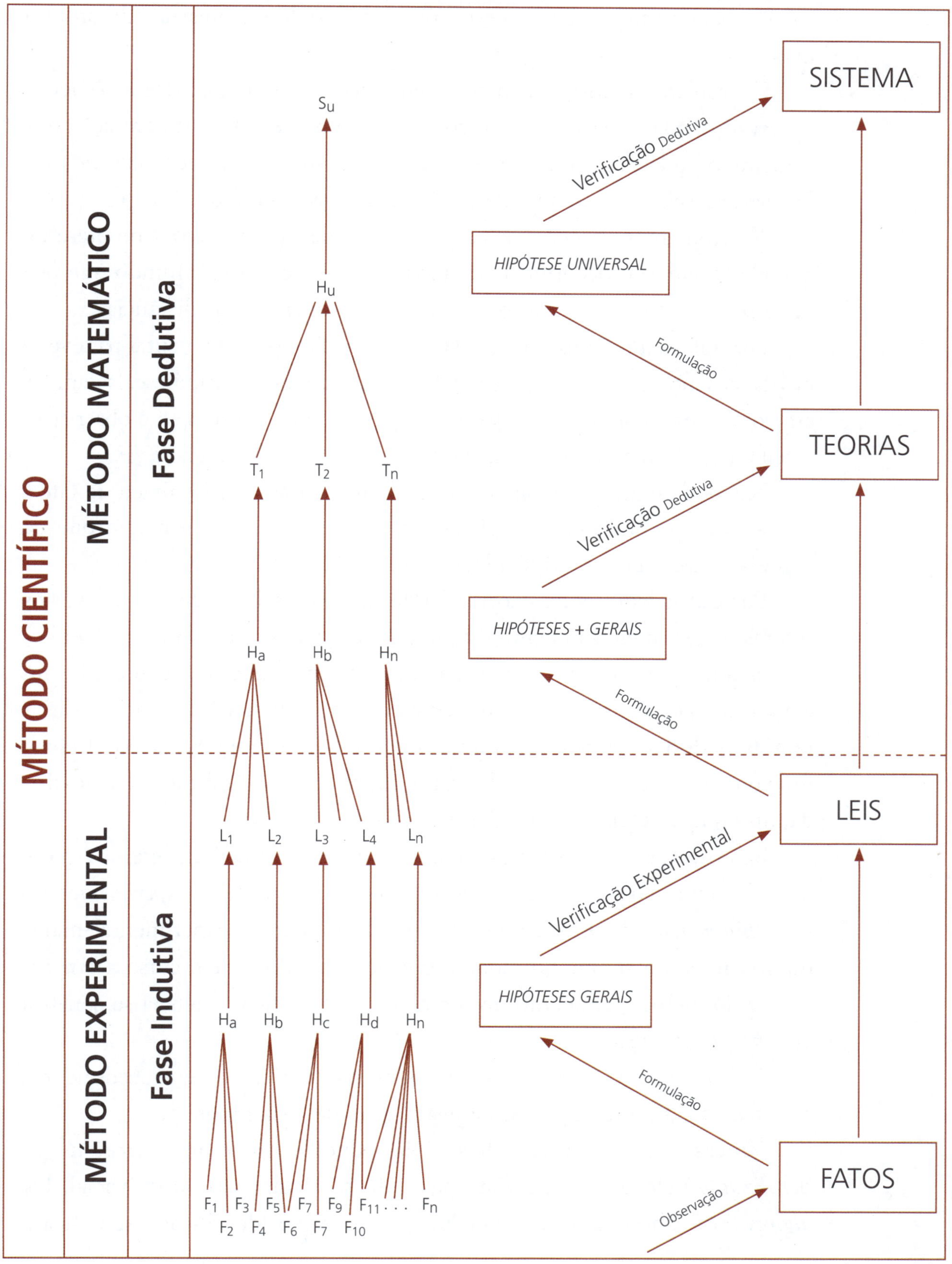

algum esquema de percepção. Estamos querendo exatamente saber por que tais fatos estão ocorrendo desta maneira. Por isso, não basta ver, é necessário *olhar*, e para tanto já é preciso estar problematizado e a presença do problema é de ordem racional, lógica.

O problema se formula então como a questão pela *causa* dos fenômenos observados, qual a relação causal constante entre eles. Aí entra em ação novamente o poder lógico da razão: a razão, com sua criatividade, *formula uma hipótese*, ou seja, propõe uma determinada relação causal como explicação.

Newton, após observar os corpos caírem, levantou então a hipótese de que eles caíam em decorrência de uma atração recíproca, intuindo que poderia ser uma força de atração proporcional às massas e às distâncias.

Formulada a hipótese, o cientista volta ao campo experimental para verificá-la. É o momento da *verificação experimental*, do teste da hipótese. Isolam-se, em condições laboratoriais, as variáveis que se supõe em relação e observa-se o seu comportamento. Se confirmada a hipótese, tem-se então a *lei*.

Trata-se de um princípio geral que unifica uma série ilimitada de fatos: vários fatos particulares se explicam mediante um único princípio que dá conta assim de uma multiplicidade de fatos.

Por outro lado, pode ocorrer ainda que várias leis referentes a vários setores de fenômenos podem, por sua vez, serem unificadas em uma lei mais abrangente, que é a *teoria*. Explica assim, em um nível mais geral ainda, um conjunto maior de fatos aparentemente diferentes entre si. Finalmente, várias teorias poderiam se resumir numa única teoria/lei que explicasse todo o funcionamento do universo: tal seria o *sistema*, que não foi estabelecido ainda, mas que é desejado pelos cientistas.

Se observarmos agora o esquema no sentido horizontal, veremos que o método científico se compõe de dois momentos: o *momento experimental* e o *momento matemático*. O método científico é um método experimental-matemático, notando-se que no momento experimental está em curso a *fase indutiva* do método, enquanto no momento matemático a ciência se constrói em sua *fase dedutiva*.

Indução e *dedução* são duas formas de raciocínio, isto é, procedimentos racionais de argumentação ou de justificação de uma hipótese.

No caso do raciocínio indutivo, da indução, ocorre um *processo de generalização* pelo qual o cientista passa do particular para o universal. De *alguns* fatos observados, ele conclui que a relação identificada se aplica a todos os fatos da mesma espécie, mesmo àqueles não observados. O que se constatou de uma amostra é estendido a toda a população de casos da mesma espécie.

Assim, após constatar que, até o momento, um determinado número de homens morreram, chega-se à conclusão, por indução, de que todos os homens são mortais!

Já quando, em função do conhecimento de que todos os homens são mortais, concluo que um determinado homem que encontro vai morrer, esta conclusão é estabelecida por dedução. Trata-se de uma passagem do universal para o particular e para o singular; de um princípio geral deduzimos outros menos gerais até fatos particulares.

A ciência trabalha, pois, com raciocínios indutivos e com raciocínios dedutivos. Quando passa dos fatos às leis, mediante hipóteses, está trabalhando com a indução; quando passa das leis às teorias ou destas aos fatos, está trabalhando com a dedução.

O processo lógico-dedutivo está presente na ciência sobretudo, na sua matematização, pois a matemática é a sua linguagem por excelência, e a matemática é uma linguagem lógico-dedutiva.

A ciência implica uma visão mecânica do mundo e uma visão naturalista do homem

Foi esse o método adotado pelos cientistas que lhes permitiu construir uma imagem mecânica do mundo. O mundo natural é um conjunto de partículas em movimento, dotadas de energia, e que se ligam entre si numa relação causal constante, os fenômenos interagindo sempre entre si de acordo com "leis fixas e imutáveis", gerando assim uma total regularidade do funcionamento do universo.

Podemos aqui retomar os três grandes pressupostos do conhecimento científico, isto é, o conhecimento produzido pela ciência só terá consistência se o cientista aceitar, de partida, o *determinismo universal*, o *naturalismo* e o *racionalismo*.

Com esse método, a ciência teve pleno êxito na era moderna. Esse sucesso explicativo foi reforçado pelo seu poder em manipular o mundo mediante a *técnica*, por cuja formação e desenvolvimento ela é a responsável direta. A ciência se legitimou assim por essa sua eficácia operatória, com a qual forneceu aos homens recursos reais elaborados para a sustentação de sua existência material. A técnica serviu de base para a *indústria*, para a revolução industrial, o que ampliou, sobremaneira, o poder do homem em manipular a natureza.

Esse método permitiu, com máxima fecundidade, a formação e o desenvolvimento do sistema das ciências naturais. Sob a influência do positivismo, ele foi aplicado, ainda que mais tardiamente, também às ciências humanas. Com efeito, o homem é um *ser natural* como todos os demais (naturalismo), submisso assim a leis de regularidade, (determinismo), acessível portanto aos procedimentos de observação e de experimentação (experimentalismo). Por isso é que Comte insistia em criar uma "física social", cujo objeto seria o homem, indivíduo ou sociedade.

Para a ciência, o real se esgota na ordem natural do universo físico, à qual tudo se reduz, incluindo o homem e a própria razão, que é razão natural. O homem se constitui então como um organismo vivo, regido pelas leis da natureza, tanto no plano individual como no social, leis que determinam sua maneira de ser e de agir.

Assim, os valores e critérios de sua ação se encontram expressos na própria natureza sob a forma de leis de funcionamento que se pode conhecer pelas várias ciências, aplicando-se o método científico, simultaneamente experimental e matemático.

A ética, fundada na perspectiva científica, tem seus critérios fundamentalmente técnico-funcionais. É válido e bom tudo aquilo que condiz com as leis da vida natural dos homens...

Auguste Comte, filósofo francês, é o fundador do positivismo. Considerado também o criador de uma nova ciência: a Sociologia. Na fundamentação dessa nova ciência, estabelece a diferença entre a sociologia científica e a engenharia social. Este conceito servirá de referência para a moderna teoria de gestão empresarial.

Trabalhando e debatendo
a temática da Unidade

Questões e atividades

- Procure ver, nos textos de ciências utilizados no curso, como se desenrola o processo de descoberta científica, percorrendo as várias etapas de aplicação do método.
- Por que a matemática é a forma mais adequada de expressão da realidade tal qual é conhecida pela ciência?
- Procure, em seus textos de estudo, exemplos de procedimentos indutivos e dedutivos.

Diálogo com Comte

Comte expõe sinteticamente nesta passagem da Introdução de seu *Curso de filosofia positiva* a natureza da filosofia positiva, ou seja, do próprio conhecimento científico. Mostra, em seguida, a quais domínios já chegou esse "espírito positivo", e que falta apenas chegar ao âmbito dos fenômenos humanos. Daí sua proposta de constituição da física social. Eis aí o lançamento dos alicerces das ciências humanas, em geral, e da Sociologia, em particular.

Auguste Comte nasceu em 1798, em Montpellier, na França. É considerado o criador do Positivismo. Foi secretário de Saint-Simon, outro pensador francês e militante socialista. Comte acabou se desentendendo com Saint-Simon por discordar dele na maneira de desencadear a reforma política da sociedade. Diferentemente de seu mestre, Comte queria reformar a sociedade realizando, primeiro, contudo, uma reforma da inteligência. Para ele, a desordem social decorria da ignorância. Só que os saberes até então vigentes na sociedade ocidental, a teologia e a metafísica, não eram suficientemente capazes para esclarecer o espírito humano. Só a ciência seria capaz de fazê-lo. Propõe então sua filosofia positiva como fundamento de todo saber válido. Justifica sua proposta fazendo uma história do espírito humano, formulando a teoria dos três estados pelos quais o espírito humano teria passado: o estado teológico, o estado metafísico e o estado positivo, sendo este o estado definitivo da humanidade.

Seu pensamento está exposto em várias obras: *Opúsculos de filosofia social* (1828); *Curso de filosofia positiva* (1830); *Catecismo positivista* (1852); *Sistema de política positivista* (1854).

Comte acaba querendo reconstruir a religião sob uma perspectiva positivista. Assim o Positivismo, originariamente uma fundamentação filosófica da ciência e uma expressão de seu método e alcance, transformou-se também numa nova religião, inclusive contando até com uma organização eclesiástica.

O positivismo marcou muito a cultura brasileira, tanto no plano religioso e político como também, posteriormente, no plano científico.

"IV — Depois de ter assim estabelecido, tanto quanto o posso fazer sem entrar numa discussão especial que estaria deslocada neste momento, a lei geral do desenvolvimento do espírito humano, tal como a concebo, nos será mais fácil determinar com precisão a própria natureza da filosofia positiva, o objeto essencial deste discurso.

Vemos, pelo que precede, que o caráter fundamental da filosofia positiva é tomar todos os fenômenos como sujeitos a leis naturais invariáveis, cuja descoberta precisa e cuja redução ao menor número possível constituem o objetivo de todos os nossos esforços, considerando como absolutamente inacessível e vazia de sentido para nós a investigação das chamadas *causas*, sejam primeiras, sejam finais. É inútil insistir muito sobre um princípio, hoje tão familiar a todos aqueles que fizeram um estudo um pouco aprofundado das ciências de observação. Cada um sabe que, em nossas explicações positivas, até mesmo as mais perfeitas, não temos de modo algum a pretensão de expor as causas geradoras dos fenômenos, posto que nada mais faríamos então além de recuar a dificuldade. Pretendemos somente analisar com exatidão as circunstâncias de sua produção e vinculá-las umas às outras, mediante relações normais de sucessão e de similitude.

Assim, para citar o exemplo mais admirável, dizemos que os fenômenos gerais do universo são *explicados*, tanto quanto o podem ser, pela lei de gravitação newtoniana; porque, de um lado, essa bela teoria nos mostra toda a imensa variedade dos fatos astronômicos, como constituindo apenas um único e mesmo fato considerado de diversos pontos de vista: a tendência constante de todas as moléculas umas em relação às outras na razão direta de suas massas e na razão inversa do quadrado das distâncias. Enquanto, de outro lado, esse fato geral se nos apresenta como simples extensão de um fenômeno eminentemente familiar e que, por isso mesmo, o consideramos como particularmente conhecido, a gravidade dos corpos na superfície da terra. Quanto a determinar o que são nelas próprias essa atração e essa gravidade, quais são suas causas são questões que consideramos insolúveis, não pertencendo mais ao domínio da filosofia positiva, e que abandonamos com razão à imaginação dos teólogos ou à sutileza dos metafísicos. A prova manifesta da impossibilidade de obter tais soluções reside em que, todas as vezes que se procurou dizer a esse propósito algo verdadeiramente racional, os maiores espíritos só puderam definir um dos princípios pelo outro, dizendo, no que respeita à atração, não ser outra coisa que a gravidade universal e, em seguida, no que respeita à gravidade, consistir simplesmente na atração terrestre. Tais explicações, que fazem *sorrir* tão logo alguém pretenda conhecer a natureza íntima das coisas e o modo de geração dos fenômenos, constituem, porém, tudo o que podemos obter de mais satisfatório, mostrando-nos como idênticas duas ordens de fenômenos, que por muito tempo foram tomados como não tendo nenhuma relação entre eles. Nenhum espírito justo procura hoje ir mais longe.

Seria fácil multiplicar exemplos, inúmeros durante o andamento deste curso, por quanto este é o espírito que agora dirige exclusivamente as grandes combinações intelectuais. Para citar apenas neste momento um único dentre os trabalhos contemporâneos, escolherei a bela série de pesquisas do Sr. Fourier sobre a teoria do calor. Oferece-nos a verificação muito sensível das observações gerais precedentes. Neste trabalho, cujo caráter filosófico é tão eminentemente positivo, as leis mais importantes e precisas dos fenômenos termológicos se encontram desvendadas, sem que o autor tenha inquirido uma única vez sobre a natureza íntima do calor, sem que tenha mencionado, a não ser para indicar sua vacuidade, a tão agitada controvérsia entre os partidários da matéria calórica e aqueles que fazem consistir o calor em vibrações de um éter universal. No entanto, trata-se nessa obra das mais altas questões, muitas das quais nunca nem mesmo tinham sido colocadas, prova capaz de que o espírito humano, sem se lançar em problemas inalcançáveis, e restringindo-se a investigações de ordem inteiramente positiva, pode encontrar aí alimento inesgotável para sua atividade mais profunda.

V — Depois de ter caracterizado, tão exatamente quanto me é permitido fazê-lo nesta visão panorâmica, o espírito da filosofia positiva, tarefa que o curso inteiro está destinado a desenvolver, devo agora examinar que época de sua formação atingiu hoje essa filosofia, e o que resta a fazer para completar sua constituição.

Para isso é preciso, de início, considerar que os diferentes ramos de nossos conhecimentos não necessitaram percorrer com igual velocidade as três grandes fases de seu desenvolvimento indicadas acima, nem, por conseguinte, chegar simultaneamente ao estado positivo. Existe, a esse respeito, uma ordem invariável e necessária que nossos diversos gêneros de concepções seguiram e tiveram de seguir em sua progressão, e cuja consideração exata é o complemento indispensável da lei fundamental precedentemente enunciada. Essa ordem será o assunto especial da próxima lição. Basta-nos, por hora, saber que se conforma com a natureza diversa dos fenômenos e que se determina por seu grau de generalidade, de simplicidade e de independência recíprocas, três considerações que, embora distintas, concorrem ao mesmo fim. Desse modo, primeiro os fenômenos astronômicos, como sendo os mais gerais, simples e independentes de todos, e, sucessivamente, pelas mesmas razões, os fenômenos da física terrestre propriamente ditos, os da química, e enfim os fenômenos fisiológicos foram conduzidos às teorias positivas.

É impossível determinar a origem precisa dessa revolução, pois é possível dizer com exatidão, como de todos os outros grandes acontecimentos humanos, que se processou constante e gradativamente desde, de modo particular, os trabalhos de Aristóteles e da Escola de Alexandria e, em seguida, desde a introdução das ciências naturais na Europa ocidental pelos árabes. No entanto, já que convém fixar uma época para impedir a divagação das ideias, indicarei a data do grande movimento impresso ao espírito humano, há dois séculos, pela ação combinada dos preceitos de Bacon, das concepções de Descartes e das descobertas de Galileu, como o momento em que o espírito da filosofia positiva começou a pronunciar-se no mundo, em oposição evidente ao espírito teológico e metafísico. É então que as concepções positivas se desprenderam nitidamente do amálgama supersticioso e escolástico que encobria, de certo modo, o verdadeiro caráter de todos os trabalhos anteriores.

VI — Desde essa época memorável, o movimento de ascensão da filosofia positiva e o movimento de decadência da filosofia teológica e metafísica foram extremamente realçados. Pronunciaram-se, enfim, de tal modo que hoje se tornou impossível, a todos os observadores conscientes de seu século, desconhecer a destinação final da inteligência humana para os estudos positivos, assim como seu afastamento, de agora em diante irrevogável, destas vãs doutrinas e destes métodos provisórios, que só poderiam convir a seus primeiros passos. Essa revolução fundamental se cumprirá, assim, necessariamente em toda a sua extensão. Se lhe resta ainda alguma conquista a fazer, algum ramo principal do domínio intelectual a invadir, podemos estar certos de que a transformação se operará do mesmo modo por que se efetuou em todos os outros. Pois seria evidentemente contraditório supor que o espírito humano, tão disposto à unidade de método, conservasse indefinidamente, para uma única classe de fenômenos, sua maneira primitiva de filosofar, quando uma vez chegou a adotar para todo o resto novo andamento filosófico, de caráter absolutamente oposto.

Tudo se reduz, pois, a uma simples questão de fato. A filosofia positiva, que, nos dois últimos séculos, tornou gradualmente tão grande extensão, abraça hoje todas as ordens de fenômenos? É evidente que isto não ocorre e, por conseguinte, resta ainda uma grande operação científica a executar para dar à filosofia positiva este caráter de universalidade indispensável à sua constituição definitiva.

Nas quatro categorias principais de fenômenos naturais, enumeradas há pouco, fenômenos astronômicos, físicos, químicos e fisiológicos, notamos uma lacuna essencial relativa aos fenômenos sociais que, embora compreendidos implicitamente entre os fisiológicos, merecem, seja por sua importância, seja pelas dificuldades próprias a seu estudo, formar uma categoria distinta. Essa última ordem de concepções, que se reporta a fenômenos mais particulares, mais complicados e mais dependentes de todos os outros, teve necessariamente por isso de aperfeiçoar-se mais lentamente do que todos os precedentes, mesmo sem levar em conta os obstáculos mais especiais que consideraremos mais tarde. Seja como for, é evidente que ainda não entrou no domínio da filosofia positiva. Os métodos teológicos e metafísicos que, relativamente a todos os outros gêneros de fenômenos, não são mais agora empregados por ninguém, quer como meio de investigação, quer até mesmo como meio de argumentação, são ainda utilizados, nesta ou naquela direção, em tudo o que concerne aos fenômenos sociais, a despeito de essa insuficiência já ser percebida por todos os bons espíritos, cansados de vãs contestações intermináveis entre o direito divino e a soberania do povo.

Eis a grande mas, evidentemente, única lacuna que se trata de preencher para constituir a filosofia positiva. Já agora que o espírito humano fundou a física celeste: a física terrestre, quer mecânica, quer química; a física orgânica, seja vegetal, seja animal, resta-lhe, para terminar o sistema das ciências de observação, fundar a *física social*. Tal é hoje, em várias direções capitais, a maior e mais urgente necessidade de nossa inteligência. Tal é, ouso dizer, o primeiro objetivo deste curso, sua meta especial.

As concepções, que tentarei apresentar a respeito do estudo dos fenômenos sociais e de que espero fazer com que este discurso já deixe entrever o germe, não poderiam pretender dar imediatamente à física social o mesmo grau de perfeição que possuem os ramos anteriores da filosofia natural, o que seria evidentemente quimérico, porquanto estas já apresentam entre elas, a esse propósito, extremas desigualdades, aliás, inevitáveis. Mas serão destinadas a imprimir a essa última classe de nossos conhecimentos o caráter positivo que todas as outras já tomaram. Se essa condição for uma vez realmente preenchida, o sistema filosófico dos modernos estará fundado, enfim, em seu conjunto, pois nenhum fenômeno observável poderia evidentemente deixar de entrar numa das cinco grandes categorias, desde já estabelecidas: fenômenos astronômicos, físicos, químicos, fisiológicos e sociais. Homogeneizando-se todas as nossas concepções fundamentais, a filosofia constituir-se-á definitivamente no estado positivo. Sem nunca mais poder mudar de caráter, só lhe resta desenvolver-se indefinidamente graças a aquisições sempre crescentes, resultantes inevitáveis de novas observações ou de meditações mais profundas. Tendo adquirido com isso o caráter de universalidade que lhe falta ainda, a filosofia positiva se tornará capaz de substituir inteiramente, com toda a superioridade natural, a filosofia teológica e a filosofia metafísica, as únicas a possuir realmente hoje essa universalidade. Estas, privadas do motivo de sua preferência, não terão para os nossos sucessores além de uma existência histórica."

COMTE, Auguste. *Curso de filosofia positiva*. Tradução de José A. Giannotti. São Paulo: Abril Cultural, 1973. p. 13-14. (Col. Os Pensadores.)

UNIDADE 10

Até o próprio homem só pode ser conhecido pela ciência. Nascem as Ciências Humanas

Com o sucesso do conhecimento científico para a explicação dos fenômenos naturais (astronômicos, físicos, biológicos) e em decorrência do seus pressupostos filosóficos, a ciência passou a encarar também o homem como objeto de seu conhecimento, a ser abordado da mesma forma que os outros fenômenos naturais. O homem seria um ser natural como todos os demais (naturalismo), submisso às mesmas leis de regularidade (determinismo), acessível portanto aos procedimentos de observação, experimentação e mensuração (experimentalismo e racionalismo). Como pretendia Comte, é possível — e necessário — constituir uma **física social,** análoga à física natural.

Assim, ao longo da modernidade e, particularmente, a partir do século XIX, foram se constituindo as Ciências Humanas, com a pretensão de se configurar de acordo com os mesmos parâmetros das ciências naturais. Mas à medida que foram se desenvolvendo os estudos sobre os diferentes aspectos da fenomenalidade humana, os pesquisadores começaram a perceber que não prevalecia o paradigma epistemológico único representado pelo positivismo, ou seja, os pesquisadores se dão conta de que no caso do estudo e conhecimento do homem, outros paradigmas podem ser utilizados, com resultados igualmente satisfatórios no que concerne à eficácia explicativa. Rompe-se então o monolitismo do paradigma positivista e outros pressupostos epistemológicos são assumidos para fundamentar o conhecimento do homem. Esta a razão de se falar, na contemporaneidade, de um **pluralismo epistemológico,** ou seja, há várias possibilidades de se entender a relação sujeito/objeto quando da experiência do conhecimento, configurando-se várias perspectivas epistemológicas. Por sua vez, essas novas posições epistemológicas carregam consigo outros pressupostos ontológicos, ou seja, outras formas de cosmovisão que sustentam as concepções acerca da relação sujeito/objeto.

Na sua gênese, as Ciências Humanas procuraram praticar a metodologia experimental/matemática da ciência, assumindo os pressupostos ontológicos e epistemológicos do Positivismo. Mas as peculiaridades do modo de ser humano foram mostrando a complexidade do fenômeno humano e a insuficiência da metodologia positivista para sua apreensão e explicação. Por isso, mesmo sem abandonar a inspiração da tradição positivista, foram enriquecendo-a e aprimorando-a.

Desse modo, as pesquisas em Ciências Humanas passaram a se realizar sob a referência teórico-metodológica do **Funcionalismo**. O funcionalismo apoia-se no pressuposto da analogia que aproxima as relações existentes entre os diversos órgãos de um organismo biológico e aquelas existentes entre as formas de organização social e cultural. Para esse paradigma, a sociedade humana e a cultura são como um organismo, cujas partes funcionam para atender às necessidades do conjunto. Toda atividade social e cultural é funcional, ou seja, desempenha uma função predeterminada. Por isso, o papel das Ciências Humanas é de identificar objetivamente essas relações funcionais, descrevendo seus processos e explicitando suas articulações no interior da sociedade. Para tanto, elas precisam ser estabelecidas a partir de uma abordagem empírica, com métodos apropriados.

O **Estruturalismo** é outra corrente epistemológica, também inserida na tradição positivista, que muito marcou as Ciências Humanas, tendo como uma referência fundamental a obra de Claude Lévi-Strauss. Na verdade, teve sua origem mais imediata nos trabalhos de linguística desenvolvidos por Saussure, ao mostrar que a língua é de fato um sistema de signos que funciona independentemente das intervenções eventuais dos sujeitos. Esta ideia de que a estrutura é um microssistema anterior à intervenção histórica dos sujeitos acabou se generalizando para todo o âmbito da cultura, vista como um grande sistema de comunicação, como um grande sistema de signos, portador de suas leis e regras gerais que definem, aprioristicamente, as ações dos sujeitos.

Diálogo com Durkheim

Émile Durkheim, ao lançar as bases da construção do conhecimento sociológico, criava a ciência que se tornaria paradigmática para o conjunto das Ciências Humanas. No texto a seguir, ele se refere especificamente à constituição da Sociologia, mas os critérios postos para esta disciplina se estendem a todas as demais disciplinas que vão formar o grande universo das Ciências Humanas. No trecho transcrito, caracteriza o fato social como fenômeno a ser estudado pela nova ciência.

Sociólogo francês, nascido em 1858, considerado o instaurador da sociologia moderna. Junto com Marx e Max Weber, é tido como um dos principais nomes do pensamento sociológico. Escreveu livros que se tornaram clássicos, como *Da divisão do trabalho social* (1893), *Regras do método sociológico* (1895), *O suicídio* (1897) e *Formas elementares da vida religiosa* (1912). Faleceu em 1917. Sua influência foi marcante para o desenvolvimento dos estudos sociológicos, seja ao estabelecer as exigências para o procedimento de investigação social, seja ao defender a concepção da sociedade como um organismo integrado estrutural e funcionalmente.

"Estamos, pois, diante de uma ordem de fatos que apresenta caracteres muito especiais: consistem em maneiras de agir, de pensar e de sentir exteriores ao indivíduo, dotadas de um poder de coerção em virtude do qual se lhe impõem. Por conseguinte, não poderiam se confundir com os fenômenos orgânicos, pois consistem em representações e ações; nem com os fenômenos psíquicos, que não existem senão na consciência individual e por meio dela. Constituem, pois, uma espécie nova e é a eles que deve ser dada e reserva a qualificação de sociais. Esta é a qualificação que lhes convém; pois é claro que, não tendo por substrato o indivíduo, não podem possuir um outro que não seja a sociedade: ou a sociedade política em sua integridade, ou qualquer um dos grupos parciais que ela encerra, tais como confissões religiosas, escolas políticas e literárias, corporações profissionais etc. Por outro lado, é apenas a eles que a apelação convém, pois a palavra social não tem sentido definido senão sob a condição de designar unicamente fenômenos que não se englobam em nenhuma das categorias de fatos já existentes, constituídas e nomeadas. Estes fatos são, pois, o domínio próprio da Sociologia. É verdade que o termo coerção, por meio do qual o definimos, corre o risco de amedrontar os zelosos partidários de um individualismo absoluto. Como professam que o indivíduo é inteiramente autônomo, parece-lhes que o diminuímos todas as vezes que fazemos sentir que não depende apenas de si próprio. Porém, já que hoje se considera incontestável que a maioria de nossas ideias e tendências não são elaboradas por nós, mas nos vêm de fora, conclui-se que não podem entrar em nós senão através de uma imposição; eis todo o significado de nossa definição. (...)

Esta definição do fato social pode, além do mais, ser confirmada por meio de uma experiência característica: basta, para tal, que se observe a maneira pela qual são educadas as crianças. Toda a educação consiste num esforço contínuo para impor às crianças maneiras de ver, de sentir e de agir às quais elas não chegariam espontaneamente — observação que salta aos olhos todas as vezes que os fatos são encarados tais quais são e tais quais sempre foram. Desde os primeiros anos de vida, são as crianças forçadas a comer, beber, dormir em horas regulares; são constrangidas a terem hábitos higiênicos, a serem calmas e obedientes; mais tarde, obrigamo-las a aprender a pensar nos temais, a respeitar usos e conveniências, forçamo-las ao trabalho etc. etc. Se, com o tempo, esta coerção deixa de ser sentida, é porque pouco a pouco dá lugar a hábitos, a tendências internas que a tornam inútil, mas que não a substituem senão porque dela derivam. É verdade que, segundo Spencer, uma educação racional deveria reprovar tais procedimentos e deixar a criança agir em plena liberdade; mas como esta teoria pedagógica não foi nunca praticada por nenhum povo conhecido, não constitui senão um desiderato pessoal, não sendo fato que possa ser oposto àqueles que expusemos atrás. Ora, estes últimos se tornam particularmente instrutivos quando lembramos que a educação tem justamente por objeto formar o ser social; pode-se então perceber, como que num resumo, de que maneira este ser se constitui através da história. A pressão de todos os instantes que sofre a criança é a própria pressão do meio social tendendo a moldá-la à sua imagem, pressão de que tanto os pais quanto os mestres não senão representantes e intermediários (...)

Chegamos assim a conceber de maneira precisa qual o domínio da Sociologia, o qual não engloba senão um grupo determinado de fenômenos. O fato social é reconhecível pelo poder de coerção externa que exerce ou é suscetível de exercer sobre os indivíduos; e a presença deste poder é reconhecível, por sua vez, pela existência de alguma sanção determinada, seja pela resistência que o fato opõe a qualquer empreendimento individual que tenda a violentá-lo. Todavia, podemos defini-lo também pela difusão que apresenta no interior do grupo, desde que, de acordo com as precedentes observações, se tenha o cuidado de acrescentar como característica segunda e essencial que ele existe independentemente das formas individuais que toma ao difundir. (...)

Nossa definição compreenderá, pois, todo o definido, se dissermos: É fato social toda maneira de agir fixa ou não, suscetível de exercer sobre o indivíduo uma coerção exterior; ou então ainda, que é geral na extensão de uma sociedade dada, apresentando uma existência própria, independentemente das manifestações individuais que possa ter."

DURKHEIM, Émile. *As regras do método sociológico*. São Paulo: Companhia Editora Nacional, 1972. p. 4-5.

Émile Durkheim, sociólogo francês, é o criador da teoria social que pretende determinar regras válidas para os domínios da sociedade, das leis, da religião e da educação. Sua concepção fundamental é que os fatos sociais são independentes da consciência dos indivíduos.

Afiando FERRAMENTAS...

Trabalhando em conjunto com as outras disciplinas: a multidisciplinaridade em busca da interdisciplinaridade

O ensino da Filosofia no curso médio pode e deve realizar-se mediante uma atividade didático-pedagógica integrada com as demais disciplinas do currículo. Não por pura estratégia didática, mas em decorrência do próprio objetivo da formação integral dos alunos. Se o objetivo da formação filosófica é despertar os adolescentes para as dimensões fundamentais de sua existência real, quais sejam, a facticidade, a historicidade, a sociabilidade, a politicidade, a eticidade e a esteticidade, o ensino da Filosofia precisa envolver atividades com aquelas disciplinas que abordam essas dimensões. Para tanto, o professor de Filosofia deve buscar desenvolver um trabalho integrado com os seus colegas professores de História, de Geografia, de Arte, de Língua e Literatura e de Ciências Naturais, já que estas disciplinas tratam dos aspectos objetivos que concretizam essas dimensões existenciais. Com base nos aspectos comuns que unem o conteúdo antropológico da Filosofia com os conteúdos específicos das demais disciplinas do currículo do curso médio, a programação do componente de Filosofia se articulará, mediante módulos temáticos especiais, com as programações das mesmas, viabilizando atividades didáticas integradas e complementares.

Bem, se as duras circunstâncias da vida escolar não estimulem nem viabilizem esse modo de trabalhar, mesmo assim o professor de Filosofia pode estabelecer, a partir de sua própria programação, essas relações. Pode fazer isso inclusive envolvendo os próprios alunos, como se verá no tópico sobre a atuação operativa da classe.

No atual estágio de desenvolvimento da Filosofia, da cultura e das ciências, o conhecimento do ser humano pressupõe a contribuição de diversos campos de saberes. Ao contrário do que aconteceu no início da Modernidade, hoje a Filosofia não está em conflito com as Ciências na hora do conhecimento dos diversos aspectos da realidade. O que diferencia a Filosofia em relação à Ciência não são os **objetos,** mas o **método de abordagem** deles. Assim, quando a Filosofia quer pensar o homem, ela recorre às conclusões das Ciências Humanas e as leva em consideração ao desenhar a imagem do homem.

Por isso, quando queremos levar o aprendiz do ensino médio a conhecer filosoficamente sua realidade histórica e existencial, o intercâmbio de referências com as demais ciências que ele está estudando simultaneamente é mais que bem-vindo, é até mesmo, necessário. Assim, não é possível compreender a historicidade da vida humana sem recorrer aos subsídios das Ciências Históricas; não é possível compreender as relações sociais entre os homens, sem os subsídios das Ciências Sociais; o pertencimento cósmico, sem o conhecimento de nossa infraestrutura material que nos é informada pelas Ciências Físicas; nossa condição de organismos vivos, sem a contribuição da Biologia, e assim por diante.

Enfim, seja qual for o tema trabalhado no componente curricular de Filosofia, ele pode ser abordado também pelas outras disciplinas.

É de se desejar que esse fosse um trabalho interdisciplinar, essa é a meta... mas, nessa fase da formação intelectual do adolescente, trata-se ainda de uma atividade multidisciplinar, não necessariamente interdisciplinar. Também não se trata da prática da transversalidade, de que tanto se fala em nossos ambientes, depois dos Parâmetros Curriculares Nacionais.

Por isso, vou aproveitar o ensejo para clarear um pouco mais esses conceitos, para uso dos professores...

Disciplinaridade é a característica da abordagem fundada na prática do conhecimento compreendido como emoldurado numa determinada disciplina, recortando-se assim uma determinada área, um campo epistêmico. É uma forma de estruturação e organização dos conhecimentos sobre determinados objetos sob a perspectiva exclusivamente epistêmica. Envolve a ideia de um corpo de conhecimentos, com uma configuração sistemática e uma metodologia rigorosa de construção. Modo de organização do conhecimento na cultura ocidental quando de sua vinculação direta aos processos de transmissão (via ensino) e de apropriação (via aprendizagem).

Ocorre um conhecimento **multidisciplinar** quando um objeto, evento ou situação pode ser trabalhado sob vários enfoques disciplinares, mas cada um atuando autonomamente, um enfoque subsistindo independentemente do outro.

Tal condição pode ser esclarecida intuitivamente quando se fala, por exemplo, de uma equipe ou de um grupo multidisciplinar. Ou então como um congresso, um simpósio de especialistas. A multidisciplinaridade exige, então, de saída, a presença e a participação de especialistas procedentes de diversas áreas de conhecimento ("disciplinas"). Mas o encontro, o ajuntamento de especialistas de áreas diferentes, por si só, não garante o trabalho interdisciplinar, pois este só pode referir-se ao conhecimento efetivamente produzido pelo grupo, conhecimento que precisa ter um alto grau de integração, como resultado do desdobramento daquela complexidade do objeto pesquisado, analisado.

Sem dúvida, a multidisciplinaridade é condição prévia para uma abordagem interdisciplinar, entendida como articulação integrada de diversos olhares disciplinares. Mas o resultado desses olhares precisa ser integrado, unitário, é síntese da complexidade essencial. É o reconhecimento de que os objetos, eventos e situações não existem atomisticamente, separados e isolados.

Esta integração se dá pela **interdisciplinaridade**. O conhecimento interdisciplinar é a resposta à complexidade do objeto, do evento ou da situação, elementos que só são compreensíveis se o sujeito cognoscente levar em conta todos os aspectos neles envolvidos. Um conhecimento simples não dá conta do significado completo do objeto.

Reconhece-se então que objetos, eventos ou situações são fenômenos complexos, irredutíveis a uma explicação simples, unívoca. Mas impõe-se esclarecer que não se trata de uma complexidade puramente estrutural, que parece encontrar-se presente de forma universal em todas as manifestações fenomênicas do real. É que para dar conta desse tipo de complexidade, que denomino como "complexidade estrutural", basta que o conhecimento seja multidisciplinar e não necessariamente interdisciplinar. O que está em pauta é uma "complexidade essencial", qualitativa que é, aí sim, uma característica que gera a necessidade do enfoque interdisciplinar. É a realidade do objeto, do evento ou da situação que é complexa no que concerne a suas causas, a sua gênese, a seu desenvolvimento, não por mera justaposição de aspectos, mas pela sua integração constitutiva.

Já no **transdisciplinar**, pretende-se diluir as fronteiras disciplinares, sob a intenção de um saber comum, unitário. Tem se generalizado, em função da busca de novos paradigmas epistemológicos que vêm ocorrendo na atualdade, o uso do conceito de transdisciplinaridade. Distintamente do conceito de multidisciplinaridade, a interdisciplinaridade também se distingue do conceito de transdisciplinaridade. Apesar de muitas vezes serem tomadas, no ambiente acadêmico, como sinônimas, são conceitos distintos. A começar pelo fato de que a transdisciplinaridade rompe com a esfera epistêmica da disciplinaridade do saber para alcançar um além do saber disciplinar. Abrange todas as demais esferas da sensibilidade humana, indo além daquela puramente epistêmica, do conhecimento *stricto sensu*. A perspectiva transdisciplinar se abre então para a experiência estética, religiosa, ética etc. Adensa a interdisciplinaridade, mas vai além do diálogo, da interação entre as abordagens das diversas disciplinas. Na verdade, este conceito acena para uma **outra** forma de conhecimento que não o lógico-racional. Pressupõe uma outra concepção do alcance do território da subjetividade humana. Está aqui em pauta uma discussão que vai muito além daquela tratada neste texto e em nosso contexto.

Também não há que confundir interdisciplinaridade com **transversalidade**, outra categoria que entrou na ordem do dia. Aqui está posta fundamentalmente uma situação intrínseca aos processos subjetivos de compreensão e de aprendizagem. O sentido de um objeto pode ser apreendido, construído no sentido de outro objeto, dar-se conta de um conteúdo quando se trabalha um outro conteúdo. Assim, um conteúdo ético pode ser identificado num conteúdo disciplinar da Biologia.

A transversalidade tem a ver antes com uma estratégia do ensinar e do aprender, que atua como que por um processo de associação entre elementos de diversos conteúdos temáticos. Sem dúvida, a própria possibilidade dessa associação já testemunha a complexidade do real bem como o fundamento do interdisciplinar, mas ela não é processo idêntico ao da interdisciplinaridade.

Concluindo, o olhar de uma única ciência não esgota o conteúdo significativo de um objeto, por mais que se possa isolá-lo. Mas também não basta somar, justapondo-os, múltiplos olhares. O olhar interdisciplinar procura exatamente recompor o tecido do real, na sua complexidade, tramando os significados.

As parcerias na transposição didática...

Na lide com a dimensão histórica e social da existência, o professor de filosofia pode desenvolver um trabalho conjunto com os professores de história, de geografia e de outros componentes em que se realizam abordagens de resgate da memória histórica da espécie. De modo geral, os alunos dos diversos níveis de ensino se sensibilizam a essas retomadas.

No âmbito da história, todos os resgates da memória são modalidades bem concretas para suscitar no jovem educando a percepção da historicidade humana. Graças a eles, é possível concretizar a experiência do tempo histórico que é o tempo humano, no qual se desdobram as práticas humanas que vão construindo o mundo e não apenas acumulando objetos. Logo se vê que se trata de uma temporalidade intimamente ligada à transformação, à criação de coisas novas, à organização e à reorganização constantes da nossa vida. É hora de mostrar a diferença radical entre a evolução natural, biológica, sofrida pelos demais seres vivos, da história humana, processo construído pela intervenção dos homens, graças a suas práticas intencionalizadas.

Já a geografia permite trabalhar a antropologização do espaço natural e sua transformação em espaço social, com tudo que isso implica termos de criação de relações políticas entre os homens.

Mas não se trata de perder de vista a radical facticidade humana, ou seja, a condição de imanência do homem na natureza físico-biológica. Daí a grande contribuição das ciências naturais para a explicitação dessa condição. O homem faz parte da natureza cósmica, do mundo material, da vida orgânica. Física, Biologia e ciências ambientais fornecem sugestivos pontos de encontro nessa problematização, permitindo despertar o interesse dos alunos para questões relevantes do ponto de vista filosófico.

O seguinte esquema poderia ilustrar, sinótica e sinteticamente, essa articulação:

Disciplinas	Abordagem	Temáticas filosóficas
HISTÓRIA	A humanidade se construiu pela prática ao longo do tempo,	Historicidade e praxidade humana.
GEOGRAFIA, SOCIOLOGIA	... ocupando o espaço social	A sociabilidade do homem, sua inserção na sociedade, na trama das relações de poder, exigindo do homem uma sensibilidade aos valores éticos e políticos.
CIÊNCIAS NATURAIS	e o espaço ambiental de seu hábitat natural,	A facticidade da espécie humana, a inserção do homem corporal no mundo da natureza física e biológica.
COMUNICAÇÃO E ARTES	servindo-se do conhecimento, que se expressa sob diferentes modalidades de linguagens, para nortear sua existência feita de práticas históricas.	A sensibilidade e a expressão estéticas.

UNIDADE 11

Mais recentemente, no entanto, a Filosofia constata a insuficiência não só da metafísica, mas também da própria ciência e propõe se tornar dialética

A filosofia atual no Ocidente vem se traduzindo num esforço de superar tanto a visão essencialista quanto a visão naturalista da realidade. A filosofia contemporânea não quer mais construir uma imagem metafísica nem uma imagem exclusivamente científica do mundo nos moldes positivistas. Ela desenvolve então um esforço para instaurar um novo modo de pensar de maneira a constituir uma imagem que integre os aspectos válidos dessas imagens anteriores, mas numa síntese que avance, enriquecendo ainda mais a compreensão da realidade.

Esse terceiro momento dessa grande aventura do espírito humano na história de sua cultura pode ser designado como aquele marcado pelo *modo dialético* de pensar. Ele vem instaurando, desde o século passado, uma nova tradição filosófica. O elemento fundamental dessa tradição dialética, como veremos nesta Unidade, está no princípio básico de compreensão do real e do conhecimento que dele temos, que é a sua condição de radical historicidade. Isso quer dizer que a realidade não é mais vista nem como um conjunto de entidades metafísicas, eternamente determinadas, nem como um conjunto de entidades naturais, determinadas pelas leis mecânicas da natureza física. Em verdade, ela é tudo isso, mas é ainda muito mais: ela vai se constituindo num processo histórico resultante, a cada momento, de múltiplas determinações, e esse movimento de constituição decorre de forças contraditórias que atuam no interior dessa própria realidade.

É no pensamento de Hegel que se encontra a primeira sistematização da perspectiva dialética

As expressões culturais da filosofia que estão nas raízes da tradição dialética são basicamente o hegelianismo e o marxismo, duas tendências que se aproximam metodologicamente. Mas a perspectiva de dialeticidade na abordagem do real não é exclusiva dessas escolas filosóficas particulares, ela vai se fazendo presente na maioria das tendências vivas da filosofia contemporânea, ainda quando herdeiras de outras tradições.

A tradição dialética se consolidou no século XIX graças sobretudo ao trabalho filosófico de Hegel, de Marx e de Engels. Mas ela tem origens muito antigas. Com efeito, quando falamos da filosofia grega pré-socrática, referimo-nos rapidamente a *Heráclito*, para quem o elemento primordial da constituição do mundo era o *fogo*; o fogo era a *arqué*. Mas por que o fogo? Heráclito, nos poucos fragmentos que restaram de sua obra, expressa a opinião de que tudo está em contínua transformação, em um total processo de mudança incessante. Usa a imagem do rio para mostrar essa ideia: nunca podemos nos banhar duas vezes no mesmo rio, pois, quando mergulhamos na segunda vez, já não é mais o mesmo rio! Para ele, o verdadeiro princípio da realidade é o movimento.

Ora, já vimos que, para os gregos, o movimento, a mudança, a história, o tempo eram situações que eles não apreciavam! Por isso mesmo, as intuições de Heráclito não tiveram repercussão na época e prevaleceram aquelas de *Parmênides*, que, ao contrário de Heráclito, achava que a mudança não passava de ilusão. E Heráclito foi marginalizado na filosofia ocidental por cerca de dois mil anos! É exatamente *Hegel* quem vai resgatá-lo no alvorecer do século XIX.

Em Hegel, a expressão *Dialetik* representa o raciocínio que caminha da afirmação (tese) à afirmação contrária (antítese), até a conciliação das ideias (síntese).

Zenão de Eleia (esq.) cunhou a palavra *dialectica* no sentido de arte da conversa. Uma arte ensinada pelos sofistas na Grécia, século V a.C. **Louis Lavelle** (dir.) denomina dialética da participação o modo de conquistar o mundo por uma série de vitórias sucessivas.

De fato, toda a filosofia ocidental, desde Sócrates até o século XIX, foi dominada pela concepção de Parmênides, ou seja, que o uno, o imutável, o idêntico é superior ao que é múltiplo e mutável. Bem de acordo com a ideia grega do *logos*! Por isso, no plano da lógica do pensamento, a filosofia ocidental se apoia numa espécie de lei fundamental do pensamento que é o *princípio da identidade*: ele se expressa sob a forma A = A, isto é, todo ente é igual a si mesmo, ou dito negativamente, um objeto não pode ser, ao mesmo tempo e sob o mesmo aspecto, igual e diferente em relação a si mesmo.

Ora, é exatamente esse princípio da identidade que vai ser questionado pela lógica dialética que admite a possibilidade de um objeto ser, ao mesmo tempo e sob o mesmo aspecto, igual e diferente de si mesmo. Surge então um novo princípio lógico: o *princípio da contradição*.

Foi pensando nessa possibilidade que Hegel concebeu sua filosofia que valoriza a história, a evolução, a transformação! Para ele, o real no seu conjunto e todas as coisas em particular só existem em um processo contínuo de mudança e, o que é mais importante, trata-se de uma evolução por contradição: esse é o *processo dialético*! As coisas vão evoluindo, vão mudando porque no seu próprio interior elas contêm sua própria negação, cada coisa sendo, portanto, ao mesmo tempo, igual a si mesma e ao seu contrário! Por isso, todas elas são atravessadas por um *conflito interno*, a *luta dos contrários*, que as obriga a mudar passando sempre por um momento de afirmação, por um momento de negação e por um momento de superação, cada um deles se posicionando em relação ao seu anterior. É a famosa concepção da tríade dialética: a *tese*, a *antítese* e a *síntese*.

Para Hegel, a contradição é o próprio motor do processo de evolução do real: toda afirmação aparece como momento provisório que deve ser necessariamente negado para ser ultrapassado. Cada estágio fenomenal, cada estado individual ou coletivo, cada figura do real não vai permanecer idêntico a si mesmo o tempo todo: necessariamente, pela força do conflito interno, é impelido para se transformar no seu contrário. Mas também não fica aí muito tempo, pois é de novo lançado rumo a sua própria negação que envolve a recuperação dos aspectos positivos do primeiro momento e a criação de uma nova configuração.

Podemos tomar como exemplo, a título de uma ilustração bem simplificada, o caso da formação do ser humano individual. Essa formação começa no estágio da infância: é o momento da vida infantil. A criança é um organismo vivo que mal se desprega do mundo natural, como que prolongando sua vida uterina, confundindo-se com o mundo que a envolve, não se distinguindo dos objetos. Faz corpo com seu ambiente, não tem consciência da própria autonomia. É o seu momento de tese.

Mas, na vida do ser humano, esse estágio é logo negado pelo estágio da adolescência. É o estágio em que o indivíduo se nega como criança, recusa a condição infantil e se representa como absolutamente autônomo, quer viver como se não dependesse de mais ninguém. Daí os famosos conflitos. Nega tudo que representa questionamento dessa sua autonomia, rebela-se contra toda autoridade. Nega para se afamar num outro patamar. Momento de antítese.

Mas eis que chega a idade adulta: o que é de fato amadurecer, ser adulto? É dar-se conta de que não se é mais nem tão dependente do outro (como vivenciava a criança) nem tão independente em relação ao outro (como extrapolava o adolescente): o adulto é um ser autônomo dentro de limites objetivos que condicionam todo indivíduo humano. Momento de síntese.

Este movimento de evolução e transformação por contradição é o *processo dialético* que permite assim vencer as próprias contradições. E para Hegel este era um movimento presente tanto no real como no pensamento. É que, como filósofo e metafísico idealista, Hegel fundia ser e pensar numa unidade. Com efeito, entendia que a substância da realidade era o próprio espírito, a Razão, a Ideia. Tudo o que existe é uma manifestação da Ideia que está evoluindo rumo ao Espírito. Por isso, a natureza física assim como a sociedade humana são apenas *figuras* do Espírito. É que a totalidade do real, num primeiro momento, é a *Ideia* (tese); num segundo momento, é a *Natureza* (antítese), negação da Ideia; num terceiro momento, é o *Espírito* (síntese), negação/retomada/superação da Ideia e da Natureza.

Portanto, Hegel *inverte* as posições: é o ideal que explica o real e não o contrário. Para ele, não há mais distinção entre o real e o racional, entre ser e pensamento, entre sujeito e objeto. Hegel pratica, quanto ao conteúdo de seu pensamento, uma metafísica idealista absoluta.

Marx contesta o idealismo de Hegel mas mantém seu método dialético...

Com efeito, Marx não podia concordar com essa metafísica idealista de Hegel. Mas, embora discordando dessa posição metafísica, vai aproveitar a sua lógica dialética. Só que vai aplicá-la tão somente ao mundo da realidade histórica concreta, ou seja, à natureza e sobretudo à sociedade.

Para Marx, a realidade natural e social de fato evolui por contradição, ou seja, são os conflitos internos dos objetos e das situações que provocam as mudanças que ocorrem então dialeticamente. Mas isso não significa que a história vai acontecendo independentemente da interferência dos homens. Ao contrário, a intervenção dos homens, através de sua prática, é indispensável e fundamental.

É por isso que a filosofia de Marx se propõe como uma *filosofia da práxis*, isto é, a atividade reflexiva, o conhecimento, o trabalho teórico dos homens não têm por finalidade apenas especular sobre o sentido das coisas, mas justamente fundamentar sua ação concreta com vista a organizar a vida social. Segundo Marx, os filósofos não devem apenas interpretar o mundo, porque o que realmente importa é transformá-lo.

A crítica de Marx é dirigida imediatamente à filosofia alemã da época, muito influenciada pelo hegelianismo. Mas, de fato, ela se refere a toda a filosofia idealista, à metafísica, a toda forma puramente especulativa de pensamento. O que Marx está criticando é o pensamento desvinculado da prática social real dos homens, porque a atividade consciente, na sua visão, só se justifica se ela for realmente crítica, ou seja, capaz de apreender a realidade sem cair na *alienação* e sem ser envolvida pela *ideologia*.

A alienação, de modo geral, é o estado do indivíduo que não mais se pertence, que não detém o controle de si mesmo, que está privado dos seus direitos fundamentais, passando a ser como uma coisa. Está alienado, portanto, quem está fora de si, quem perdeu sua própria identidade, tornando-se um outro de si mesmo. Assim, a alienação, para Marx, é o processo de despossessão, vivido pelo sujeito humano que perde sua própria essência, que é projetada em outro sujeito. No seu entendimento, a alienação fundamental é aquela que ocorre na prática do trabalho, no sistema capitalista, onde o proletário é separado dos meios e dos produtos de sua atividade produtiva, sua obra sendo apropriada pelo outro, o capitalista.

Mas ela pode ocorrer também na atividade subjetiva quando o homem deixa de pensar por si mesmo e passa a pensar por outro: é o que ocorre na ideologia. Trata-se da situação em que o indivíduo assume, como representante de sua classe social, ideias de outra classe social geralmente dominante. Toma-se como universal o pensamento de um grupo social particular! Ocorre assim uma alienação da consciência e uma dominação ideológica por parte daquela consciência que impôs, por convencimento, a sua própria ideia.

Vamos voltar ainda a essa questão da ideologia, a fim de abordá-la mais a fundo. Por enquanto basta dizer que ela é um conjunto de representações ideais (conceitos e valores) elaborado e difundido por grupos particulares dominantes no todo da sociedade, como se essas ideias expressassem a verdade da situação de todos os indivíduos. No entanto, elas representam unicamente o ponto de vista e o interesse do grupo social dominante, mascarando e ocultando a verdadeira realidade social, impedindo assim que os dominados se desalienem e reivindiquem seus próprios direitos.

Por que a perspectiva dialética é a síntese superadora da metafísica e da ciência? Porque se trata de uma concepção do real e do pensamento que avança em relação a elas não só por negação mas também por recuperação de seus aspectos criativos e por superação dos seus aspectos regressivos! Ao dar-se conta do caráter contraditório do pensamento e do real, a filosofia dialética superou os impasses e as parcialidades dos pensamentos metafísico e científico. Tornou possíveis a evolução, a criação do novo, a historicidade, a prática subjetivizada dos homens.

Assim, por exemplo, a oposição sujeito/objeto no conhecimento era um problema insuperável nas perspectivas metafísica e científica. Ou o objeto ou o sujeito se impunham. Para a perspectiva dialética, nenhum deles se impõe isoladamente, uma vez que ambos são constituídos, assim como sua relação recíproca, pelo processo histórico-social. Um depende do outro e ambos dependem da realidade histórica. Assim, o sujeito (o homem como ser subjetivo, consciente, capaz de reflexão) dá-se conta de que, embora condicione a posição do objeto (parte de verdade das filosofias subjetivistas), não o constitui integralmente (parte de verdade das filosofias positivista e realista); o objetivo, por sua vez, por mais autônomo que seja, não mais se impõe dogmaticamente ao sujeito como pura positividade empírica ou como entidade metafísica (erro das filosofias positivista e realista). O sujeito se reconhece no fluxo da contingência do existir natural e social, reino do objeto (verdade do naturalismo e do positivismo) que, de seu lado, só tem sentido para um sujeito (verdade da filosofia subjetivista) que é, na realidade, um sujeito coletivo.

Por outro lado, o real se constitui da totalidade do universo, totalidade esta que vai se realizando num processo histórico, do qual cada momento é resultante de múltiplas determinações (naturais, sociais, culturais). O processo histórico de constituição do real segue "leis" que não se situam nem no plano da determinação metafísica nem no plano da necessidade científica, nem se formaliza mais na linearidade da lógica formal regida pelo princípio da identidade.

Do mesmo modo, o homem também é uma entidade natural histórica, determinado pelas condições objetivas de sua existência, mas, ao mesmo tempo, cria a sua história ao atuar sobre as condições objetivas, transformando-as por meio de sua práxis.

Igualmente, dada essa sua condição, o seu agir não pode mais guiar-se apenas por valores essencialistas puramente metafísicos nem por valores puramente técnico-funcionais. O fundamento ético de sua prática é necessariamente político, uma vez que toda ação humana está envolvida com as relações de poder que atravessam o contexto social da existência humana.

ESCLARECENDO ALGUNS CONCEITOS

Contradição: oposição entre dois polos incompatíveis, um afirmando, outro negando, ao mesmo tempo, algo de uma mesma coisa. Conflito real e histórico, luta de forças que se contrapõem no interior do real e do pensamento, toda situação/afirmação aparecendo apenas como um momento provisório que deve ser necessariamente negado para ser superado.

Dialética: processo de superação da contradição; movimento do real, por cuja dinâmica interna um dado elemento é negado pelo seu contrário que, por sua vez, é também negado e superado por um novo elemento, numa sequência permanente de afirmação, negação e superação; método de pensamento adequado para o entendimento desse processo.

Alienação: estado do indivíduo que não mais se pertence, que não mais detém o controle de si mesmo ou que se vê privado dos seus direitos fundamentais, passando a ser considerado uma coisa; processo pelo qual um ser se torna outro, distinto de si mesmo, ficando estranho a si mesmo, perdendo-se ao projetar sua identidade em outro, fora de si; processo ou estado de despossessão de si, vivida pelo sujeito humano, perda de sua própria essência que é projetada em outro sujeito.

Trabalhando e debatendo
a temática da Unidade

Questões e atividades

- Retome, em textos de história da filosofia, e as compare entre si, as posições de Parmênides e Heráclito com relação ao processo de mudança das coisas.
- Contraponha, explicitando-os, os princípios de identidade e de contradição.
- Procure explicitar os pontos de concordância e de discordância entre as posições filosóficas de Marx e de Hegel.

Diálogo com Hegel

Os trechos que são transcritos aqui foram selecionados e traduzidos por Corbisier e são retirados sobretudo da *Ciência da lógica*. Referem-se particularmente à natureza do processo dialético e da contradição. Trata-se de discurso de difícil apreensão, dado o próprio caráter do pensamento desse autor. Por essa razão sua leitura precisa ser subsidiada por exposições do professor.

Georg Wilhelm Friedrich Hegel, um dos mais significativos nomes da filosofia ocidental, nasceu em Stuttgart, Alemanha, em 1770. Estudou filosofia em Tübingen, tendo sido preceptor particular, diretor de ginásio e professor nas Universidades de Iena, Heidelberg e de Berlim, da qual chegou a ser reitor. Hegel elaborou um sistema filosófico extremamente complexo, no âmbito do idealismo alemão. Influenciado pelo kantismo, pelo romantismo, pelo misticismo religioso, criou um sistema que pode ser designado como um *monismo panteísta*, ou seja, a totalidade do real forma uma unidade, nela incluindo-se o próprio Deus. Só que essa totalidade/unidade é trabalhada internamente por uma força imanente que a obriga a se transformar permanentemente, num processo evolutivo incessante. Esse processo de desenvolvimento e formação do real se dá, pois, em decorrência de uma *luta dos contrários*. Obedece assim à *lei dialética*, em função da qual cada ser só se constitui num tríplice movimento de afirmação, negação e superação (tese, antítese, síntese). Toda mudança se dá, pois, dialeticamente, movida pela força da contradição.

A dialética se aplica também ao pensamento cuja lógica segue as mesmas leis de evolução por contradição. Assim, Hegel é o sistematizador do método dialético de pensamento: não mais fundado no princípio de identidade, mas no princípio de contradição.

Hegel se impressionou também com a Revolução Francesa e com Napoleão. Acabou se transformando num defensor do Estado autoritário prussiano, no qual via afinidade com o seu modelo filosófico de Estado.

Hegel tem uma extensa e complexa bibliografia, abordando temas político-religiosos e sobretudo filosóficos. Dentre seus escritos, se destacam: *A fenomenologia do espírito* (1807); *Introdução à História da Filosofia* (1816); *A ciência da Lógica* (1817); *Enciclopédia das ciências filosóficas* (1817).

Hegel exerceu grande influência sobre a filosofia ocidental posterior, sobretudo no que concerne à visão dialética da realidade. É assim que Marx, mesmo rejeitando todo o conteúdo metafísico de seu pensamento, apropriar-se-á de seu método dialético na concepção do saber e da realidade.

"Esse pensamento, que a contradição é essencialmente e necessariamente posta na razão pela determinação do entendimento, assinala o progresso mais importante e mais profundo da filosofia moderna."

"Os Eleatas, e mais particularmente Parmênides, viam no simples pensamento do *ser puro* o Absoluto e a única verdade: e, nos fragmentos que chegaram até nós, acha-se formulada pela primeira vez, em sua abstração absoluta e com o ardor de um puro entusiasmo intelectual, este pensamento: *somente o ser é, o nada não existe*. O Nada, o vazio, constitui, como é sabido, o princípio absoluto dos sistemas orientais, principalmente do budismo. O profundo Heráclito opôs, a essa abstração simples e unilateral, o conceito total e superior do vir-a-ser, dizendo: *o ser não é mais do que o nada*, ou ainda, *tudo corre*, o que equivale a dizer que tudo é vir-a-ser, devenir."

"... nada há no céu e na terra que não contenha, ao mesmo tempo, o ser e o nada."

"A unidade do ser e do nada tendo sido adotada, de uma vez por todas, como sendo a primeira verdade, a verdade que está na base de tudo aquilo que se segue..."

"Um ser definido, um ser finito é um ser que se refere a outra coisa; é um conteúdo que se acha em relações necessárias com outros conteúdos, com o mundo inteiro."

"É no vir-a-ser que existe a distinção entre o ser e o nada, e o vir-a-ser só é possível em virtude dessa distinção. Mas o vir-a-ser, por sua vez, não se confunde nem com o ser nem com o nada; ambos existem nele, o que equivale a dizer que não existem para si mesmos. O vir-a-ser compreende tanto o ser quanto o não ser: só existem enquanto estão no *Uno* e é isso que apaga sua diferença."

"A síntese contém e salienta a não verdade dessas abstrações, em si mesmas, essas abstrações formam uma unidade com outra coisa, quer dizer, não existem por si mesmas, enquanto absolutas, mas apenas e unicamente enquanto relativas."

"... a despeito de sua simplicidade, talvez mesmo por causa dela, a proporção de acordo com a qual a negação da negação corresponderia a algo de positivo parece uma banalidade, indigna da atenção do orgulhoso entendimento. E no entanto, não exprime apenas uma coisa justa, mas, em virtude da generalidade das determinações desse gênero, essa proposição é susceptível de uma extensão infinita e de uma aplicação universal..."

"O raciocínio que acabamos de citar, e que repousa na hipótese da separação absoluta entre o ser e o nada, sem ir além, não é *dialético* mas *sofístico*. Pois a sofística é um raciocínio que parte de uma hipótese infundada, aceita sem crítica nem reflexão, ao passo que chamamos de *dialética* o movimento racional superior, graças ao qual esses termos, aparentemente separados, passam uns nos outros espontaneamente, em virtude mesmo do que são, a hipótese de sua separação achando-se, assim, eliminada. É em virtude da natureza dialética que lhes é imanente, que o ser e o nada manifestam sua unidade e sua verdade no vir-a-ser."

"O vir-a-ser é, assim, duplamente determinado: uma dessas determinações é constituída diretamente pelo nada, quer dizer, o vir-a-ser começa pelo nada que se refere ao ser ou, mais exatamente, que passa ao ser; a outra é constituída pelo ser, o vir-a-ser começando pelo ser que se refere ao nada, ou, mais exatamente, que passa ao nada: *aparecimento* e *desaparecimento*."

"... o que é suprimido é, ao mesmo tempo, o que é conservado, tendo perdido somente sua imediatidade, sem ser por isso destruído'... Só se suprime uma coisa fazendo que essa coisa forme uma unidade com seu contrário..."

"A determinação é a negação, considerada do ponto de vista afirmativo. É a proposição de Spinoza: *omnis determinatio est negatio*, de importância infinita..."

"... a *negação em geral* deve distinguir-se da segunda negação, que é a *negação da negação*, negatividade concreta absoluta, assim como a primeira é a negatividade abstrata."

"Todavia, um exame mais profundo da natureza antinômica, ou, mais exatamente, dialética, da razão mostra que *cada* conceito constitui uma unidade de momentos opostos aos quais se poderia, consequentemente, dar também a forma de afirmações antinômicas."

"... queremos falar da contradição, cujo princípio deve ser assim enunciado: *todas as coisas são contraditórias em si mesmas*, dando a essa proposição um sentido tal que seja considerada como expressão, ao contrário das outras, da essência e da verdade das coisas. A contradição que se afirma na oposição não passa do nada desenvolvido, implícito na identidade e expresso na proporção segundo a qual o princípio de identidade *nada* nos ensina. Essa negação, continuando a determinar-se, tornar-se diversidade e oposição, quer dizer, contradição."

"Mas um dos principais preconceitos da Lógica, tal como foi compreendida até hoje, e da representação, consiste em ver na contradição uma determinação menos essencial e imanente do que a identidade; ora, se fosse o caso de hierarquia e se fosse preciso persistir em manter essas duas determinações isoladas uma da outra, é a contradição que seria a determinação mais profunda e essencial. Porque a identidade, comparada com ela, é a determinação do simples imediato, do ser morto: mas a contradição é a raiz de todo movimento e de toda manifestação visual; somente na medida em que encerra uma contradição, uma coisa é capaz de movimento, de atividade, de manifestar tendências ou impulsos."

"A contradição é, geralmente, o que se afasta em primeiro lugar das coisas, do ser e do verdadeiro em geral: diz-se, notadamente, que nada é contraditório. Em segundo lugar, ao inverso, fazem-na refluir para a reflexão subjetiva, dizendo que é essa reflexão que põe a contradição, à força de relacionamentos e de comparações. Mas não se poderia dizer que existe nem mesmo nessa reflexão, pois o contraditório não poderia ser nem representado nem pensado. Quer se trate da realidade ou da reflexão pensante, a contradição é considerada simples acidente, para não dizer anomalia ou paroxismo mórbido passageiro."

"Quanto à afirmação de que não haveria contradição, que a contradição não seria uma coisa existente, não nos deve preocupar. Uma determinação absoluta da essência deve encontrar-se em toda experiência, em que tudo o que é real, em todo conceito"... "Mas é um fato de experiência cotidiana que há uma multidão de coisas contraditórias, de instituições contraditórias etc., cuja contradição não tem origem apenas na reflexão exterior, mas reside nas coisas e nas instituições elas mesmas. A contradição não deve, tampouco, ser considerada simples anomalia, que se observaria aqui e acolá, porque é o negativo, segundo sua determinação essencial, é o princípio de todo movimento espontâneo, que não passa da manifestação da contradição. O movimento exterior sensível é o seu ser-aí imediato. Esse movimento não deve ser compreendido como se a coisa se encontrasse, em dado momento, aqui, e, no momento seguinte, alhures, mas *aqui* e *não-aqui* no mesmo momento, e a coisa como sendo e não sendo, ao mesmo tempo, no mesmo agora. Pode-se compreender que os antigos dialetos tivessem razão, quando denunciavam as contradições que o movimento comporta; disso, porém, não se segue que o movimento não existe, mas que o movimento é a própria contradição, pelo simples fato de estar-aí."

"Assim também, o movimento espontâneo interno, propriamente dito, tendência ou impulso em geral (apetição ou *nisus* da mônada, *entelechia* do ser absolutamente simples), significa, apenas, que em uma única e mesma relação uma coisa existe em si e é, ao mesmo tempo, sua própria falta (carência) ou seu próprio negativo. A abstrata identidade consigo mesma não corresponde ainda a nada de vivo, mas, pelo fato de o positivo ser por si mesmo negatividade, sai de si mesmo e entra na mudança. Uma coisa só é viva na medida em que encerra uma contradição e tem a força de assumi-la e sustentá-la. Mas, quando uma existência é incapaz, em sua determinação positiva, de passar à determinação negativa e de conservá-las uma na outra, ou, com outras palavras, quando é incapaz de suportar sua contradição interna, não é uma unidade viva, e sucumbe à sua contradição. O pensamento especulativo consiste apenas em mostrar-se capaz de conter em si a contradição e não, como se supõe geralmente, de deixar-se dominar por ela, permitindo somente que suas determinações se transformem em outras ou se aniquilem."

"Se, no movimento, na tendência etc., a contradição está mascarada, para a representação, pela própria *simplicidade* dessas determinações apresenta-se, nas *determinações relacionais*, com toda a clareza desejável. Os exemplos mais banais, alto e baixo, esquerda e direita, pai e filho, e assim por diante, ao infinito, contêm os dois opostos em um só termo. É alto o que não é baixo; ser alto significa, apenas, não ser baixo, e o alto só existe enquanto há um baixo, e inversamente; o pai é o outro do filho, e o filho o outro do pai, e o pai e o filho só existem como o outro do outro; e, ao mesmo tempo, cada uma dessas determinações só existe em relação à outra. Sem dúvida, o pai é também alguma coisa para-si, fora da relação com o filho; mas, então, não é mais o pai, porém, homem em geral; assim também, o alto e o baixo são alguma coisa em-si, coisas refletidas em-si, fora de qualquer relação, mas então são apenas lugares em geral. Os contrários, ou opostos, contêm a contradição, na medida em que se referem negativamente um ao outro, em um ponto dado, ou na medida em que se neutralizam reciprocamente ou são indiferentes um ao outro. A representação, quando leva em conta a indiferença das determinações, esquece sua unidade negativa e as considera simplesmente como diferenças em geral; adota, consequentemente, uma determinação segundo a qual o alto não é mais o alto, nem o baixo, o baixo etc. Mas, quando volta sua atenção para o alto real e para o baixo real, encontra-se na presença de determinações que se negam, determinações incluídas uma na outra, e que, nessa unidade ao mesmo tempo não se negam, sendo cada uma independente para-si."

"A representação tem sempre por conteúdo a contradição, sem disso ter consciência; permanece no estado de reflexão exterior, que passa da igualdade à desigualdade, ou da relação negativa à reflexão-sobre-si das diferenças. Opõe, exteriormente, uma à outra, essas duas determinações, vendo-as apenas e não sua transformação, que constitui o essencial e contém a contradição. A reflexão inteligente, ao contrário, é justamente a que apreende e exprime a contradição. Embora não exprima o conceito das coisas e suas condições e não tenha por matéria e conteúdo senão determinações cuja fonte é a representação, estabelece entre essas determinações uma relação que contém sua contradição, e deixa transparecer, através da contradição, seu conceito. Mas a razão pensante aguça, por assim dizer, a diferença esbatida do diverso, a simples variedade tal como é concebida pela representação, dela fazendo uma diferença essencial, uma oposição. Somente quando é levado ao extremo da contradição é que o vário e multiforme desperta e se anima, e as coisas fazendo parte dessa variedade recebem a negatividade que é a pulsação imanente do movimento autônomo, espontâneo e vivo."

"A negatividade... é a fonte interna de toda atividade, de todo movimento espontâneo, vivo e espiritual, a alma dialética que extrai toda sua verdade desse ponto, graças ao qual é a única verdade... O *segundo* negativo, o negativo do negativo, consiste na supressão da contradição, mas, assim como a própria contradição, *não é obra de uma reflexão exterior*, porém *constitui o momento mais profundo, mais íntimo e mais objetivo da vida e do espírito...*"

HEGEL, G. W. F. Ciência da lógica — excertos. In: CORBISIER, R. *Hegel: textos escolhidos*. Rio de Janeiro: Civilização Brasileira, 1981. p. 56-61.

UNIDADE 12

Na atualidade, um primeiro desafio posto à Filosofia é atribuir um sentido para o trabalho, ressignificando as relações dos homens com a natureza

Na caminhada que realizamos até este momento, retomamos e acompanhamos o fluxo do pensamento filosófico tal qual ele se desenvolveu na história cultural do Ocidente, até meados do século XX. Com acertos ou desacertos, o esforço filosófico de nossa cultura seguiu cada etapa de sua formação histórica buscando interpretá-la, dar-lhe um sentido. É chegado agora o momento de verificar como esse esforço de indagação, de interrogação, de discussão e de reflexão se faz presente na nossa atualidade. Consideramos como "nossa atualidade" a segunda metade do século XX e os inícios do século XXI. Trata-se de ver como se dá o investimento filosófico nos dias de hoje.

Com efeito, a filosofia continua presente na cultura atual, com plena vitalidade! E sempre representando aquele esforço que os homens realizam, usando sua capacidade de conhecimento e de reflexão, para pensar e "compreender" o sentido de sua existência frente ao mundo natural, frente à vida social e frente a sua cultura, produto de sua própria atividade.

À luz das experiências que a história da cultura e da filosofia nos proporcionaram, procuraremos nas próximas Unidades explicitar as principais esferas em que se desenvolvem essas reflexões, bem como as temáticas que são priorizadas em cada uma delas. Queremos assim mergulhar um pouco mais nessa abrangente preocupação, tipicamente humana, tentando nos compreendermos, compreendendo a nossa cultura nesse seu novo quadrante histórico.

Não há dúvida alguma de que a filosofia contemporânea continua abordando e aprofundando o grande problema que, afinal, sempre foi a questão básica de toda a filosofia ocidental nestes últimos três milênios: qual é o significado da existência humana. E não há dúvida também de que esse longo e lento amadurecimento da consciência filosófica possibilitou que ela chegasse hoje a uma concepção mais integrada dessa existência.

De fato, para a maioria das formas de expressão da filosofia contemporânea, a verdadeira "essência" do homem não se constitui mais sob a forma de uma entidade metafísica nem sob a forma de uma pura realidade físico-biológica. Como já vimos anteriormente, se é verdade que o homem conserva sempre uma identidade — o que lhe sugere a ideia de uma natureza permanente — e que integra plenamente a natureza física e biológica — o que faz dele um ser plenamente natural —, hoje podemos nos dar conta de um jeito especificamente humano de realizar essa condição de humanidade. O homem é, de fato, um ser em permanente construção, que vai se fazendo no tempo pela mediação de sua prática, de sua ação. Ele é, assim, um ser em devir, que vai se criando no espaço social e no tempo histórico. Portanto, o homem não é apenas uma realidade dada, pronta e acabada, mas fundamentalmente um sujeito que vai construindo aos poucos sua própria realidade. É por isso que se diz que o homem é também aquilo que ele se faz.

Nesta e nas próximas Unidades, retomaremos essas três dimensões da existência humana, procurando aprofundar o seu significado e explicitando mais o seu caráter de mediação do modo de ser do homem. Isso será feito em dois movimentos: de um lado, mostrar-se-á que a autêntica condição de existência humana só se dá se concretizada nessas mediações, que se tornam assim o único lugar possível da humanização do homem; mas, de outro lado, se demonstrará que essas mediações são também os lugares privilegiados de sua desumanização...

A condição de ambivalência do trabalho

Como vimos, é pelo *trabalho* que os homens garantem sua própria existência material, pois não poderiam sobreviver sem se apropriarem continuamente dos elementos naturais que constituem e mantêm vivo o seu organismo físico-biológico. Precisam, pois, retirá-los da natureza ambiente. E eles os retiram mediante uma *prática produtiva*, ou seja, usando sua energia vital, sua força física, para produzir tanto esses bens naturais como os próprios meios de produção.

Como os homens foram dotados do equipamento da subjetividade, que lhes possibilita representar simbolicamente todos os elementos do universo de sua experiência, essa atividade produtiva se potencializa significativamente, já que, ao contrário dos demais seres vivos, para retirar da natureza os elementos de que necessitam, eles *criam meios e instrumentos* que *prolongam, agilizam e versatilizam* os seus órgãos de sentidos e os membros de seu corpo.

Essa é a origem da *técnica*, pela qual os homens criam ferramentas e instrumentos mediante os quais vão interferir na natureza para transformá-la em seu benefício. Ao atuarem assim sobre a natureza, os homens vão transformando-a, fazendo com que ela se adapte, até certo ponto, às suas necessidades. Enquanto os demais seres vivos se adaptam às condições oferecidas pela natureza, os homens, embora necessitem da mesma forma se adequar a ela, vão conseguindo que ela também se adapte a eles.

É por isso que a existência histórica dos homens, da sociedade humana, é também a história desse processo de relação dos homens com a natureza, a história da transformação que os homens vão operando no planeta mediante o uso contínuo da tecnologia.

Esse processo é tão fundamental que o **modo de produção** de cada época histórica acaba moldando a configuração de sua formação social e de sua cultura. Ter intuído e comprovado isso foi uma das mais importantes contribuições da filosofia marxista...

Assim, o modo de ser do homem, tal como ele é compreendido atualmente pela filosofia, não é decorrente de um desabrochar programado a partir de potencialidades contidas, seja numa essência eterna, seja num código genético. Ao contrário, esse modo de ser vai se constituindo no espaço natural e social, bem como no tempo histórico, num processo contínuo de interação do sujeito com a natureza física, com a sociedade e com seus próprios produtos simbólicos, numa atividade prática atravessada por determinantes objetivos e por intencionalidades subjetivas.

Das três esferas de relações em que o homem se encontra situado, a relação mais fundamental é, sem dúvida, a que o liga: natureza física, pois nela está em jogo sua própria existência material. Com efeito, enquanto ser natural vivo, como qualquer outro ser vivo, o homem só sobrevive porque se mantém num constante processo de troca com a natureza. Já vimos que a diferença entre os homens e os demais seres vivos, com referência a essa relação, está em que os homens produzem os meios pelos quais se apropriam dos elementos da natureza, enquanto os animais e vegetais se apropriam deles diretamente, sem mediações, usando apenas mecanismos orgânicos e impulsos instintivos.

Mas ao atuar sobre a natureza objetiva, estabelecendo a forma básica de suas mediações existenciais, os homens não deixam de constituir, pelo trabalho, os elementos de outras formas de mediação de sua existência. Com efeito, nesse contínuo processo de produção que se dá via trabalho, os homens vão tecendo concretamente suas relações sociais, vão se organizando em sociedade, criando as instituições sociais. É a própria divisão técnica do trabalho que alimenta a diferenciação dos grupos de produtores, gerando assim uma sociedade repleta de grupos hierarquizados. Além disso, a atividade de trabalho desenvolve e intensifica a atividade simbolizadora dos homens, faz com que a sua subjetividade funcione produzindo cada vez mais os elementos simbólicos, os bens culturais: as formas ideais da cultura, o saber comum, os mitos, as religiões, as artes, a ciência, a filosofia, os códigos, a moral, o direito etc. Enfim, todas as formas de expressão da consciência.

Por isso, podemos dizer que as atividades de trabalho participam ativamente do processo de constituição da *cultura humana* no sentido amplo, portanto, da própria humanidade. Ao irmos mais a fundo, podemos dizer ainda que as atividades de trabalho são as primeiras a constituírem a "essência humana": tanto no sentido coletivo, ou seja, na medida em que, pela criação da cultura, vão constituindo a humanidade, quanto no sentido pessoal, na medida em que, pelo trabalho, cada indivíduo vai também constituindo sua própria cultura, seu modo de ser propriamente humano.

É por isso que os filósofos afirmam que o "trabalho" é uma das categorias fundamentais para se entender o que é o homem. Sem ele, o homem não desencadearia o processo de sua auto-humanização.

O trabalho em sua forma alienada na imagem sarcástica de um filme de Charles Chaplin (*Tempos Modernos* — 1936).

E é nesse sentido que podemos dizer que o trabalho constitui uma mediação existencial básica da existência dos homens. Isso quer dizer que não podemos ser plenamente humanos se não pudermos igualmente trabalhar. Com efeito, como a sua existência material depende de modo radical da natureza, quando o indivíduo não usufrui dos elementos naturais que recompõem diuturnamente seu organismo biológico, ele não pode ser considerado um ser propriamente humano. Quando seu contexto histórico-social não lhe garante o poder de usufruir desses elementos, ele não estará usufruindo da condição de humanidade.

Isso significa ainda que esse processo de humanização não é automático. As condições do trabalho podem ocasionar o efeito contrário, ou seja, podem acarretar a desumanização do indivíduo. Diz-se então que o trabalho é *alienado*, se dá em situações alienantes. Como já vimos nas Unidade 11, a alienação é a perda da própria identidade, é a perda da própria essência. Nessa situação, temos o indivíduo exercendo uma atividade puramente mecânica, como se fosse um animal ou uma máquina, num processo de autodegradação.

De modo geral, as causas da degradação do trabalho já são decorrentes da própria forma pela qual a sociedade está organizada no tempo histórico. Os grupos sociais hierarquizados, exercendo o poder uns sobre os outros, retiram de alguns grupos as condições para que desenvolvam um trabalho humanizador. A alienação no trabalho, com efeito, pode ocorrer quando o trabalhador não mais dispõe dos meios de produção, nem mais do retorno dos bens produzidos, e não mais participa do projeto do próprio produto. O trabalhador é reduzido então à condição de mero aplicador mecânico de sua energia física. No limite, tal situação o transforma em escravo. A compensação pelo seu trabalho se limita então à reposição da energia despendida, através da comida e dos demais elementos necessários para que se mantenha vivo: algum vestuário e habitação.

Mas não é só na escravidão que o trabalho aliena. A alienação pode ocorrer também no processo de trabalho assalariado, como acontece no modo de produção capitalista, no qual o salário, o mais das vezes, mal consegue repor as energias gastas pelo indivíduo no exercício de sua atividade produtiva.

E é um *outro*, no caso do capitalismo, o dono do capital, que usufruirá do retorno do fruto do trabalho, apropriando-se inclusive da diferença entre o valor do bem produzido e o valor pago sob a forma de salário ao trabalhador, ou seja, a *mais-valia*.

Produção e trabalho na sociedade capitalista

Como é através de sua ação sobre a natureza que os homens garantem sua própria existência, torna-se então absolutamente necessária e universal a prática produtiva. Em todos os momentos e lugares de sua história, os grupos humanos tiveram que produzir os bens para sua sobrevivência material.

Por isso, o mesmo continua acontecendo com a sociedade contemporânea. Ela também desenvolve uma determinada organização dos processos de produção, à qual corresponderão também formas específicas de organização da sociedade e da cultura.

A sociedade ocidental, no decurso de sua história, organizou-se de diferentes maneiras, sobretudo em função dos diferentes estágios de desenvolvimento de suas forças produtivas. A sociedade humana passou por diferentes *modos de produção*. Na realidade, sua história se constituiu pela sucessão desses modos de produção e suas repercussões sociais e culturais.

O modo de produção é a forma que determinada sociedade assume no que concerne ao processo global da produção em decorrência da articulação de suas *forças produtivas* com as formas das *relações sociais de produção*. As forças produtivas abrangem os meios de produção (ferramentas, equipamentos, tecnologia, terra, matéria-prima, insumos etc.) e a força de trabalho (a energia físico-biológica que move a atividade dos homens). As relações de produção são constituídas pela propriedade econômica das forças produtivas, as formas de propriedade dos meios de produção e da força de trabalho.

Lidando com esses conceitos, os economistas, em especial aqueles que se inspiram na teoria econômica marxista, identificaram a presença, na história da sociedade ocidental, de vários modos de produção: o antigo, o asiático, o feudal e o capitalista.

O modo de produção capitalista é que domina na sociedade contemporânea, razão pela qual nos interessa particularmente, se quisermos compreendê-la mais a fundo. Esse modo de produção se caracteriza pelo fato de que os meios de produção se encontram nas mãos de indivíduos particulares, que são detentores do capital, formando assim uma classe específica no interior da sociedade. Possuindo assim os meios de produção, tornam-se igualmente proprietários dos bens que são produzidos. Como todos os demais indivíduos necessitam desses bens e não podem produzi-los diretamente, são obrigados a adquiri-los. E isso se faz mediante o processo de troca. Os bens produzidos são, enquanto objetos de troca, as *mercadorias*. Os detentores dos meios de produção são os *capitalistas*. A mercadoria tem assim o seu *valor de uso* (sua utilidade efetiva) e o seu *valor de troca* (valor que assume no mercado e que é determinado pela quantidade de trabalho necessária para sua produção). As trocas se fazem, dada a multiplicidade de bens a se trocarem, mediante uma mercadoria tomada como um equivalente universal, que é o *dinheiro*. Ocorre que muitos indivíduos não disporão de nenhum bem para trocar: dispõem apenas de sua força de trabalho — estes são os trabalhadores. E é esse seu único bem/mercadoria que são forçados a vender ao detentor dos meios de produção para obterem, via dinheiro/salário, as mercadorias de que necessitam para a manutenção da própria existência material.

Só que o seu salário equivalerá, de modo geral, apenas ao mínimo necessário para sua sobrevivência, repondo as energias gastas na produção. Por isso, a mercadoria, ao ser assim produzida, incorpora mais valor-trabalho, e o capitalista, ao colocá-la no mercado, pretende obter na sua venda um excedente de valor que é a *mais-valia*, exatamente a diferença da força de trabalho realmente investida na sua produção e aquela que é reposta ao trabalhador por meio do salário.

Por isso, o que cria um aumento real de valor na mercadoria é a força de trabalho. Não é a circulação das mercadorias que cria mais valor, é o trabalho, a única mercadoria dotada da propriedade singular de ser fonte de valor. Como o valor do trabalho incorporado na mercadoria se mede pelo tempo gasto na sua produção, e como o detentor dos meios de produção, ao comprar a força de trabalho do trabalhador, pagando apenas um equivalente às suas necessidades mínimas de sobrevivência e fazendo-o trabalhar mais tempo que isso, ele se apropria do valor/trabalho/tempo excedente, o que é a efetiva fonte do lucro. O trabalho é, então, a fonte de todo e qualquer crescimento de riqueza e, portanto, do lucro dos capitalistas.

Esse sistema de produção, próprio do capitalismo, gera então uma *profunda degradação do trabalho*. Embora o trabalho assalariado seja considerado um trabalho "livre", na realidade ele aliena o produtor direto, no caso o trabalhador, que fica separado tanto dos meios de produção como dos bens produzidos. Como seu único meio de produção, do qual tem ainda a propriedade, é sua força de trabalho — que é forçado a vender desvalorizada para sobreviver e que passará a integrar o conjunto dos demais meios de produção que pertencem a outro indivíduo —, o trabalhador vê comprometida a sua relação direta com a natureza e dificultada a sustentação de sua existência material.

Tal sistema de produção provoca então a formação de classes diferenciadas no interior da sociedade, com duas classes fundamentais: a *burguesia* — detentora do capital, classe dominante — e o *proletariado* — classe dominada, grupo que só dispõe de sua força de trabalho para sobreviver. Nesse processo, o homem trabalhador vai perdendo sua especificidade humana, vai sendo reduzido à condição de força bruta, como se fosse um animal de carga ou uma simples máquina. Comprometida sua relação com a natureza, assim se torna também sua integração social e cultural. Como qualquer animal de carga ou máquina, o homem que trabalha nessas condições de simples instrumento vai se desgastando, se desumanizando, perdendo sua "essência" de homem, essência que é apropriada por um outro de si. Esta a alienação fundamental do homem, causada pelo trabalho. O homem, trabalhando nessas condições, não consegue retirar satisfatoriamente da natureza, em quantidade e em qualidade adequadas, todos os elementos de que necessita para manter sua existência material, sua vida e sua reprodução. Fica então comprometida a mediação fundamental de sua existência.

Assim, esse modo de produção capitalista que prevalece como forma de organização econômica da sociedade contemporânea pressupõe três condições: de um lado, a propriedade privada dos meios de produção; de outro, a divisão social do trabalho; e, enfim, o processo de troca generalizada, o sistema de mercado.

Trabalhando e debatendo
a temática da Unidade

Questões e atividades

- Retomando o que já foi visto nas Unidades, ampliar o significado da alienação pelo trabalho.
- Caracterizar, consultando outras fontes, os modos de produção asiático, antigo e feudal.
- Pesquisar em Bancos de Dados especializados [IBGE, OIT, IPEA, MT e outros] e apresentar dados sobre as condições históricas atuais da realidade do trabalho no Brasil.
- Entrevistar trabalhadores de sua comunidade, buscando evidenciar suas condições objetivas de trabalho.
- Demonstrar por que também as atividades de cunho cultural, que não envolvem uma intervenção direta na natureza [magistério, sacerdócio, assistência social, produção cultural etc.], são modalidades de trabalho.

Diálogo com Ricoeur

No texto que se segue, Paul Ricoeur reflete sobre as condições do trabalho na sociedade contemporânea, frente a uma possível civilização da palavra, que privilegia o pensamento e a cultura do espírito. Mostra a força de alienação do trabalho e seu envolvimento com a tecnologia moderna.

Paul Ricoeur, pensador francês, nascido em 1913, em Valence, foi professor da Universidade de Paris X, presidente do Instituto Internacional de Filosofia. Vinculando-se à tradição fenomenológica, vem desenvolvendo uma metodologia de reflexão que designa como hermenêutica, ou seja, trabalho de interpretação da realidade, busca de seu sentido, mediante a decifração de suas expressões simbólicas. Para Ricoeur, todo o pensamento moderno é esse esforço de interpretação, a partir de símbolos, meios de expressão da experiência fundamental da existência humana. Assim, toda a cultura da humanidade se expressa simbolicamente e todo conhecimento é decifração dessa grande simbólica. Daí a grande importância da linguagem enquanto sistema privilegiado de símbolos para a comunicação dos homens. Ricoeur consegue então aproveitar subsídios da tradição filosófica da modernidade, em especial da psicanálise, da fenomenologia, do marxismo e do estruturalismo.

Dentre suas obras se destacam: *Voluntário e involuntário* (1950); *História e verdade* (1955); *Finitude e culpabilidade* (1960); *A simbólica do mal* (1960); *A interpretação* (1965); *Teoria da interpretação* (1965); *O conflito das interpretações* (1969); *A metáfora viva* (1975); *Tempo e narrativa* (1983); *Ideologia e utopia* (1985).

"Alienação" e "objetivação" no trabalho

"A forma histórica presente da dialética do trabalho e da palavra é dominada por dois fatores que não se deixam de modo algum reduzir um ao outro:

1º) O trabalho humano *aliena-se pelo salariado*, é negociado como uma força de trabalho desvinculada da pessoa; é tratado como coisa submetida às leis do mercado. Essa degradação *econômico-social* do trabalho é função do regime econômico-social do capitalismo; pode-se esperar e deve-se desejar que ela desapareça com as condições do salariado. A essa degradação econômico-social do trabalho corresponde uma dignidade usurpada da palavra, tanto mais arrogante quanto não lhe é dado saber que também ela é negociada em um mercado de serviços: existe um orgulho da cultura que é assaz exatamente simétrico da humilhação do trabalho e que com ela deve desaparecer. As raízes desse orgulho são profundas; mergulham na Antiguidade (grega e não judia, observe-se); sendo o trabalho a sina do escravo — sendo ele *servil* — era a cultura a sina do homem livre, era *liberal*. A oposição entre artes servis e artes liberais é, pois, tributária em larga medida da condição social imposta ao próprio trabalhador nas sociedades históricas; e a cultura avalia-se a si mesma, ou melhor, se superavalia, na exata medida em que consolida o regime que desvaloriza o trabalho.

É preciso ir-se ainda além: existe uma culpabilidade da cultura na medida em que esta é direta ou indiretamente um meio de exploração do trabalho; mandam aqueles que sabem e que falam bem, eles é que empreendem, correm os riscos (de vez que uma economia de mercado é uma economia de cálculos e riscos); necessita-se de 'intelectuais' para estabelecerem a teoria do sistema, ensiná-la e justificá-la aos próprios olhos de suas vítimas. Em suma, o capitalismo só pôde perpetuar como economia porque foi também uma cultura, e mesmo uma moral e uma religião. Assim tem a palavra culpa na degradação do trabalho. Eis por que o pensamento revolucionário nutre um compreensível ressentimento contra o conjunto da cultura clássica, na medida em que é ela uma cultura burguesa e permitiu o acesso ao poder e a permanência nele de uma classe exploradora. Todo homem que pensa e que escreve sem se preocupar, em seu estudo ou pesquisa por um regime em que seu trabalho é negociado como mercadoria, deve descobrir que essa liberdade, que essa alegria estão podres, pois elas são a contrapartida e, mediata ou imediatamente, a condição e o meio de um trabalho que, alhures, se faz sem liberdade e sem alegria, porque sabe que é tratado como coisa e assim se sente.

2º) Mas a condição moderna do trabalho não é definida apenas pelas condições econômico-sociais do capitalismo, mas também pela *forma tecnológica* que lhe deram as revoluções tecnológicas sucessivas; essa forma é relativamente independente do regime do capital e do trabalho e formula problemas que as revoluções não resolvem no nível do regime econômico e social do trabalho, mesmo se essas revoluções permitem formulá-los de modo mais correto e resolvê-los mais facilmente. O explodir dos ofícios antigos em tarefas parcelares e repetidas a exigir cada vez menor qualificação profissional dá motivo a problema perturbador; seria bom que o elogio do trabalho pelos filósofos e teólogos não se perca nas nuvens, no exato momento em que uma massa cada vez maior de trabalhadores tende a considerar seu trabalho como simples sacrifício social cujo sentido e alegria não mais se achariam em si mesmo, mas fora dele: nos prazeres do consumidor e nos lazeres conquistados pelo abreviamento da jornada de trabalho. Ora, hoje esse explodir em tarefas parcelares e repetidas não atinge apenas o trabalho industrial, mas os trabalhos de escritório e volta a encontrar-se, sob formas diferentes, na especialização científica, na especialização médica e, em graus diversos, em todas as formas do trabalho intelectual.

Esse explodir e essa especialização compensam-se, é verdade, em todos os níveis, pela aparição de novos ofícios completos: construtores, retificadores, reparadores de máquinas; assiste-se da mesma forma a reagrupamentos de disciplinas científicas, graças às novas teorias que englobam e sistematizam disciplinas até então separadas etc. Mais adiante teremos de ver em que medida essa *polivalência* que compensa a *especialização* não é o fruto da cultura teórica, desinteressada de longínqua eficácia, que sem cessar retoma, corrige a formação técnica do operário e do pesquisador científico especializados.

Então me pergunto se a condição tecnológica do trabalho moderno não faz aparecer, para além das 'alienações' sociais, uma miséria do trabalho vinculada à sua função 'objetivante'. Já se tornou célebre essa 'objetivação' pela qual o homem se realiza, planifica e expande. Fez-se mesmo disso a solução filosófica dos debates entre realismo e idealismo, entre subjetivismo e materialismo etc. e, para dizer tudo, a solução dos antigos embaraços da teoria do conhecimento e da ontologia. É próprio ao trabalho vincular-me a uma tarefa precisa, finita; é lá que mostro aquilo que sou, ao mostrar aquilo que posso; e mostro aquilo que posso fazendo algo de limitado; é o 'finito' de meu trabalho que me revela aos outros e a mim mesmo. É coisa assaz verdadeira; mas esse movimento que me revela, também me dissimula; me realiza, mas também me despersonaliza. Bem vejo, pela evolução dos misteres — inclusive o de intelectual — que existe um limite para o qual tende esse movimento de objetivação: esse limite é minha perda no gesto despido de sentido, na atividade no sentido próprio insignificante, porque sem horizonte. Mas ser homem é não apenas fazer o finito, mas também compreender o conjunto, e assim voltar-se para esse outro limite, inverso do gesto despido de sentido, para o horizonte de totalidade da existência humana que denomino mundo ou ser. Somos bruscamente reconduzidos, graças a essa fresta, que o trabalho moderno nos propõe, aos nossos conceitos sobre a palavra como significando o conjunto, como vontade de compreensão total.

A evolução moderna do trabalho talvez só faça, pois, revelar uma tendência profunda do trabalho, que é absorver-nos finito, realizando-nos. Essa insensível perda de si trai-se por uma espécie de *aborrecimento*, que lentamente substitui o *sofrimento* na execução do trabalho, como se a pena da objetivação se reencarnasse mais sutilmente em uma espécie de mal psíquico, inerente ao parcelamento e à repetição do trabalho moderno.

Essa tendência é irredutível à 'alienação', que é em sentido próprio não apenas a perda do homem num outro, mas essa perda em proveito de outro que o explora. Estabelece a alienação um ploblema social e finalmente *político*, a objetivação, um problema *cultural*.

Então me pergunto se não existe, no atual mal-estar da cultura, algo que responda correlativamente ao mal-estar fundamental do trabalho contemporâneo. Para além da perversão burguesa da cultura, as artes, a literatura, o ensino universitário exprimem a surda resistência de adaptação do homem ao mundo moderno.

Essa resistência por certo não é pura; trai o enlouquecer do homem adolescente face às bruscas mutações do mundo técnico; exprime a lesão de uma antiga relação do homem a um ambiente 'natural'; atesta a inquietação de um ritmo temporal posto em desordem. Essa confusão conjuga-se a uma consciência pesada, a do Sócrates de Valéry que, ao encontrar nos infernos o arquiteto Eupalinos, lamenta nada ter feito com suas próprias mãos e apenas ter pensado, isto é, *tagarelado*. E consciência pesada, como sempre, transforma-se em ressentimento: pois se Sócrates descobre que não deixou as sombras da caverna pela realidade das Ideias, mas que apenas deixou a realidade das máquinas pelas sombras do discurso, Sócrates odiará as máquinas e a realidade.

Nada de tudo isto é puro e absolutamente autêntico. Para além de tal confusão e de tal consciência pesada que se somam curiosamente, a cultura exprime uma legítima recusa a adaptação. A cultura também é aquilo que desadapta o homem, que o mantém a postos para o aberto, o longínquo, o outro, o todo. É a função das humanidades, da história, e mais que tudo, da filosofia, de contrabater a 'objetivação' pela 'reflexão' de compensar a adaptação do homem operário a um trabalho *finito*, pela interrogação do homem crítico sobre sua condição humana em conjunto e pelo canto do homem poético. A *educação*, no sentido forte da expressão, não é talvez senão o justo mas difícil equilíbrio entre a exigência de objetivação — isto é, de adaptação — e a exigência de reflexão e de desadaptação; é o tenso equilíbrio que mantém de pé o homem."

RICOEUR, Paul. *História e verdade*. Tradução de F. A. Ribeiro. Rio de Janeiro: Forense, 1968. p. 215-219.

UNIDADE 13

Também as relações dos homens com seus semelhantes são repensadas e reavaliadas:

a política continua desafiando a Filosofia

Como vimos anteriormente, os dados da história antropológica nos mostram que os ancestrais da espécie humana deixaram de viver isolados ou em bandos, passando a viver em sociedade, em decorrência das necessidades e exigências surgidas de sua forma de provimento dos elementos naturais para a manutenção de sua existência. Na realidade, a divisão das tarefas produtivas acarretou uma forma de organização da sociedade. Fala-se de "sociedade" para designar exatamente um grupo organizado, um grupo que se estrutura em função de algum tipo de relações que unem os indivíduos e que se diferencie do mero ajuntamento gregário ditado e imposto apenas pelas forças biológicas instintivas.

E é só por metáfora que falamos da "sociedade" das abelhas ou dos termitas! É claro que estamos diante de um agrupamento de indivíduos extremamente organizado, até mesmo com sofisticação. Só que essa organização e seu funcionamento são mecanicamente determinados tanto quanto o são os organismos biológicos de cada um dos indivíduos que integram esse grupo. O comportamento de cada um dos integrantes já está preestabelecido no seu código genético, nenhuma flexibilidade ocorrerá a não ser quando igualmente determinada pela evolução biológica, pelas exigências mecânicas de adaptação dos organismos vivos às condições naturais ambientes.

No caso da sociedade humana, do mesmo modo que ocorreu com a prática produtiva, as relações que ligam os indivíduos entre si são flexíveis, na medida mesma em que também são atravessadas pela representação simbólica. É claro que os homens mantêm as mesmas condições de agregação próprias dos demais seres vivos, só que a elas se sobrepõem intenções diferenciadoras, instauradas a partir da representação simbólica gerada em nível de subjetividade.

A especialização das funções produtivas ligada à diferenciação em termos de propriedade dos meios de produção leva a uma organização da sociedade em que os indivíduos e grupos não se encontram mais em condições simétricas de igualdade. Insinua-se então entre os homens o fato fundamental da vida em sociedade: o *poder*! Alguns *podem* mais que os outros, uns dominam outros. As relações entre os homens não são mais apenas relações de troca entre iguais, mas relações de poder que pressupõem e consolidam situações de desigualdade entre as pessoas. Emerge assim a esfera do *político*, no sentido estrito.

As questões tratadas neste capítulo, de um ponto de vista filosófico, são objeto sobretudo de duas ciências humanas: a *sociologia* e a *política*. Lamentavelmente nem sempre essas ciências estão presentes no currículo do ensino médio! Mas elas deveriam constar dele, pois é impossível compreender o sentido da vida social se não se conhecer um pouco mais objetivamente a sociedade. É por isso, aliás, que a filosofia hoje não perde de vista as conclusões das Ciências Sociais como disciplinas científicas. Com efeito, elas procuram explicar todos os fenômenos, aspectos e relações da sociedade, vista como forma de existência dos homens. Portanto, são seus objetos de estudo os tipos de sociedades, as atividades sociais dos homens, o trabalho, a família, o Estado, a cultura, os grupos sociais, os movimentos sociais etc.

A investigação histórico-antropológica mostra que, de modo geral, tem mais poder quem dispõe dos meios de produção: da terra, das ferramentas, dos insumos etc. É por isso que se diz que o exercício do poder no plano político decorre, em última instância, do exercício do poder no plano econômico. O que a antropologia mostrou no recorte histórico, a sociologia confirma através de suas análises feitas no recorte das relações sociais da atualidade.

Por ser a vida em sociedade outra mediação de sua existência, os homens só podem ser plenamente homens na condição de ser social. Isso significa que não basta aos homens usufruírem dos bens materiais e dos bens simbólicos, ou melhor dizendo, o exercício do trabalho e a apropriação da cultura simbólica só podem ocorrer no âmbito da esfera da vida social.

Por outro lado, a existência do homem, enquanto tecida pelas relações sociais, pode ainda ser outro lugar de sua alienação, ou seja, também a vida social pode ensejar a desumanização dos indivíduos. Trata-se então da vida em situação de *opressão* ou de *dominação*. Com efeito, as relações inter-humanas que se expressam na vida social, como já vimos, são relações atravessadas e impregnadas por um forte coeficiente de poder, decorrente da estruturação hierarquizada dos grupos sociais. Na realidade, os homens não se encontram em condições de igualdade no interior da sociedade: uns podem mais que outros e acabam impondo seu poder de maneira opressiva e dominadora.

Esse poder que impregna todo o tecido social vai se institucionalizando através de instâncias específicas de natureza jurídica, política e administrativa: são os aparelhos de governo cujo exemplo mais significativo é o *Estado*. Ele nasce em função da própria expressão das relações políticas, estabelecendo-as de maneira clara e explícita. Assim, desde sua instauração, o Estado surge encarnando uma "vontade" de ordenação política da sociedade, articulando os direitos e os deveres de todos os seus integrantes.

A filosofia, tanto quanto as ciências sociais, sempre se preocupou com essa questão do poder político. Já Platão e Aristóteles a discutiram a fundo. Sempre se tentou esclarecer os processos de organização da sociedade, inclusive buscando-se ver como seria possível fazê-la sob uma forma "democrática", ou seja, garantindo-se um mínimo de condições de igualdade entre os homens. Nesse caso, pretende-se diminuir o índice de opressão que perpassa as relações que ligam os membros da sociedade entre si e frente aos aparelhos de governo. Historicamente, o Estado assumiu várias formas, umas mais autocráticas, outras mais democráticas. Para a filosofia crítica, é claro que só os regimes democráticos fornecem a devida mediação para que os indivíduos se realizem como seres humanos, as ditaduras sempre representando formas concretas de opressão e de dominação que, necessariamente, os alienam, privando-os de compartilharem do exercício do poder, dos direitos da cidadania.

Ademais, desde suas origens, as sociedades, ao mesmo tempo que vão se organizando, se institucionalizando, igualmente vão elaborando teorias que justificam essa organização e esclarecem o significado do poder entre os homens.

O que se vê originariamente nas sociedades é que o exercício do poder se concentra nas mãos de uma única pessoa, o poder é personalizado. E isso é justificado com base em privilégios da mais variada natureza, destacando-se a hereditariedade e a destinação divina. Esse tipo de justificativa é evidentemente ideológica, pois que, de fato, o poder é personalizado pela força e pela violência. A instituição de governo criada nessas condições é marcada pela autocracia, pelo totalitarismo e pelo absolutismo, uma vez que uma única pessoa dispõe de um direito tão amplo e forte, podendo inclusive dispor da vida e da morte dos demais indivíduos, reduzidos à condição de súditos.

Com as transformações ocorridas na sociedade moderna, também esse tipo de ordenação social vai sendo aos poucos criticado, buscando-se novas formas de ordenação política da sociedade. Assim, na época moderna, em função sobretudo da formação da burguesia como detentora do poder econômico, vão ocorrer as chamadas *revoluções* liberais, fundadas na ideologia da democracia e do liberalismo: passa-se a exigir que as pessoas e as instituições responsáveis pelo exercício do poder sejam legitimadas pelo consentimento de todos os indivíduos que constituem aquela sociedade. Os súditos devem passar a ser cidadãos, já que todos os indivíduos seriam iguais e livres, não podendo ser governados autoritariamente. Todas as formas de organização político-institucional da sociedade se distribuem entre as formas totalitárias e as democráticas.

O Estado se firmou então na sociedade moderna como o seu organismo político, cuja destinação seria a de coordenar a vida dos seus membros, evitando os conflitos e cuidando de assegurar os direitos de todos, bem como o cumprimento de seus deveres. Mas esse Estado é visto apenas como uma instância institucionalizada do poder, do qual todos seriam detentores. Os dirigentes do Estado, enquanto aparelho de governo, recebem dos cidadãos apenas uma delegação para o exercício das funções públicas, podendo ser destituídos dessa delegação a qualquer instante.

Assim, ao contrário do Estado autoritário, fundado no *fato* da vontade singular de um único indivíduo, o Estado democrático quer se fundar no *direito* expresso pela vontade livre do conjunto dos cidadãos. É por isso que os Estados modernos, que surgiram em consequência das revoluções liberais, vão se organizar com base em *Constituições*, que são cartas que definem os direitos e os deveres de todos os cidadãos, bem como os limites do exercício do poder.

Teoricamente, esse Estado seria a consolidação institucional, no plano político, da democracia, ou seja, a sociedade onde o poder é diretamente pertencente a todos os cidadãos e equitativamente distribuído. O governo só exerce esse poder por delegação consensual e nunca poderia ultrapassar determinados limites definidos formalmente por instrumentos jurídicos.

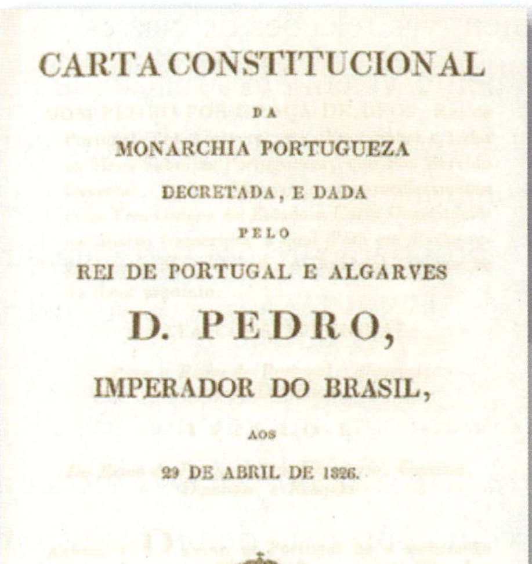

CARTA CONSTITUCIONAL

DA

MONARCHIA PORTUGUEZA

DECRETADA, E DADA

PELO

REI DE PORTUGAL E ALGARVES

D. PEDRO,

IMPERADOR DO BRASIL,

AOS

29 DE ABRIL DE 1826.

LISBOA:

NA IMPRESSÃO REGIA ANNO 1826.

Nas sociedades modernas, os representantes da nação congregam-se em assembleia para elaboração e votação de uma Constituição. Nas sociedades tradicionais, o monarca faz outorga da Carta à nação.

A formação social capitalista e a organização tecnocrática do Estado

Mas a reflexão filosófica contemporânea, esclarecida pelas descobertas das ciências sociais, mantém-se muito atenta aos processos de opressão que se insinuam disfarçadamente mesmo no interior das formas democráticas de governo. Procede a uma severa análise delas, sob o prisma da perspectiva ideológica. Assim, em que pese toda sua retórica liberal, o Estado burguês moderno não assegura efetivamente os direitos de todos os seus supostos cidadãos. Não constitui, de fato, um Estado autenticamente democrático, uma vez que para ser tal precisaria assegurar a *todos* os indivíduos as efetivas condições de existência: o exercício do poder social, a obtenção dos bens naturais da produção e o usufruto dos bens simbólicos da cultura.

Ora, com efeito, não é isso que vem ocorrendo na sociedade contemporânea. Com efeito, ela está predominantemente organizada sob uma formação social capitalista, em virtude da predominância do modo de produção próprio do capitalismo. É que as relações sociais que os indivíduos estabelecem entre si são diretamente influenciadas em decorrência do intercâmbio que, mediante o trabalho, eles praticam com a natureza. O desenvolvimento das forças produtivas (processo tecnológico) e a divisão social do trabalho é que vão determinando as relações sociais, especialmente as relações de classes.

Mas as classes, contrapondo-se mutuamente, vivem em situação de permanente conflito. Os conflitos, contudo, não podem ocorrer efetivamente, pois isso ameaçaria o funcionamento do conjunto social. Por isso mesmo, a classe dominante vai criar um instrumento propriamente político para sustentar o conjunto das relações sociais que são do seu interesse. Esse instrumento é o Estado.

O Estado é o instrumento pelo qual a classe economicamente dominante se faz também politicamente dominante. E o Estado faz isso mediante dispositivos jurídico-administrativos, bem como por meio de processos propriamente ideológicos. Enquanto superestrutura jurídico-administrativa, o Estado pode até adquirir alguma autonomia, escapando ao controle dos grupos economicamente dominantes. Por isso mesmo, na história política do Ocidente, a burguesia esposou, desde o século XVIII, o liberalismo como sua ideologia, no sentido de defender suas atividades contra uma excessiva intervenção do aparelho de Estado, quando ela pudesse ameaçar-lhe os interesses.

Não há dúvida de que, desde Platão, a natureza política da sociedade e o papel do Estado vêm sendo discutidos pela filosofia e pelas ciências sociais. Mas até hoje os homens não conseguiram nem encontrar um sentido completo para o Estado nem constituir uma forma adequada de organização da sociedade que atendesse efetivamente aos interesses de todos os indivíduos. Isso porque os homens ainda não conseguiram resolver a questão do poder que entre eles vigora.

O fato é que as experiências históricas de Estado, inclusive em sua forma moderna de Estado liberal capitalista, não instauraram uma real democracia, entendida essa como a forma de organização social que assegurasse o máximo de igualdade entre as pessoas.

A realidade histórica é que milhões de indivíduos não encontram sua realização humana nessa esfera da mediação social de sua existência. Marginalizados e excluídos, são totalmente desumanizados. Só poucas pessoas encontram aí condições de infraestrutura para uma existência mais humana.

Herbert Marcuse, filósofo alemão, naturalizado norte-americano, faz relevante crítica à sociedade industrial. Nela destaca o papel da cultura e dos meios que a consciência revolucionária pode empregar para promover a mudança social.

ESCLARECENDO CONCEITOS

Poder político: capacidade e exercício de domínio de pessoas ou grupos sobre outros, num contexto de relações sociais, com força de determinação de suas vontades e ações.

Filosofia política: área da filosofia que analisa as relações entre indivíduos e sociedade, as formas de expressão e exercício do poder, os sistemas de governo, a natureza e a fundamentação da atividade política.

Tecnocracia: sistema de organização política e social que se apoia apenas em procedimentos técnico-racionais, levando em conta tão somente os critérios de funcionalidade, de eficiência e de produtividade, desconsiderando-se critérios éticos e sociais.

Liberalismo: posição político-filosófica que considera a liberdade individual como o princípio fundamental e o valor máximo da existência humana, contrapondo-se a todo e qualquer poder de intervenção que limite essa liberdade e cerceie a iniciativa dos indivíduos — de modo especial, o poder do Estado.

Questões para
pesquisa e discussão

- Compare a organização dos grupos gregários com aquela das sociedades humanas, explicitando o que se entende por inteligência cristalizada.
- Pesquise e exponha as principais formas propostas pelos pensadores para a organização do poder político.
- Exponha as concepções políticas de Platão, Aristóteles, Rousseau, Hobbes, Maquiavel, Hegel e Marx.
- Como se poderia caracterizar a atual forma de organização política do Estado brasileiro?

Diálogo com Engels

No texto escolhido, escrito em 1884, Engels procura mostrar a origem do Estado como diretamente decorrente da divisão da sociedade em classes, o que, por sua vez, é devido ao processo de desenvolvimento econômico.

Friedrich Engels nasceu em Barmen, na Alemanha, em 1820. Estudou na Universidade de Berlim, tendo se ligado ao grupo dos "jovens hegelianos", intelectuais que se inspiravam no pensamento de Hegel.

Atuou no jornalismo, na militância política, na organização do proletariado e no trabalho teórico. Atuou também na administração da indústria de seu pai, em Manchester, na Inglaterra.

Morreu em Londres, em 1895. No plano teórico, procurou fundamentar cientificamente o marxismo, daí suas tentativas de relacioná-lo às conquistas do positivismo.

Durante quarenta anos foi amigo e colaborador de Marx, com quem inclusive escreveu vários textos, na condição de coautor. Mas escreveu também alguns outros livros sozinho, como *Socialismo utópico e socialismo científico* (1860); *Anti-Dühring* (1878); *A origem da família, da propriedade e do Estado* (1884); *Feuerbach e o fim da filosofia alemã* (1888).

"O Estado não é pois, de modo algum, um poder que se impôs à sociedade de fora para dentro; tampouco é 'a realidade da ideia moral', nem 'a imagem e a realidade da razão', como afirma Hegel. É antes um produto da sociedade, quando esta chega a um determinado grau de desenvolvimento; é a confissão de que essa sociedade se enredou numa irremediável contradição com ela própria e está dividida por antagonismos irreconciliáveis que não consegue conjurar. Mas para que esses antagonismos, essas classes com interesses econômicos colidentes não se devorem e não consumam a sociedade numa luta estéril, faz-se necessário um poder colocado aparentemente por cima da sociedade, chamado a amortecer o choque e a mantê-lo dentro dos limites da 'ordem'. Este poder, nascido da sociedade, mas posto acima dela se distanciando cada vez mais, é o Estado.

Distinguindo-se da antiga organização gentílica, o Estado caracteriza-se, em primeiro lugar, pelo agrupamento dos seus súditos *de acordo com uma divisão territorial*. As velhas associações gentílicas, constituídas e sustentadas por vínculos de sangue, tinham chegado a ser, como vimos, insuficientes em grande parte, porque supunham a ligação de seus membros a um determinado território, o que deixara de acontecer há bastante tempo. O território permanecera, mas os homens se haviam tornado móveis. Tomada a divisão territorial como ponto de partida, deixou-se aos cidadãos o exercício dos seus direitos e deveres sociais onde estivessem estabelecidos, independentemente das gens e das tribos. Essa organização dos súditos do Estado conforme o território é comum a todos os Estados. Por isso nos parece natural; mas, em capítulos anteriores vimos como foram necessárias renhidas e longas lutas antes que em Atenas e Roma ela pudesse substituir a antiga organização gentílica.

O segundo traço característico é a instituição de uma força pública, que já não mais se identifica com o povo em armas. A necessidade dessa força pública especial deriva da divisão da sociedade em classes, que impossibilita qualquer organização armada espontânea da população. Os escravos integravam, também, a população; os 90.000 cidadãos de Atenas só constituíam uma classe privilegiada em confronto com os 365.000 escravos. O exército popular da democracia ateniense era uma força pública aristocrática contra os escravos, que mantinha submissos; todavia, para manter a ordem entre os cidadãos, foi preciso também criar uma força de polícia, como falamos anteriormente. Esta força pública existe em todo Estado; é formada não só de homens armados como, ainda, de acessórios materiais, os cárceres e as instituições coercitivas de todo gênero, desconhecidos pela sociedade da gens. Ela pode ser pouco importante e até quase nula nas sociedades em que ainda não se desenvolveram os antagonismos de classe, ou em lugares distantes, como sucedeu em certas regiões e em certas épocas nos Estados Unidos da América. Mas se fortalece na medida em que exacerbam os antagonismos de classe dentro do Estado e na medida em que os Estados contíguos crescem e aumentam de população. Basta-nos observar a Europa de hoje, onde a luta de classes e a rivalidade nas conquistas levaram a força pública a um tal grau de crescimento que ela ameaça engolir a sociedade inteira e o próprio Estado.

Para sustentar essa força pública, são exigidas contribuições por parte dos cidadãos do Estado: os impostos. A sociedade gentílica não teve ideias deles, mas nós os conhecemos muito bem. E, com os progressos da civilização, os *impostos*, inclusive, chegaram a ser poucos; o Estado emite letras sobre o futuro, contrai empréstimos, contrai *dívidas do Estado*. A velha Europa está em condições de nos falar, por experiência própria, também disso.

Donos da força pública e do direito de recolher os impostos, os funcionários, como órgãos da sociedade, põem-se então acima dela. O respeito livre e voluntariamente tributado aos órgãos da constituição gentílica já não lhes basta, mesmo que pudessem conquistá-lo; veículos de um poder que se tinha tornado estranho à sociedade, precisam impor respeito através de leis de exceção, em virtude das quais gozam de uma santidade e uma inviolabilidade especiais. O mais reles dos beleguins do Estado civilizado tem mais 'autoridade' do que todos os órgãos da sociedade gentílica juntos; no entanto, o príncipe mais poderoso, o maior homem público, ou general, da civilização pode invejar o mais modesto dos chefes de gens, pelo respeito espontâneo e indiscutido que lhe professavam. Este existia dentro mesmo da sociedade, aqueles veem-se compelidos a pretender representar algo que está fora e acima dela.

Como o Estado nasceu da necessidade de conter o antagonismo das classes, e como, ao mesmo tempo, nasceu em meio ao conflito delas, é por regra geral, o Estado da classe mais poderosa, da classe economicamente dominante, classe que, por intermédio dele, se converte também em classe politicamente dominante e adquire novos meios para a repressão e exploração da classe oprimida. Assim, o Estado antigo foi, sobretudo, o Estado dos senhores de escravos para manter os escravos subjugados; o Estado feudal foi o órgão de que se valeu a nobreza para manter a sujeição dos servos e camponeses dependentes; e o moderno Estado representativo é o instrumento de que se serve o capital para explorar o trabalho assalariado. Entretanto, por exceção, há períodos em que as lutas de classes se equilibram de tal modo que o poder do Estado, como mediador aparente, adquire certa independência momentânea em face das classes. Nesta situação, achava-se a monarquia absoluta dos séculos XVII e XVIII, que controlava a balança entre a nobreza e os cidadãos; de igual maneira, o bonapartismo do primeiro império francês, e principalmente do segundo, que jogava com os proletários contra a burguesia e com esta contra aqueles. O mais recente caso dessa espécie, em que opressores e oprimidos aparecem igualmente ridículos, é o do novo império alemão da nação bismarckiana: aqui, capitalistas e trabalhadores são postos na balança uns contra os outros e são igualmente ludibriados para proveito exclusivo dos degenerados 'junkers' prussianos.

Além disso, na maior parte dos Estados históricos, os direitos concedidos aos cidadãos são regulados de acordo com as posses dos referidos cidadãos, pelo que se evidencia ser o Estado um organismo para a proteção dos que possuem contra os que não possuem. Foi o que vimos em Atenas e em Roma, onde a classificação da população era estabelecida pelo montante dos bens. O mesmo acontece no Estado feudal da Idade Média, onde o poder político era distribuído conforme a importância da propriedade territorial. E é o que podemos ver no censo eleitoral dos modernos Estados representativos. Entretanto, esse reconhecimento político das diferenças de fortuna não tem nada de essencial; pelo contrário, revela até um grau inferior de desenvolvimento do Estado. A república democrática — a mais elevada das formas de Estado, e que, em nossas atuais condições sociais, vai aparecendo como uma necessidade cada vez mais iniludível, e é a única forma de Estado sob a qual pode ser travada a última e definitiva batalha entre o proletariado e a burguesia — não mais reconhece oficialmente as diferenças de fortuna. Nela, a riqueza exerce seu poder de modo indireto, embora mais seguro. De um lado, sob a forma de corrupção direta dos funcionários do Estado, e na América vamos encontrar o exemplo clássico, de outro lado, sob a forma de aliança entre o governo e a Bolsa. Tal aliança se concretiza com facilidade tanto maior quanto mais cresçam as dívidas do Estado e quanto mais as sociedades por ações concentrem em suas mãos, além do transporte, a própria produção, fazendo da Bolsa o seu centro. Tanto quanto a América, a nova república francesa é um exemplo muito claro disso, e a boa e velha Suíça também traz a sua contribuição nesse terreno. Mas, que a república democrática não é imprescindível para essa fraternal união entre Bolsa e governo, prova-o, além da Inglaterra, o novo império alemão, onde não se pode dizer quem o sufrágio universal elevou mais alto, se Bismarck, se Bleichröder. E, por último, é diretamente através do sufrágio universal que a classe possuidora domina. Enquanto a classe oprimida — em nosso caso, o proletariado — não está madura para promover ela mesma a sua emancipação, a maioria dos seus membros considera a ordem social existente como a única possível e, politicamente, forma a cauda da classe capitalista, sua ala da extrema esquerda. Na medida, entretanto, em que vai amadurecendo para a autoemancipação, constitui-se como um partido independente e elege seus próprios representantes e não os dos capitalistas. O sufrágio universal é, assim, o índice do amadurecimento da classe operária. No Estado atual, não pode, nem poderá jamais, ir além disso; mas é o suficiente. No dia em que o termômetro do sufrágio universal registrar para os trabalhadores o ponto de ebulição, eles saberão — tanto quanto os capitalistas — o que lhes cabe fazer.

Portanto, o Estado não tem existido eternamente. Houve sociedades que se organizaram sem ele, não tiveram a menor noção do Estado ou de seu poder. Ao chegar a certa fase de desenvolvimento econômico, que estava necessariamente ligada à divisão da sociedade em classes, essa divisão tornou o Estado uma necessidade. Estamos agora nos aproximando, com rapidez, de uma fase de desenvolvimento da produção em que a existência dessas classes não apenas deixou de ser uma necessidade, mas até se converteu num obstáculo à produção mesma. As classes vão desaparecer, e de maneira tão inevitável como no passado surgiram. Com o desaparecimento das classes, desaparecerá inevitavelmente o Estado. A sociedade, reorganizando de uma forma nova a produção, na base de uma associação livre de produtores iguais, mandará toda a máquina do Estado para o lugar que lhe há de corresponder: o museu de antiguidades, ao lado da roca de fiar e do machado de bronze."

ENGELS, F. *A origem da família, da propriedade privada e do Estado*. Tradução de Leandro Konder. Rio de Janeiro: Civilização Brasileira, 1975. p. 191-196.

A Constituição Cidadã aprovada em 1988 consegue definir o sufrágio universal no Brasil, estendendo o direito de voto ao analfabeto, porém o manteve facultativo para maiores de 70 anos e os jovens entre 16 e 17 anos.

Afiando FERRAMENTAS...

Discutindo política a partir do cinema... um exercício....

Neste intervalo, vamos apresentar um pequeno exercício, à guisa de exemplo, de como se pode trabalhar questões políticas a partir de um filme, explorando a linguagem metafórica do cinema.

O uso do filme como mediação didática deve ser iniciado com um trabalho informativo sobre ele. É uma forma de abordagem e aproximação, contextuante, que muito ajuda na tarefa posterior de decodificação de sua mensagem. É nesse sentido que deve ser vista e elaborada a ficha técnica do filme.

Os dados sobre o filme, bem como um pequeno resumo dele, devem ser repassados aos alunos antes da exibição. O resumo não pode ser muito detalhado para não prejudicar o interesse em assisti-lo. Outras dicas que possam instigar o interesse dos alunos podem ser adiantadas pelo professor.

Quanto à assistência do filme, levando-se em conta que os filmes costumam durar muito mais do que uma aula, é preciso "negociar" no planejamento do semestre articulações com outras disciplinas para que se possa viabilizar um acompanhamento tranquilo da projeção. A temática do filme pode ser pertinente a várias disciplinas, o que possibilita a união das aulas da mesma classe para que se tenha um tempo maior para o trabalho.

Assistido o filme, é hora de debatê-lo, sempre sob a mediação do docente. Pode-se garantir uma rodada de manifestações das diferentes percepções dos alunos e, ao final, se poderia elaborar, coletivamente, uma síntese interpretativa do filme.

A seguir apenas um pequeno exemplo das etapas sugeridas para o trabalho com filmes.

Ficha Técnica

Título original: *Bug's life*, *Vida de inseto*.
Gêneros: Família, Animação, Comédia, Aventura
Tempo: 96 min.
Censura: Livre
Ano: 1998
Direção: John Lasseter e Andrew Stanton

Resumo

O filme retrata as aventuras de Flik, uma formiga que tenta salvar sua colônia de uma gangue de vorazes gafanhotos e de seu líder, Hopper, que exigem uma parte da colheita das formigas. Mas quando algo dá errado e a colheita é destruída, os gafanhotos ameaçam atacar as formigas, impondo uma confronto constante entre os dois grupos de insetos. Flik, interagindo com Dote, a filha da Rainha, pretendendo liderar as formigas, comete trapalhadas, prejudicando o formigueiro, inclusive fazendo se perder toda a colheita. Os planos de Flik parecem fadados ao fracasso quando as formigas são forçadas a pedir ajuda a outros insetos que ele (Flik) convoca para a missão de salvamento. Entra em cena um bando de artistas rebeldes de um circo de pulgas. Enquanto Hopper se prepara para mais um ataque aéreo ao formigueiro, Flik e os insetos do circo armam um confronto contra os gananciosos gafanhotos. No enfrentamento final, explorando o ponto fraco dos gafanhotos, as formigas, lideradas por Flik, constroem um pássaro mecânico que deveria afugentar os gafanhotos. Mas estes descobrem o truque e acabam se deixando pegar por um pássaro verdadeiro que dá Hopper para os filhotes comerem. Enfim, o formigueiro fica livre da ameaça, Flik e Dote se unem e vivem felizes para sempre...

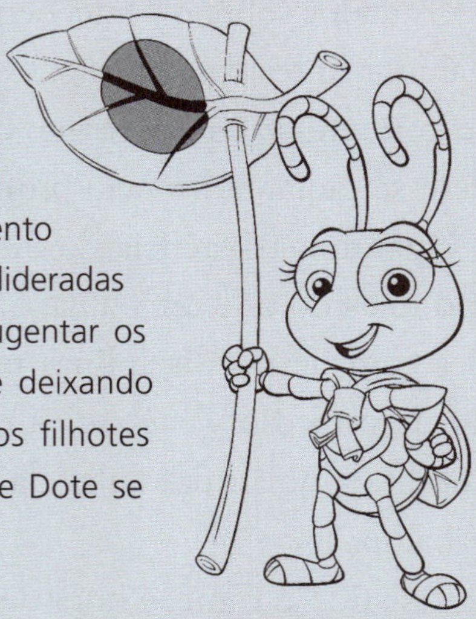

Análise

O peso da tradição na educação: uma interpretação do filme *Vida de inseto*

Fila indiana, todas as "formigas" seguindo no mesmo passo a mesma direção, até que uma folha se solta da árvore e cai: como que dançando uma valsa com o destino daqueles que estão abaixo, desce lentamente em direção à fila. Vem o pânico... "— Me perdi!", grita, com as mãos levadas à cabeça, o que estava à frente da fila onde ela fora interrompida pela folha. Os outros, que ficaram para trás, se entreolham e compartilham do mesmo desespero. Entra em cena, então, a figura do "especialista" que pede para todos se acalmarem e traz uma solução já testada no passado: "– Calma, pessoal! Vamos dar a volta na folha". Alguém faz uma interjeição: "– D... da...dar a volta na folha? M...as isto não é pe...perigoso?". E o especialista, demonstrando aquele tipo de confiança que só os espíritos mais "vividos" e "experientes" possuem, responde: "– Bobagem! Você se lembra daquele galho em 92?..."

Os primeiros diálogos do filme *Vida de inseto* já traçam o perfil daqueles que o protagonizam. E quem seriam seus protagonistas? Poderia ser qualquer povo, em qualquer país e em qualquer época. Um olhar mais atento de quem assiste à cena descrita percebe, de entrada, o peso imensurável que a tradição exerce sobre qualquer membro daquele grupo. A fila indiana é o modelo perfeito de sociedade defendido por quem não deseja mudanças, por mais benéficas que elas possam vir a ser para a comunidade. A folha que cai é o elemento indeterminado, a circunstância que foge ao controle e que exige uma solução que poderia ser, quem sabe, a mudança radical de caminho — revolução — ou, no caso do filme, apenas um leve desvio, "dando a volta no problema", para que a fila possa seguir sempre o mesmo destino, ou seja, muda-se um pouco a rota para que as coisas continuem sempre do mesmo jeito. O especialista poderia ser qualquer profissional ou instituição utilizada pelo Estado para manter a sociedade em ordem, ou como diria Althusser, poderia ser qualquer "aparelho ideológico do Estado".

O filme pode ser analisado como uma metáfora que demonstra o embate entre a força da tradição em uma sociedade constituída e a necessidade de inovação imposta pelos "elementos circunstanciais". Em alguns momentos do filme, eles não são apenas "circunstanciais", mas provocados, neste caso, por uma formiguinha chamada Flick, cuja personalidade poderia ser descrita como um misto de filósofo revolucionário com cientista maluco — uma caricatura de Karl Marx (ou de Lenin?) a la Professor Peninha. Apesar de atrapalhado, ele traz algumas soluções interessantes para os problemas cotidianos do formigueiro. Além do que, assim como Santo Tomás de Aquino, protagonista conhecido da história ocidental cristã, Flick demonstra ser um grande conhecedor da filosofia aristotélica. No entanto, ele e suas soluções são desprezados pelo conselho de anciãos que auxilia a rainha no comando do formigueiro. Ainda por cima, ele é ridicularizado por todos os membros da comunidade, inclusive pelas crianças que, desde cedo, já começam a incorporar em sua personalidade — recebidos pela educação formal e informal — os valores (positivos e negativos) da tradição vigente.

As formigas são exploradas por uma gangue de gafanhotos liderada por Hopper que, além de muito forte fisicamente, é extremamente inteligente: conhece bem a força do formigueiro assim como os mecanismos ideológicos necessários para dominá-lo. Valendo-se de uma política de terror, impõe o medo como forma de controle não apenas das formigas, como também de sua própria gangue. Os gafanhotos são temidos e reverenciados como deuses e a parte da produção que lhes é destinada, lhes é posta em um altar na forma de oferenda. Completamente dominadas ideologicamente, as formigas não conseguem perceber que, por serem em muito maior número, são bem mais fortes e que, portanto, poderiam facilmente vencer os gafanhotos. O único que tem consciência disso é Flick, mas, como não é levado a sério por ninguém, suas ideias não são sequer consideradas.

Do ponto de vista da análise histórico-sociológica, a visão positivista determina a vida do formigueiro. Os membros da comunidade não são capazes de se perceberem como sujeitos responsáveis pelo próprio destino e a tradição sempre fala mais alto. Além disso, necessitam de heróis que sejam protagonistas de sua história, contentando-se com o papel de meros coadjuvantes. Mais que isso: fugindo da responsabilidade pela mudança estrutural de sua sociedade, atribuem aos outros a missão de livrá-los das garras de Hobber e de sua gangue. A "consciência de classe" só surge no final do filme, quando tudo parece estar perdido, não havendo outra alternativa, a não ser lutar pela sobrevivência e pela dignidade do grupo, pois a vida da rainha e, consequentemente, a continuidade biológica do formigueiro, está seriamente sendo ameaçada pelos gafanhotos. Neste momento o grupo se une, depois de um discurso emocionante do personagem Flick que, nesta única e transcendente vez, é ouvido de forma autêntica e sincera por seus companheiros.

O filme *Vida de inseto* ilustra bem algumas situações análogas de nosso cotidiano, sobretudo, na área da educação, em que "tradição" e "necessidade de inovação" se entrecruzam de forma direta. Trabalhar com educação significa, sim, responsabilizar-se pela manutenção da tradição cultural, mas não de forma passiva, como se o educador fosse apenas mais uma peça na imensa engrenagem social. A força da tradição não pode deixar o educador cego às necessidades de mudança. Daí a razão de os educadores tornarem-se pensadores, ou seja, reflexivos: capazes de perceber as contradições da sociedade e, principalmente, de proporcionar aos educandos, igualmente, serem pessoas — cidadãos — reflexivas. Ao invés de mera "peça acéfala da engrenagem", que apenas se move com a força da tradição perpetuando o já existente, inclusive suas mazelas, o educador deve ser a "alavanca consciente" de transformação da realidade. Uma escola que, pura e simplesmente, reproduz tradições culturais elaboradas no passado sem dar sua parcela de contribuição no construto histórico-social, reproduz não apenas aquilo que a cultura tem de bom, mas perpetua os defeitos que proporcionam a existência e a permanência da injustiça na sociedade.

Wanderley José Deina
Antônio Joaquim Severino

UNIDADE 14

Mas a ação individual também precisa encontrar o seu sentido:

o problema ético continua atual

Em toda a história da filosofia é possível perceber o quanto as questões relacionadas com o agir do homem ocuparam lugar importante na reflexão dos filósofos. Podemos até mesmo dizer que, se o problema fundamental da filosofia clássica foi o problema do ser e o da filosofia moderna, o do conhecer, o problema fundamental da filosofia contemporânea e, sem dúvida, o problema do agir. Embora estejamos ainda preocupados em saber melhor quem é o homem e como é que podemos conhecê-lo, o que mais nos angustia hoje é saber quais são os critérios de nossa ação, é saber como devemos agir, qual a melhor maneira de agir enquanto homens.

É por isso que a filosofia continua buscando fundamentar também os nossos juízos de valor moral. Por mais que já saibamos que os valores que embutimos em nossas práticas pessoais cotidianas sejam herdados de nossa própria cultura, recebendo-os através dos processos informais e formais de educação, continuamos desafiados a justificá-los, a fundamentá-los, buscando esclarecer como eles se legitimam e legitimam o nosso agir individual e coletivo.

De um lado, o caráter imperativo da norma moral nos impressiona. Os valores morais se impõem a nós com força normativa e prescritiva, quase ditando como nossas ações devem ser praticadas. Não segui-los nos dá sempre a sensação de que estamos infringindo normas, fazendo o que não devia ser feito.

De outro lado, nossas referências se tornaram mais frágeis na atualidade em decorrência da ampliação de nossos conhecimentos sobre a realidade. Quando insistimos na autonomia do sujeito, entendendo o homem como um ser dotado de vontade soberana e livre, nossos conhecimentos atuais nos mostram o quanto somos frágeis contingentes, dominados pelas estruturas e forças pré-humanas; quando insistimos na predeterminação absoluta desses condicionamentos, defrontamo-nos com a experiência insuperável de sermos os sujeitos de nossa ação, sempre responsáveis por ela e sempre sabedores de todas as suas consequências.

Essa é a esfera da *moral*, campo de investigação da *ética*, área da filosofia que trata das questões do agir dos homens enquanto fundado em valores morais. Na filosofia contemporânea, a ética ocupa lugar de extrema relevância, tal a dificuldade que os homens continuam encontrando para resolver os problemas de sua ação. Sem dúvida, a ética contemporânea está buscando novos caminhos, está tentando fundamentar o agir moralmente válido de maneiras diferentes daquelas apresentadas pela história da filosofia.

Litografia de Baruch Spinosa pelo artista Karl Bauer. O filósofo holandês, de família portuguesa, é autor de importante obra sobre Ética numa visão racionalista.

A ética

Todos nós vivenciamos a experiência da consciência moral. Temos uma sensibilidade moral que nos faz avaliar se nossas ações são boas ou más, justas ou injustas, corretas ou não. Observamos que, em função desses valores, as várias culturas, nos vários momentos históricos, vão constituindo seus códigos de ação, seus sistemas jurídicos, impondo aos seus integrantes um modo de agir considerado adequado a essas normas. Esses aspectos, no entanto, são objeto de estudo de outras ciências: antropologia, sociologia, direito, história etc. A filosofia se preocupa em dar conta dos possíveis fundamentos desse modo de sentir as coisas. Construiu, para tanto, os seus sistemas éticos, bem de acordo com suas grandes referências.

O que nos mostra, com efeito, a história da filosofia? Num primeiro momento, tendeu a vincular os valores éticos à própria natureza metafísica dos homens. Na essência dos homens, já estariam inscritos, de maneira estável e permanente, os valores que deveriam presidir a sua ação, uma vez que definem bem os seus fins. O homem, como qualquer outro ser, busca a sua própria perfeição, que acontecerá quando sua essência estiver plenamente realizada. Como ela se realizará através de ações, o importante é que ele aja então de acordo com os valores a que se tem a devida sensibilidade mediante sua consciência moral. Estamos assim diante de uma *ética essencialista*: os valores da ação humana estão inscritos na própria essência do homem. Ao conhecer essa essência, podemos igualmente nos dar conta dos valores que a ela se vinculam e que poderão dirigir nossas ações no sentido de se tornarem moralmente boas!

Já sob a predominância do modo científico de pensar, a ética tende a se apoiar numa concepção naturalista do homem. Este é concebido tão somente como um organismo vivo, regido pelas leis naturais, tanto no plano individual como no plano social, e que determinam sua maneira de ser e de se desenvolver. Valores e fins da ação humana se encontram expressos nas próprias leis naturais que regulam a vida! É bom tudo aquilo que reforçar a vida natural. Buscou-se assim, em vários sistemas filosóficos, constituir-se uma *ética naturalista*.

A ética, tal qual vem se expressando no âmbito da filosofia contemporânea, tende a ser, por sua vez, uma *ética praxista*. Isso em decorrência da nova referência antropológica que vem predominando na filosofia, como já vimos nos capítulos anteriores. Embora o homem seja entendido como ser natural e dotado de uma consciência subjetiva que lhe permite projetar e antever suas ações, ele não é visto mais, na filosofia atual, nem como um ser totalmente determinado nem como um ser totalmente livre. Sua ação é sempre um compromisso, um equilíbrio instável entre as injunções impostas pelas condições objetivas de sua existência e a sua iniciativa enquanto sujeito dotado de uma consciência livre.

Assim, a ética contemporânea entende que o sujeito se encontra sob as injunções da história que até certo ponto o conduz, mas que é também constituída por ele, por meio de sua prática efetiva. Ele não é mais nem um sujeito substancial, soberano e absolutamente livre, nem um sujeito empírico puramente natural. Ele é simultaneamente os dois, na medida em que é um *sujeito histórico-social*. É uma entidade natural histórica, determinada pelas condições objetivas de sua existência, ao mesmo tempo que atua sobre elas por meio de sua práxis.

A ação dos indivíduos fez os grupos humanos que assumem a liberdade de forma engajada. As formas de luta aparecem tanto na transfiguração da arte (cinema) quanto na primavera dos movimentos sociais com a práxis de aparência inorgânica.

A práxis é sua prática real enquanto atravessada pela intencionalidade subjetiva, ou seja, pela reflexão crítica, quando está agindo levando em consideração a totalidade dos esclarecimentos que sua subjetividade pode lhe fornecer quando criticamente aplicada.

Assim, tanto o sujeito da ação como o mundo enquanto objeto dessa ação se constituem historicamente. Nenhum deles é dado aprioristicamente ou só empiricamente. Isso tem profundas implicações quanto à ética. A ética adquire um *dimensionamento político*, uma vez que a ação do sujeito não pode mais ser vista e avaliada fora da relação social coletiva. Para julgar se uma determinada ação é boa ou má, não se pode mais deixar de avaliar se ela é justa ou não, ou seja, se ela contribui ou não para diminuir o coeficiente de poder dos homens entre si. É que nenhuma ação é mais puramente individual, todo agir é solidário no tecido histórico-social. Só é boa a ação que efetivamente contribuir para o aumento da igualdade entre os homens.

Desse modo, na filosofia contemporânea, a ética se entrelaça, necessariamente, com a política, entendida esta como a área de avaliação dos valores que atravessam as relações sociais que interligam os indivíduos entre si. Mas a política, por sua vez, está intimamente vinculada à ética, pois ela não pode ater-se exclusivamente a critérios técnico-funcionais, caso em que se transformaria numa ética totalitária que sufocaria as pessoas, destruindo sua identidade e sua dignidade.

Em se tratando, pois, de avaliar uma ação do ponto de vista ético, não basta se perguntar até que ponto ela fere um valor individual do sujeito: é preciso perguntar ainda até que ponto essa ação interfere na distribuição do poder entre os homens, ou seja, se ela aumenta ou diminui o índice de opressão e de dominação entre as pessoas. Isso porque a dignidade das pessoas não se circunscreve apenas a sua posição individual, mas também a sua relação no tecido social.

Portanto, para que uma ação seja *eticamente* boa, é preciso que ela seja também *politicamente* boa, ou seja, que ela contribua para o aumento da justiça, entendida esta como a condição de distribuição equitativa dos bens materiais, culturais e "espirituais" (âmbito da dignidade humana). A gravidade de uma ação praticada contra as pessoas é diretamente proporcional às consequências que lhes acarreta na sua situação no contexto social, prejudicando-as no exercício de sua cidadania, degradando seu ser, quer na esfera do trabalho, quer na esfera da convivência social, quer ainda na esfera de sua identidade subjetiva.

Esse problema ético-político é extremamente grave no momento histórico em que estamos vivendo. De um lado, porque as forças de dominação se consolidaram nas estruturas sociais e econômicas; de outro, porque nem sempre conseguimos ver claramente as coisas, obscurecidas que estão pela ideologia que envolve nossa percepção da realidade. Ademais, mesmo quando vemos claramente as coisas, nem sempre temos força para suplantar seu poder de dominação; outras vezes, sequer chegamos a entender os processos que nos envolvem, tal força da deturpação ideológica. Daí as dificuldades que enfrentamos para estabelecer os critérios de nossa ação e para desenvolver nossa prática em coerência com eles.

É por essa razão que dissemos acima que nossa atividade só será práxis se for impregnada por uma reflexão crítica, capaz de elucidar todas as suas implicações.

A criticidade é a qualidade da reflexão que supera a condição da consciência ingênua e da consciência dogmática, capaz de desvelar o enviesamento ideológico de todas as formas de discursos, teóricos e práticos, que constituem a cultura humana. Ela permite entender o próprio processo do conhecimento como situado sempre num contexto mais amplo e envolvente do que a relação direta sujeito/objeto. Ela situa as atividades da consciência, tanto da consciência cognoscitiva como da consciência valorativa, num contexto geral complexo, no âmbito da totalidade do existir humano. A vida da consciência é também uma resultante da trama dos relacionamentos socioculturais. Os conhecimentos hoje disponíveis para a humanidade constituem a expressão histórico-cultural do esforço que os homens fizeram para compreender e dominar os vários aspectos do seu universo. Ao serem elaborados, eles incorporaram marcas do profundo condicionamento que exercem sobre a atividade subjetiva do homem, a sua condição biológica, a esfera das relações produtivas, a esfera sociocultural e a esfera das relações de poder, provocando-lhe não só limitações específicas como também fortes enviesamentos ideológicos.

Desse modo, quando se buscam os fundamentos do agir, a consciência reflexiva praticada pela filosofia, além de reconhecer o legado de sua inserção na realidade natural, social e cultural, precisa equacionar ainda a força de alienação que possui essa realidade, bem como denunciar e desmascarar o caráter ideológico de toda produção da subjetividade humana.

ESCLARECENDO ALGUNS CONCEITOS

Moral: é o conjunto de prescrições vigentes numa determinada sociedade e consideradas como critérios válidos para a orientação do agir de todos os membros dessa sociedade.

A ação humana, do ponto de vista da moral, é fundada em *valores*, ou seja, princípios expressos mediante juízos apreciativos que são vivenciados por uma sensibilidade da consciência subjetiva dos indivíduos e que são concretizados objetivamente em normas práticas de ação e em costumes culturais no seio das sociedades.

Ética: é a área da filosofia que investiga os problemas colocados pelo agir humano enquanto relacionado com valores morais. Busca assim discutir e fundamentar os juízos de valor a que se referem as ações quando neles fundam seus objetivos, critérios e fins.

É bom atentar para o fato de que em nosso meio, muitas vezes, os termos ética e moral são tomados como sinônimos, tanto para designar as prescrições vigentes como para designar a disciplina que estuda os valores implicados na ação. Só o contexto pode dizer em que sentido os termos estão sendo usados.

Trabalhando e debatendo
a temática da Unidade

Questões e atividades

- Como se coloca, nas condições atuais, a questão da moralidade?
- Até que ponto se pode falar que o homem é um ser livre, que é dotado de liberdade e autonomia, sendo responsável por seu agir, frente a tantos condicionamentos de sua ação?
- Correlacione as posturas ética, técnica e política.

Diálogo com Mounier

No texto que se segue, o filósofo personalista Emmanuel Mounier nos fala sobre o sentido da ação, tal qual é vista pela reflexão filosófica contemporânea. Encontram-se nela envolvidas diversas dimensões que precisam ser sempre conjuntamente consideradas. O discurso filosófico do personalismo é debitário de uma perspectiva fenomenológico-existencialista, o que dá conta do estilo da reflexão do autor.

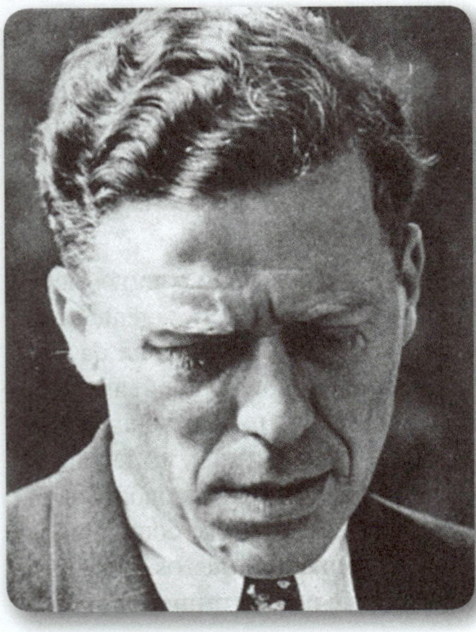

Emmanuel Mounier nasceu em Grenoble, na França, em 1905, tendo falecido em 1950. Estudou Filosofia em Grenoble e em Paris, abandonando a carreira acadêmica para se dedicar a um movimento de jovens intelectuais que se propunham discutir a crise da civilização ocidental do século XX e encontrar novos caminhos para a mesma. Formou então um grupo em torno da revista *Esprit*, porta-voz do movimento, cujas posições filosóficas constituíram a vertente personalista da Filosofia contemporânea. O personalismo é uma orientação filosófica cuja temática principal é a existência da pessoa humana. Influenciado pelo neotomismo, pelo cristianismo, pelo marxismo e pelo existencialismo, Mounier procura superar o dualismo da Filosofia clássica na concepção do homem.

Além de liderar o movimento Esprit, que tem muita influência no seu momento histórico, Mounier escreveu vários livros, entre os quais se destacam: *Revolução personalista e comunitária* (1935); *Manifesto a serviço do personalismo* (1936); *O afrontamento cristão* (1945); *Introdução aos existencialismos* (1946); *Liberdade sob condições* (1946); *Tratado do caráter* (1946); *O que é personalismo* (1948); *Sombras de medo sobre o século XX* (1948); e *A esperança dos desesperados* (1953).

"As *quatro dimensões da ação* — Que exigiremos da ação? Que modifique a realidade exterior, que nos forme, que nos aproxime dos homens, que enriqueça o nosso universo de valores. Para sermos exatos, exigimos de qualquer ação que corresponda mais ou menos a essas quatro exigências, porque é todo o homem que em nós se debruça para beber em cada um dos nossos atos. Há, no entanto, formas de ação que priorizam uma, as outras atuando apenas como acordes. Vamos reencontrar aqui uma distinção clássica.

1. No *fazer* (*poiein*) a ação tem por principal fim dominar e organizar uma matéria exterior. Chamá-la-emos *econômica*: ação do homem sobre as coisas, ação do homem sobre o homem no plano das forças naturais ou produtivas, está presente sempre que o homem, até mesmo em problemas de cultura ou religião, desmonta, ilumina ou engrena determinismos. E o domínio da ciência aplicada aos assuntos humanos, da *indústria* no sentido mais amplo do termo. Tem o seu fim e o seu critério próprio na *eficácia*. Mas o homem não se satisfaz em fabricar e em organizar, se não encontrar em tais operações a sua dignidade, a fraternidade dos seus companheiros de trabalho, alguma elevação para além da utilidade: até mesmo só produz bem nessas condições, como demonstra a psicotécnica. O economista que ignora esses fatos aproxima-se do tecnocrata que considera as relações humanas como se não fossem mais do que leis objetivas relacionadas a coisas. A economia não pode dar resposta definitiva aos seus problemas, senão na esfera do *político*, que o articula à ética. Se o economista resiste em aceitar este vínculo, é apenas porque sob o nome de política se introduz muitas vezes no rigor dos seus problemas a opinião, a intriga ou o *a priori* ideológico, enquanto o político devia juntar o rigor da ética ao rigor técnico. É nesse nível que se deve personalizar o econômico e a institucionalizar o pessoal. Eis por que o apoliticismo que foge desta zona vital da ação, quer para a pura técnica, quer para a pura meditação, ou unicamente para uma formação interior, é na imensa maioria dos casos uma deserção espiritual.

2. Vista sob o ângulo do *agir* (*prattein*), a ação não tem como principal fim a construção de uma obra exterior, mas a formação do agente, a sua capacidade, as suas virtudes, a sua unidade pessoal. Esta zona da *ação ética* tem seu fim e sua medida na *autenticidade*, ponto fortemente acentuado pelos pensadores existencialistas: aqui importa menos o que o agente faz do que como ele é feito e o em que ele se transforma, ao fazer isso. A escolha ética não deixa, contudo, de afetar a ordem econômica. Foi porque aspiravam a uma forma de sabedoria equilibrada e contemplativa que apreciava pouco o poder e desprezava a matéria, que os gregos não desenvolveram uma civilização técnica para que os seus primeiros artífices se tinham demonstrado tão capacitados. Os bairros de um mundo

individualista não se assemelham a uma aldeia cristã, nem a uma cidade coletiva, mesmo quando construídos nos mesmos lugares. E pôde ser demonstrado que as religiões formam tanto, senão mais que as condições materiais, as paisagens e as casas.

Estas noções esclarecem o problema, tantas vezes mal colocado, dos fins e dos meios. Se fosse possível ao homem agir sobre uma escala de meios puramente técnicos, o meio estaria então tão estreitamente ligado ao fim que entre eles nenhuma divergência seria possível. Numa tal escala, a eficácia dirige; todo o meio que triunfa é bom e é bom porque triunfa. Ela regula o aspecto técnico dos problemas, e as suas exigências devem ser lembradas a todos os que têm a nostalgia da derrota, aos espíritos confusos que, a pretexto de moralizar a ação, a afogam sob vagas intenções. Ora, nunca relações entre pessoas se podem estabelecer num plano puramente técnico. Desde que o homem se faz presente, tudo se contamina por ele. Age até pela qualidade de sua presença. Os próprios meios materiais tornam-se meios humanos, vivem nos homens, por eles modificados e modificando-os, ao mesmo tempo que integram essa intenção num processo total. Se os meios aviltam aquele que age, comprometerão a curto ou a longo prazo o resultado. É por isso que a ética de uma revolução ou de um regime é, do ponto de vista dos seus resultados, tão importante quanto os cálculos de força.

Receemos a esperança saint-simoniana e tecnocrática de uma substituição de governo das relações humanas pela administração das coisas. Se isso fosse possível, cedo o homem seria num tal mundo tratado como uma coisa. Técnica e ética são os dois polos da inseparável cooperação da *presença* e da *operação* num ser que não age senão em proporção com o que é, e que não é senão na medida em que se faz.

3. *Teorein*, diziam os gregos para designar este aspecto da nossa atividade que explora os valores e se enriquece ao estender o seu reino sobre a humanidade. Se conservarmos a tradução clássica de *ação contemplativa* temos contudo que precisar imediatamente que essa contemplação, para nós, não depende apenas da inteligência, mas do homem inteiro, não é fuga da atividade comum para uma atividade escolhida e separada, mas aspiração a um reino de valores que abranja e desenvolva toda a atividade humana. O seu fim é *perfeição* e *universalidade*, mas mediante uma obra finita e uma ação singular.

A atividade contemplativa é desinteressada, no sentido de que não visa diretamente à organização das relações exteriores entre as coisas e entre os homens. Não o é no sentido de que permaneceria indiferentemente a essas relações, sem ação sobre elas e sem ação da parte delas. Como toda a atividade humana, recebe a sua primeira marca dos condicionamentos naturais; a prática monástica é feudal com os beneditinos, colegial com os dominicanos, miliciana com os jesuítas, porque os tempos assim o quiseram. Ação contemplativa age, por sua sua vez, em todo o plano da prática, de duas maneiras.

Antes de mais indiretamente, de um modo um pouco vago e como que por superabundância. Foram as mais elevadas e menos utilitárias especulações matemáticas que conduziram simultaneamente às mais fecundas e mais imprevistas aplicações (dos cálculos astronômicos às navegações, dos debates sobre a estrutura do átomo à energia atômica etc.). Dois séculos de disputas teológicas para assegurar a Encarnação de Cristo em toda a sua plenitude fizeram das civilizações cristãs as únicas civilizações ativas e industriosas. Podemos falar aqui de *indução contemplativa*. Esta experiência deve impedir-nos de declarar inútil aprioristicamente qualquer atividade de que não vejamos utilidade imediata.

O contemplativo, embora guardando como principal preocupação a exploração e a integral experiência de valores, pode ter também diretamente em vista transformações da prática. Diremos então que a sua ação é do tipo *profético*. A ação profética assegura a ligação entre o contemplativo e o prático (ético + econômico), como a ação política entre o ético e o econômico. Cabe-lhe, por exemplo, afirmar em todo o seu rigor, pela palavra, por escritos ou por gestos, a existência de um absoluto cujo sentido se perde dia a dia sob o peso de tantos compromissos: são as *Provinciais* ou o *J'accuse*, é a obediência de Abraão, o protesto do objetor de consciência, as greves da fome de Gandhi. Podemos até falar de *instituições proféticas*; elas têm o seu sentido como testemunhos de um mundo futuro, perdem-no quando se apresentam como células de uma organização que delas saísse por justaposição (falanges, comunidades Boismondeau etc.). O gesto profético pode ser 'desesperado' (no plano técnico), pode estar certo do imediato fracasso, pode não obedecer senão ao irresistível impulso de dar testemunho absoluto e de forma absolutamente desinteressada. Mas, por outro lado, acreditar que ele é sempre desesperado e mais não pretende do que vã afirmação, é confundir a espécie com o gênero. Transformar em virtude o insucesso e a ineficácia, substituir à rigorosa modéstia das responsabilidades uma espécie de mórbida aspiração ao martírio é sintoma, na maioria dos casos, mais de desvitalização do que de espiritualidade. O ato profético pode ser também acompanhado por uma consciente intenção de exercer pressão sobre uma dada situação, embora por meios que provêm mais da fé na eficácia transcendente do absoluto do que do recurso à eficácia técnica. Às vezes, mesmo o profeta ultrapassa toda a espessura da ação e de testemunha, se transforma num agente técnico: Joana d'Arc começou por dar testemunho das suas vozes, depois assumiu o comando dos exércitos. No entanto, se o profeta não despreza a eficácia (e por isso difere do emigrante espiritual), não *avalia* a eficácia como o político, e projetando na sua frente a força invisível da sua fé, seguro de antemão de que se não atingir algum resultado imediato, conseguirá pelo menos manter a força viva do homem no único plano no qual poderão ocorrer algum dia as rupturas da história.

4. Não precisamos voltar à dimensão coletiva da ação. Comunidade de trabalho, comunidade de destino ou comunhão espiritual são indispensáveis à sua humanização integral. É o fato de ter oferecido, mais ou menos juntas, estas condições àqueles que não as encontravam no ambiente de suas vidas e de seu país, que o fascismo e o comunismo devem grande parte de sua sedução. Não é com os clamores dos desesperançados solitários que hoje se poderá despertar uma ação esgotada pelo desespero."

MOUNIER, E. *Le personalisme*. Oeuvres, III. Tradução de A. J. Severino. Paris: Seuil, 1962.

UNIDADE 15

O preço existencial da cultura: conhecimento, ideologia, linguagem e comunicação

Estas últimas Unidades pretendem explicitar as principais preocupações que mantêm ativas as buscas filosóficas do pensamento contemporâneo. Mais do que nunca, a filosofia está viva e atenta aos desafios que a existência humana continua enfrentando. Na impossibilidade de apresentar um painel detalhado de todas essas contribuições, vamos destacar as temáticas que constituem seu objeto central de investigação. Sem dúvida, todos os temas clássicos da Filosofia continuam sendo retomados, embora alguns venham merecendo maior destaque no interior das grandes tendências filosóficas.

A compreensão do sentido da existência humana passa também pela sua capacidade de desenvolver um terceiro tipo de prática: a prática simbolizadora, expressão de sua subjetividade, de sua consciência.

Para a Filosofia, hoje, a consciência subjetiva com seu efetivo poder de intervenção na atividade produtiva e na atividade social dos homens é um fato antropológico. E como tal não precisa ser provado, tanto mais que ele acompanha a espécie humana desde suas origens. Ademais nós o exercitamos cotidianamente.

Embora tenha se constituído, desde essas origens, como estratégia da vida e equipamento para a ação, a consciência ganhou, no decorrer da história da espécie humana, uma certa autonomia, desenvolvendo sua atividade como se fosse independente das outras mediações da existência. Passa a desempenhar atividade significadora não necessariamente voltada, de maneira direta e imediata, para finalidades pragmáticas.

Foi em função disso que os homens passaram a constituir a *cultura*, ou seja, representando simbolicamente todos os aspectos da realidade, criando *sistemas de símbolos* que expressassem assim como que uma segunda realidade. As relações produtivas e sociais são simbolizadas em nível de representação e de apreciação valorativa, visando-se a sua significação e sua legitimação.

Com efeito, a atividade especificamente subjetiva se desdobra em dois níveis: de um lado, ela comporta uma dimensão de simbolização mediante *representações* (conceitos) e, de outro, uma dimensão de simbolização mediante *valorações* (valores). Ou seja, todo aspecto da realidade é simultaneamente assumido pela subjetividade humana como algo que se *conhece* e como algo que se *aprecia*, que se *valoriza*; sua significação é simultaneamente cognoscitiva e valorativa. É o modo humano de apreensão da realidade, incluindo-se aí os dados naturais, as relações sociais, os elementos objetivados da cultura, as atividades da própria consciência, enfim, tudo...

Sem dúvida, a questão desse aspecto da condição humana enquanto ser subjetivo é uma das questões mais difíceis e complicadas da filosofia, até porque todas as formas de conhecimento humano — a ciência, a arte, a filosofia e a cultura em geral — só existem porque existe a consciência subjetiva, e seus produtos só têm sentido para uma consciência subjetiva.

A discussão e a reflexão sobre as questões do conhecimento constituem a tarefa da *epistemologia*, área da filosofia que busca descrever os processos do conhecimento, seu alcance e validade.

Já a discussão e a reflexão sobre a capacidade da consciência humana em ter sensibilidade a valores forma o campo das disciplinas filosóficas da área da *axiologia*: ética, estética, filosofia da educação, do direito etc.

Na sua reflexão sobre essas dimensões da consciência subjetiva dos homens, a filosofia de hoje também leva em consideração as contribuições da *Psicologia*, aproveitando subsídios das várias disciplinas psicológicas em função dos valiosos elementos descobertos pelos psicólogos mediante criterioso trabalho experimental e teórico.

Há uma ampla interface entre filosofia e psicologia quando se trata de estudar temas relacionados com a atividade subjetiva dos homens, com a sua identidade, com os determinantes de seu agir.

Mas como a vivência da consciência subjetiva não é um processo desvinculado das demais esferas da existência humana, não é mais possível que a filosofia trate das questões ligadas à prática simbolizadora dos homens sem um constante intercâmbio com as ciências que investigam essas outras esferas. Tanto mais que todas as formas culturais concretas, que, por assim dizer, materializaram essas práticas subjetivas em produtos culturais, já passaram a ser objeto de estudo científico. Assim, além da Psicologia, a Antropologia, a Etnologia, a Semiologia, a Linguística, a Sociologia, o Direito, a Política também fornecem subsídios para a correspondente reflexão filosófica que procura, por sua vez, abordar, de seu ponto de vista, os significados dessas práticas.

Já vimos que a subjetividade humana se manifesta originariamente como um novo equipamento de que a espécie dispunha para "intencionalizar" sua prática, ou seja, para agir projetando sua ação. Mas, no decurso de seu desenvolvimento, essa atividade subjetiva, simbolizadora, tanto no plano da representação como naquele da avaliação das coisas dadas na experiência dos homens, foi se expandindo e se autonomizando, passando a criar novos objetos simbólicos.

Assim, a experiência subjetiva dos homens desenrola-se num espectro bastante amplo de sensibilidade. Ela é uma sensibilidade intelectual, racional, mas é também uma sensibilidade valorativa, ética, estética, religiosa etc. E toda a produção decorrente dessa atividade subjetiva vai se expressar objetivamente através de bens culturais, de natureza simbólica. E que se traduz nas criações do "espírito" humano: a linguagem, a arte, a religião, a ciência, a filosofia, o direito, a política, as formas de comunicação etc.

Como já vimos anteriormente, todas essas dimensões são hoje objeto de investigação e de estudo científico, mas continuam sendo igualmente preocupação da filosofia. A Filosofia busca compreender o sentido dessas manifestações do sentido da totalidade da existência humana.

Ernest Cassirer, filósofo alemão, desenvolve uma reflexão inovadora sobre as relações da filosofia com outras criações do espírito humano. De modo especial trata de uma "filosofia das formas simbólicas", pela qual estabelece o fundamento de diferentes formas de pensamento e de comunicação com base na filosofia de Kant.

A linguagem

Vimos notando, no decurso das considerações sobre o homem que estamos fazendo neste livro, que ele é um *ser de relações* e que, em função dessa sua condição existencial básica, precisa se comunicar: seja com a natureza, com os seus semelhantes, consigo mesmo e com sua cultura. Era, pois, absolutamente natural que ele criasse sistemas de comunicação, já que não lhe era possível comunicar-se diretamente no plano das subjetividades.

Assim, a linguagem enquanto um sistema simbólico surge para agilizar a comunicação entre os homens, talvez substituindo e aperfeiçoando outros sistemas gestuais mais concretos. Ao tomar como código para sua comunicação símbolos ou signos arbitrários puramente convencionais, para traduzir e expressar seus conceitos e valores, os homens agilizam seu intercâmbio comunicativo. Os nomes que damos aos objetos, às experiências e às situações nos permitem ter sempre presente na consciência a sua representação, podendo assim, quando necessitarmos, passá-los aos nossos semelhantes sem a presença física desses objetos e situações. A linguagem, enquanto sistema de símbolos, permite ir além da realidade vivida, transpondo as coisas para um outro plano, constituindo um nível intermediário entre o dado imediato, singular, empírico, e a ideia abstrata e universal, enquanto pura representação mental desse dado, pela consciência subjetiva.

A arte

Já a arte é a forma de expressão das experiências que os homens têm através dos sentimentos e da imaginação. É a expressão objetivada da sensibilidade estética, por meio da qual o homem vivencia o mundo, a realidade e a sua própria existência sob a perspectiva de uma valoração específica que tem a ver com certa intuição mais diretamente ligada à percepção de nossos sentidos: visão, audição, tato, paladar e olfato.

Ela registra e expressa os aspectos do real que agradam especificamente a esses sentidos da percepção: a sensação do belo, que agrada à visão; a sensação do harmonioso, que agrada à audição; do macio, que agrada ao tato; do gostoso, que agrada ao olfato. Trata-se de outras tantas vias de se experienciar o mundo, e também de "representá-lo", mais intimamente ligadas à nossa consciência valorativa.

Chama-se *estética* a área da filosofia que estuda esse âmbito da experiência humana, referindo-se a esse "gosto" subjetivo, ao que agrada aos sentidos.

Todas as demais formas de expressão cultural também são objeto da reflexão filosófica, que se desenvolve aproveitando sempre os resultados das investigações científicas que, desde o período moderno, foram realizadas pelas ciências humanas.

Além do próprio processo cultural como um todo, a atividade científica, as práticas jurídicas, os processos de comunicação, a religião, a educação, a atividade política e econômica constituem igualmente objeto da investigação filosófica, sob a perspectiva axiológica. É por isso que se fala de uma filosofia da cultura, de filosofia da ciência, de filosofia do direito, de filosofia da religião, de filosofia da educação, de filosofia política...

Um belo clássico de Vincent van Gogh (*Vaso com doze girassóis*, janeiro de 1889, Philadelphia Museum of Art, Filadélfia, EUA) e uma apropriação contemporânea pela publicidade de obra do mesmo autor com intervenção de um artefato.

O enviesamento ideológico: a alienação da consciência

A prática da atividade subjetiva e o usufruto dos bens simbólicos que dela decorre são condições fundamentais para uma existência autenticamente humana. O pleno desenvolvimento das capacidades subjetivas é mediação insubstituível de humanização. Negar aos homens condições para a vivenciação dessa dimensão subjetiva da cultura é cercear-lhe sua própria constituição como homens. Daí a importância e a imprescindibilidade dos processos educacionais enquanto vias específicas e privilegiadas para o acesso à produção e ao usufruto dos bens culturais. Defender posições contrárias já é intervir ideologicamente no sentido de privar os indivíduos de sua cidadania.

Mas, por outro lado, se a cultura da consciência subjetiva — enquanto lugar da produção e da vivência do conhecimento, da ciência, da filosofia, da arte, da religião, da comunicação, da percepção dos direitos etc. — é mediação necessária da constituição da essência humana, no sentido de que não se pode ser integralmente homem sendo privado dela, ela é também lugar privilegiado de alienação.

Com efeito, o procedimento da consciência não tem a inflexibilidade presente na atividade mecânica do instinto. Ao representar e ao avaliar os diversos aspectos da realidade, a consciência facilmente os falseia. A representação da realidade perde então seu caráter objetivo e se impregna de significações dependentes em relação ao próprio sujeito que, então, se aliena. É que ocorre um processo ideologizante.

Na sua atividade subjetiva, a consciência deveria visar e dirigir-se à realidade objetiva; ocorre que quanto mais autônoma e livre em relação à mecanicidade dos instintos, quanto mais se considera autoconsciência pura, mais frágil se torna frente à objetividade e mais suscetível de funcionar desvinculada dela. À consciência subjetiva pode ocorrer de se projetar numa objetividade não real, apenas projetada, imaginada, ideada. É como se tivesse imaginando um mundo inventado, invertido. E assim a consciência, alienando-se em relação à realidade objetiva, constrói conteúdos representativos com os quais pretende explicar os vários aspectos da realidade e que apresenta como verdadeiros e válidos. Mas, alienada, a consciência não percebe que tais conteúdos nem sempre estão se referindo adequadamente ao objeto. Na verdade, tais conteúdos — ideias, representações, conceitos, valores — são ideológicos, ou seja, têm obviamente um sentido, um significado, mas que está descolado do real, referem-se de fato a um outro aspecto da realidade que, no entanto, fica oculto e camuflado. No caso não se trata simplesmente de um erro da experiência, mas de um falseamento da própria apreensão da consciência, um desvirtuamento de seu proceder, decorrente sobretudo da pressão de interesses sociais que, intervindo na valoração da própria subjetividade, altera a relação de significação das representações. Interesses reais oriundos das forças sociais, sob a forma de valorações, sobrepõem-se à possível objetividade do conhecimento, de tal modo que as representações acabam tendo, de fato, dois níveis: o da *expressão manifesta*, portadora de uma significação explícita, e o da *expressão latente*, portadora de uma significação implícita. No nível da expressão manifesta, os conteúdos conceituais e valorativos são apresentados como resultantes tão somente de uma elaboração teórica da atividade intelectual da consciência, como neutros e objetivos, verdades válidas e verdadeiras. Mas, no nível de sua expressão latente, relacionam-se com outras situações históricas e sociais que, paradoxalmente, revelam e ocultam ao mesmo tempo.

Esses interesses/valores que intervêm e interferem na atividade cognoscitiva e valorativa da consciência nascem das relações sociais de poder que tecem a sociedade. É para legitimar determinadas relações de poder que a consciência apresenta como objetivas, universais e necessárias algumas representações que, na realidade social, referem-se, de fato, a interesses particulares.

Assim, todas as formas de consciência, com seus respectivos produtos, podem atuar ideologicamente, uma vez que, desde suas origens mais remotas, a consciência está sempre ligada aos interesses vitais. Desse ponto de vista, o mito, a religião, a arte, a ciência e a filosofia, quaisquer que sejam seus conteúdos, estão sempre abertos a essa transposição ideológica.

O quadro que se segue nos permite visualizar a ocorrência do processo ideológico, levando-se em conta o que já foi visto nos capítulos anteriores.

A divisão técnica do trabalho acarreta a divisão social do mesmo e a instauração da sociedade dividida em vários grupos particulares, na qual se estabelecem relações atravessadas por diferenciados coeficientes de poder. Na prática social, o conflito dos interesses opõe indivíduos e grupos entre si, uns passando a exercer poder sobre os outros, buscando eventualmente dominá-los. Para tanto, os grupos dominantes tenderão a se servir dos produtos resultantes da prática simbolizadora da consciência subjetiva: produções intelectuais, artísticas, culturais, jurídicas, religiosas, míticas, educacionais,

A GÊNESE DA CONSCIÊNCIA IDEOLOGIZADA DO PONTO DE VISTA ANTROPOLÓGICO

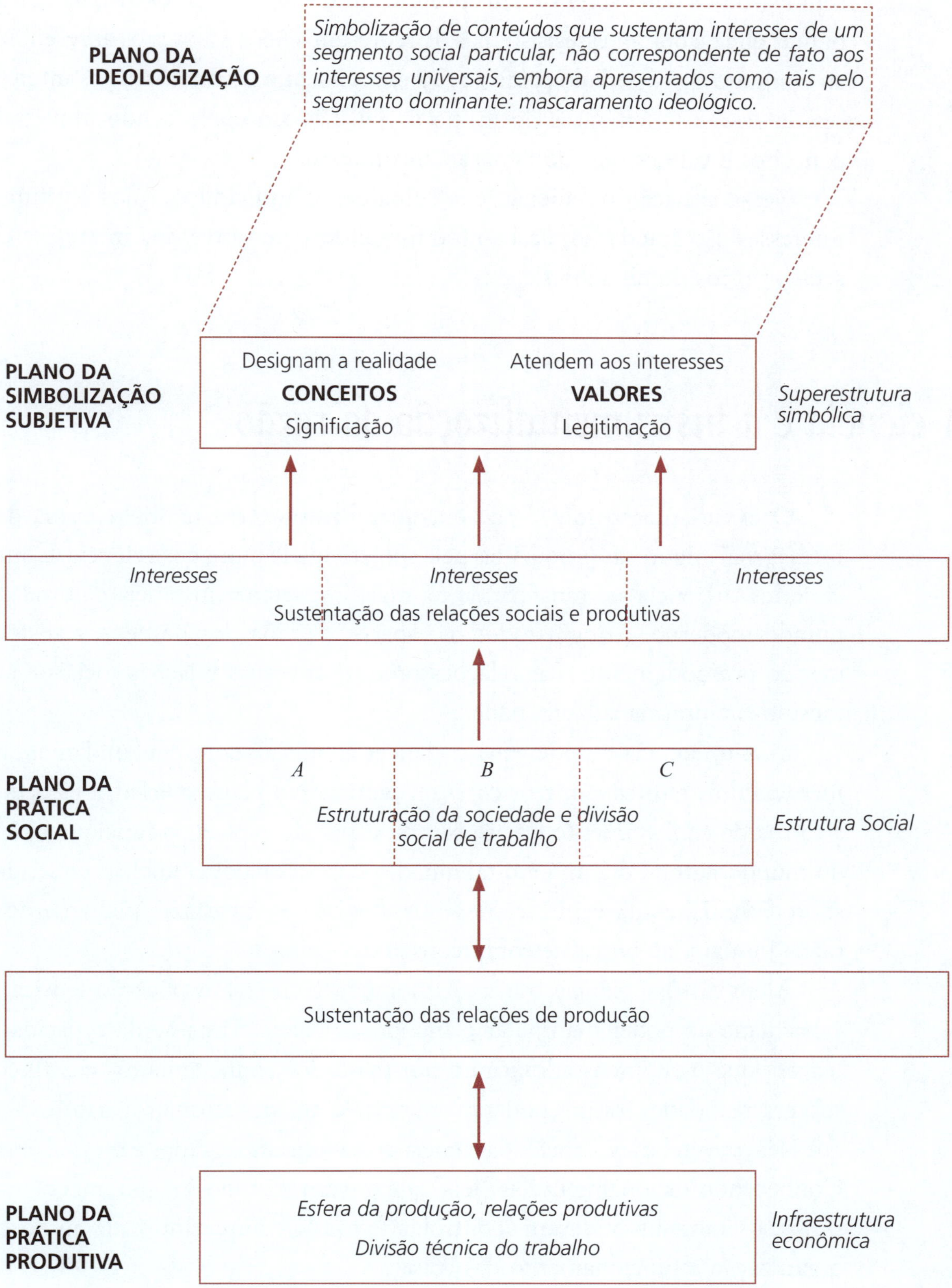

científicas, filosóficas etc., que contêm conceitos e valores que podem ser utilizados na defesa de interesses particulares. Só que para serem realmente eficazes nessa defesa é preciso que os indivíduos os apreendam como se fossem legítimos defensores de seus próprios interesses. Então os grupos dominantes que elaboram esses sistemas de representações e valores os apresentam ao conjunto da sociedade como se representassem e legitimassem os interesses de *todos* os elementos do grupo social. Passam como sendo universais conceitos e valores que, de fato, são *particulares*.

Nessa situação de alienação ideológica, os indivíduos, cujos legítimos interesses são fraudados, acabam se tornando defensores dos interesses de seus próprios dominadores.

A ciência e a instrumentalização da razão

O enviesamento ideológico encontra campo fértil também numa das formas mais rigorosas produzidas pela subjetividade humana: a ciência. Como já vimos, a ciência se transformou na mais importante instância cultural do mundo moderno. Atingiu todos os espaços da vida dos homens, transformando profundamente suas relações produtivas e suas relações sociais e até mesmo sua própria subjetividade.

Essa influência e poder que a ciência adquiriu se devem fundamentalmente a dois fatores, um teórico e um prático. No plano teórico, a ciência é a forma de conhecimento que se tornou capaz de explicar o funcionamento do mundo natural de um jeito tal que dispensava qualquer apelo a entidades sobrenaturais, e sua explicação — suas teorias — satisfazia plenamente a razão humana na busca de compreensão das coisas.

Além disso, a ciência trazia aos homens, com essa explicação teórica, a capacidade de poder manipular o mundo, as coisas. Trata-se da capacidade técnica que os homens adquiriram por meio dos conhecimentos científicos sobre a realidade. Assim, puderam intervir e até transformar a natureza, já que eles desvendaram, através da ciência, todos os seus segredos e mecanismos. Conhecendo racionalmente as "leis" que governam todos os fenômenos naturais, os homens puderam "controlar" essas leis, intervindo no modo de organização e funcionamento das coisas.

Mas os cientistas não se contentaram em explicar e dominar as coisas do mundo físico! Logo descobriram que também a vida era um processo natural que seguia leis e passaram a intervir e controlar todos os processos biológicos.

Foram ainda além: a própria realidade humana e social deve ser abordada cientificamente, já que o homem é parte integrante e homogênea da natureza! Daí o surgimento das ciências humanas, criadas com base nos mesmos princípios positivistas das ciências naturais... Assim como sobre as concepções teóricas é possível elaborar uma técnica, por que não se fazer também uma tecnologia humana e uma engenharia social? Com efeito, o funcionamento da sociedade, enquanto realidade natural que é, deve seguir leis igualmente objetivas e controláveis pelos especialistas!

Com seus recursos técnicos para transformar as coisas, os homens puderam desenvolver a *indústria*. E com esta revolucionaram a própria civilização, e a ciência, que é a fonte de tudo, passou a ser considerada como a referência mais significativa de nossa cultuta, quando não a única. Dessa maneira, ela acabou atravessando e impregnando todas as dimensões da existência dos homens em nossa sociedade atual. Assim, os homens passaram a recorrer à ciência e à técnica para resolver todos os seus problemas.

É bom observar que não há nenhuma dúvida de que a constituição da ciência foi um elemento extremamente importante para a humanidade. Os conhecimentos científicos colaboraram para que os homens, ao desenvolverem sua cultura e sua civilização, fossem se libertando de mitos, de preconceitos, de ignorâncias e das doenças! Com o projeto de constituição da ciência, os pensadores modernos visavam inclusive criar um mundo melhor, uma sociedade democrática. Acreditavam eles que, superada a ignorância mediante a ciência, poderíamos criar condições mais adequadas de existência não só biológica como também social.

Só que os filósofos e cientistas, apoiados exclusivamente nesse naturalismo racionalista, não se deram conta de que o saber não é apenas um esquema de explicação das coisas objetivas. Ele é igualmente uma forma de poder que passa a ser exercido no interior da sociedade.

E a ciência, que pretendia libertar os homens dos determinismos da natureza, das doenças, da miséria, acabou se transformando numa nova forma de opressão para os mesmos homens! A razão que construía a ciência, de razão libertadora, como queriam os pensadores modernos, acabou se transformando em *razão instrumental* que, por meio de seu controle lógico-tecnológico, implantou uma tecnocracia: toda a vida humana é conduzida e determinada pelos padrões técnicos impostos pela ciência. E o que é pior, o poder da ciência e da técnica passa a ser controlado e usado por grupos humanos na defesa de seus interesses particulares. Ele se transformou num instrumento forte e adequado para a dominação e a exploração políticas! A vida das pessoas não é mais referida a critérios éticos e políticos, mas a critérios puramente técnicos! A condução de todas as atividades da sociedade é pensada e executada apenas por especialistas, considerados os únicos detentores do saber técnico-científico, e são eles que ditam as leis e diretrizes de toda a ação: é assim no âmbito da economia, da educação e da cultura em geral. Todas as atividades humanas são criterizadas pelo seu caráter funcional, e todo o sistema social busca apenas um desempenho a baixo custo e sempre visando a maior eficiência e produtividade. Como se tudo se submetesse às regras da produção industrial...

A industrialização da cultura

Um dos maiores impactos da mercantilização geral decorrente dos processos basilares da produção capitalista sobre as atividades da consciência humana é aquele que atingiu a criação artística em particular e a cultura, de modo geral. Trata-se do fenômeno estudado sobretudo pelos filósofos da Escola de Frankfurt (Adorno, Horkheimer, Benjamin, Marcuse e Habermas): a industrialização da cultura.

A cultura passa a ser produzida como mais um conjunto de mercadorias destinadas ao consumo fetichista, ao mesmo tempo que é usada como mais um instrumento de controle e dominação ideológica das pessoas, destituídas de seu poder de criação e expropriadas enquanto usufruidoras dos bens culturais.

ESCLARECENDO ALGUNS CONCEITOS

Cultura: do ponto de vista antropológico, e por oposição à natureza, a cultura é o conjunto dos produtos, das representações e dos procedimentos postos pelos homens enquanto seres sociais. Tudo aquilo que não é posto como mero resultado da ação mecânica da natureza, portanto, tudo aquilo que passa por uma impregnação de algum tipo de intervenção humana.

Daí significar também o processo global dinâmico pelo qual esses elementos que a constituem se inter-relacionam e são apropriados, pelas vias da educação e das demais formas de comunicação, pelos indivíduos que compõem a sociedade.

Em um plano ainda mais abrangente, a cultura significa essa dimensão mais espiritual da vida social ou individual e que é constituída por processos subjetivos de simbolização, de imaginação e de sensibilidade.

Signo: é todo elemento que representa e substitui um objeto enquanto apreensível por um sujeito; é uma entidade formada de um aspecto físico ou significante e de um aspecto inteligível ou significado. Assim, no caso do signo linguístico, o som é o significante e o conceito, o significado. No signo, a relação significante/significado é estabelecida arbitrária e convencionalmente.

Significante: é a parte materializada do signo, a parte perceptível, imagem acústica.

Significado: é a parte imaterial do signo, a parte inteligível, o conteúdo ideal, o conceito.

Símbolo: é o signo no qual a relação significante/significado já não é totalmente arbitrária, uma vez que decorre de uma analogia real ou suposta, aproveitando-se de unidades previamente significativas. Exemplo: a balança como símbolo da justiça, o cão como símbolo da lealdade, a bandeira como símbolo do país.

Sinal: é um fato físico ligado a outro fato físico por uma relação natural ou convencional: nuvem negra é sinal de chuva, batida de sino é sinal de missa. O sinal é percebido como impressão sensorial, relaciona duas sensações. É indicativo, tem função sensório-motora, ao passo que o símbolo tem função meramente representativa.

Estética: área da Filosofia encarregada do estudo da sensação, abordando a experiência vivida nas várias formas de sensibilidade, levando em conta a agradabilidade provocada no sujeito. Daí se relacionar diretamente com a arte enquanto forma de expressão criativa do belo.

Trabalhando e debatendo
a temática da Unidade

Questões e atividades

- Estabelecer uma comparação entre as perspectivas da filosofia e a perspectiva das ciências humanas, tendo em vista os respectivos esforços para a compreensão da cultura.
- O que vem a ser a linguagem e qual a sua importância no contexto da existência humana?
- Pesquisar exemplos concretos de manifestações ideológicas na vida da sociedade brasileira atual, em suas diversas formas de expressão.

Diálogo com Adorno e Horkheimer

No texto que se segue, Adorno e Horkheimer criticam a industrialização da cultura, uma vez dominada pela mídia e inserida nos processos mais amplos de produção e consumo no mercado capitalista. Com efeito, o capitalismo cultural acabou atrofiando a imaginação e a espontaneidade dos artistas e das pessoas que vão apreciar a arte, fazendo com que tudo se torne medíocre e semelhante.

Max Horkheimer (1895-1973) e Theodor Adorno (1903-1969) são filósofos alemães que integraram o grupo dos pensadores conhecido como Escola de Frankfurt, ao qual pertenciam ainda Benjamin, Marcuse e Habermas. Por perseguição nazista, tiveram de se exilar na Inglaterra e nos Estados Unidos. Juntos escreveram importantes obras filosóficas, elaborando uma teoria crítica da ideologia da sociedade e da cultura contemporâneas, enquanto frutos do projeto iluminista da modernidade. Em coautoria, publicaram Dialética do esclarecimento (1947). Adorno publicou *Um novo conceito de ideologia* (1930). Por sua vez, Horkheimer escreveu sozinho: *A situação atual da filosofia social* (1931); *Teoria tradicional e teoria crítica* (1937); *Filosofia da nova música* (1949); *Por uma crítica da razão instrumental* (1967); *Dialética negativa* (1966); *Teoria estética* (1968); e *Três estudos sobre Hegel* (1969).

Influenciados por Hegel, por Marx e por Freud, os pensadores frankfurtianos desenvolveram uma reflexão crítica em relação ao projeto iluminista da modernidade, denunciando o poder de dominação e de opressão da razão transformada em mero instrumento de ciência e de técnica, a destruição da sensibilidade estética dos homens e a tecnocratização do Estado.

"Pois a cultura contemporânea confere a tudo um ar de semelhança. O cinema, o rádio e as revistas constituem um sistema. Cada setor é coerente em si mesmo e todos o são em conjunto. Até mesmo as manifestações estéticas de tendências políticas opostas entoam o mesmo louvor do ritmo de aço. Os decorativos prédios administrativos e os centros de exposição industriais mal se distinguem nos países autoritários e nos demais países. Os edifícios monumentais e luminosos que se elevam por toda parte são os sinais exteriores do engenhoso planejamento das corporações internacionais, para o qual já se precipitava a livre iniciativa dos empresários, cujos monumentos são os sombrios prédios residenciais e comerciais de nossas desoladoras cidades. Os prédios mais antigos em torno dos centros urbanos feitos de concreto já parecem *slums* e os novos *bungalows* na periferia da cidade já proclamam, como as frágeis construções das feiras. internacionais, o louvor do progresso técnico e convidam a descartá-los como latas de conserva após um breve período de uso. Mas os projetos de urbanização que, em pequenos apartamentos higiênicos, destinam-se a perpetuar o indivíduo como se ele fosse independente, submetem-no ainda mais profundamente a seu adversário, o poder absoluto do capital. Do mesmo modo que os moradores são enviados para os centros, como produtores e consumidores, em busca de trabalho e diversão, assim também as células habitacionais cristalizam-se em complexos densos e bem organizados. A unidade evidente do macrocosmo e do microcosmo demonstra para os homens o modelo de sua cultura: a falsa identidade do universal e do particular. Sob o poder do monopólio, toda cultura de massas é idêntica, e seu esqueleto, a ossatura conceitual fabricada por aquele, começa a se delinear. Os dirigentes não estão mais sequer muito interessados em encobri-lo, seu poder se fortalece quanto mais brutalmente ele se confessa de público. O cinema e o rádio não precisam mais se apresentar como arte. A verdade de que não passam de um negócio, eles a utilizam como uma ideologia destinada a legitimar o lixo que propositalmente produzem. Eles se definem a si mesmos como indústrias, e as cifras publicadas dos rendimentos de seus diretores gerais suprimem toda dúvida quanto à necessidade social de seus produtos.

Os interessados inclinam-se a dar uma explicação tecnológica da indústria cultural. O fato de que milhões de pessoas participam dessa indústria imporia métodos de reprodução que, por sua vez, tornam inevitável a disseminação de bens padronizados para a satisfação de necessidades iguais. O contraste técnico entre poucos centros de produção e uma recepção dispersa condicionaria a organização e o planejamento pela direção. Os padrões teriam resultado originariamente das necessidades dos consumidores: eis por que são aceitos sem resistência. De fato, o que o explica é o círculo da manipulação e da necessidade retroativa, no qual a unidade do sistema se torna cada vez mais coesa. O que não se diz é que o terreno no qual a técnica conquista seu poder sobre a sociedade é o poder que os economicamente mais fortes exercem sobre a sociedade. A racionalidade técnica hoje é a racionalidade da própria dominação. Ela é o caráter compulsivo da sociedade alineada de si mesma. Os automóveis, as bombas e o cinema mantêm coeso o todo e chega o momento em que seu elemento nivelador mostra sua força na própria injustiça à qual servia. Por enquanto, a técnica da indústria cultural levou apenas à padronização em série, sacrificando o que fazia a diferença entre a lógica da obra e a do sistema social. Isso, porém, não deve ser atribuído a nenhuma lei evolutiva da técnica enquanto tal, mas à sua função na economia atual. A necessidade que talvez pudesse escapar ao controle central já é recalcada pelo controle da consciência individual. A passagem do telefone ao rádio separou claramente os papéis. Liberal, o telefone permitia que os participantes ainda desempenhassem o papel do sujeito. Democrático, o rádio transforma-os a todos igualmente em ouvintes, para entregá-los autoritariamente aos programas, iguais uns aos outros, das diferentes estações. Não se desenvolveu nenhum dispositivo de réplica e as emissões privadas são submetidas ao controle. Elas limitam-se ao domínio apócrifo dos 'amadores', que ainda por cima são organizados de cima para baixo. No quadro da rádio oficial, porém, todo traço de espontaneidade no público é dirigido e absorvido, numa seleção profissional, por caçadores de talentos, competições diante do microfone e toda espécie de programas patrocinados. Os talentos já pertencem à indústria muito antes de serem apresentados por ela: de outro modo não se integrariam tão fervorosamente. A atitude do público que, pretensamente e de fato, favorece o sistema da indústria cultural é uma parte do sistema, não sua desculpa. Quando um ramo artístico segue a mesma receita usada por outro muito afastado dele quanto aos recursos e ao conteúdo; quando, finalmente, os conflitos dramáticos das novelas radiofônicas tomam-se o exemplo pedagógico para a solução de dificuldades técnicas, que, à maneira do jam, são dominadas do mesmo modo que nos pontos culminantes da vida jazzística; ou quando a 'adaptação' deturpadora de um movimento de Beethoven se efetua do mesmo modo que a adaptação de um romance de Tolstói pelo cinema, o recurso aos desejos espontâneos do público torna-se uma desculpa esfarrapada. Uma explicação que se aproxima mais da realidade é a explicação a partir do peso específico do aparelho técnico e do pessoal, que devem todavia ser compreendidos, em seus menores detalhes, como partes do mecanismo econômico de seleção. Acresce a isso o acordo, ou pelo menos a determinação comum dos poderosos executivos, de nada produzir ou deixar passar que não corresponda a suas tabelas, à ideia que fazem dos consumidores e, sobretudo, que não se assemelha a eles próprios.

Se, em nossa época, a tendência social objetiva se encarna nas obscuras intenções subjetivas dos diretores gerais, estas são basicamente as dos setores mais poderosos da indústria: *aço, petróleo, eletricidade, química*. Comparados a esses, os monopólios culturais são fracos e dependentes. Eles têm que se apressar em dar razão aos verdadeiros donos do poder, para que sua esfera na sociedade de massas — esfera essa que produz um tipo específico de mercadoria que ainda tem muito a ver com o liberalismo bonachão e os intelectuais judeus — não seja submetida a uma série de expurgos. A dependência em que se encontra a mais poderosa sociedade radiofônica em face da indústria elétrica, ou a do cinema relativamente aos bancos, caracteriza a esfera inteira, cujos setores individuais por sua vez se interpenetram numa confusa trama econômica. Tudo está tão estreitamente justaposto que a concentração do espírito atinge um volume tal que lhe permite passar por cima da linha de demarcação entre as diferentes firmas e setores técnicos. A unidade implacável da indústria cultural atesta a unidade em formação da política. As distinções enfáticas que se fazem entre os filmes das categorias A e B, ou entre as histórias publicadas em revistas de diferentes preços, têm menos a ver com seu conteúdo do que com sua utilidade para a classificação, organização e computação estatística dos consumidores. Para todos algo está previsto; para que ninguém escape, as distinções são acentuadas e difundidas. O fornecimento ao público de uma hierarquia de qualidades serve apenas para uma quantificação ainda mais completa. Cada qual deve se comportar, como que espontaneamente, em conformidade com seu *level*, previamente caracterizado por certos sinais, e escolher a categoria dos produtos de massa fabricada para seu tipo. Reduzidos a um simples material estatístico, os consumidores são distribuídos nos mapas dos institutos de pesquisa (que não se distinguem mais dos de propaganda) em grupos de rendimentos assinalados por zonas vermelhas, verdes e azuis."

ADORNO, T.; HORKHEIMER, M. *Dialética do esclarecimento*. Tradução de Guido Antônio de Almeida. Rio de Janeiro: Jorge Zahar Editor, 1985. p. 112-115.

Afiando FERRAMENTAS...

Continuando a explorar as diferentes modalidades de discursos prolatados pelas variadas linguagens, vamos sugerir mais algumas...

Com a arte dramática...

Também o teatro pode ter um valioso alcance pedagógico, viabilizando sua linguagem a uma estratégia didática adequada à discussão e ao ensino filosóficos.

A sugestão aqui é o interessante capítulo Filosofia e teatro: as estratégias de teatralização como contribuição à transmissão de conteúdos filosóficos, de autoria de Ricardo Sassone, no livro organizado por Walter Kohan, *Ensino de filosofia*: perspectivas. Belo Horizonte: Autêntica, 2002. p. 119-139.

Com as histórias em quadrinhos...

Segundo Waldomiro Vergueiro (*Como usar as histórias em quadrinhos na sala de aula,* 2002), as histórias em quadrinhos auxiliam o ensino pelos seguintes motivos: os estudantes gostam dessa forma de literatura e querem ler essas histórias, palavras e imagens, juntas, ensinam de forma mais eficiente; existe um alto nível de informação nos quadrinhos; as possibilidades de comunicação são enriquecidas pela familiaridade com essas histórias; os quadrinhos auxiliam no desenvolvimento do hábito de leitura; os quadrinhos enriquecem o vocabulário dos estudantes; o caráter elíptico da linguagem quadrinhística obriga o leitor a pensar e a imaginar; os quadrinhos têm um caráter globalizador, constituindo-se quase como uma linguagem universal, e podem ser utilizados em qualquer nível escolar e com qualquer tema.

Com as artes visuais

Em seu livro *Como usar as artes visuais na sala de aula* (2007), Kátia Helena Pereira, além de tratar da questão da arte em geral, apresenta a sala de aula como espaço de criatividade e relaciona arte e conhecimento. Especifica então o trabalho com o desenho, com a pintura, com a gravura e com a escultura.

A arte se envolve duplamente com a educação: como objeto da própria formação do sujeito, já que sua sensibilidade estética precisa ser desenvolvida, e como mediação da própria formação do sujeito, donde lhe vem seu relevante papel na formação filosófica dos sujeitos.

Com a imprensa jornalística...

As matérias de jornais e revistas de ampla circulação podem igualmente ser exploradas para o trabalho didático de Filosofia, pelo seu caráter problematizador, aliado à acessibilidade material e conceitual. O jornalismo envolve necessariamente um tom opinativo, nem sempre crítico, mas de qualquer modo motivador de indagações, de dúvidas e questionamentos, perspectivas aliadas do exercício da reflexão filosófica. Além disso, as matérias têm a vantagem de priorizar as questões que estão na ordem do dia, relacionadas, pois, a problemas reais da vida dos estudantes em seu contexto histórico.

Os alunos podem ser orientados a "garimpar" na imprensa cotidiana e semanal as matérias pertinentes e relevantes, cujo tratamento abastece a discussão escolar. Isso é uma forma de não só levantarem subsídios para seus estudos mas também de levá-los a acompanhar a problemática real do cotidiano de seu contexto existencial, aguçando a tomada de consciência desses problemas. Ao mesmo tempo, pelo caráter eminentemente ideologizador dos jornais, é referência importante para o exercício da análise crítica.

O mesmo se aplica ao jornalismo televisivo e radialístico. E com relação às outras linguagens desses veículos, podem ser abordadas conforme sugerido pelos textos a seguir:

Como usar a televisão na sala de aula, de Marcos Napolitano; *Como usar o jornal na sala de aula*, de Maria Alice Faria; *Como usar o Rádio na sala de aula* (2007), de Marciel Consani.

UNIDADE 16

A sensibilidade e a experiência estética

Até o momento, vimos que a Filosofia aborda questões relacionadas à condição do existir humano, aos processos do conhecimento, e questões vinculadas aos valores que presidem o agir das pessoas e das sociedades. Assim, caem sob seu campo de preocupações os valores éticos, que servem de referência para o agir moral, e os valores políticos, que balizam o agir social. Mas nossa consciência valorativa é habitada também por uma outra categoria de valores, os valores estéticos.

Delineia-se assim uma expansão do território da nossa subjetividade, que tem um amplo espectro de modos de nos colocar em relação com o mundo que nos envolve. Nós conhecemos os objetos que constituem o mundo pela mediação dos conceitos, construídos pela nossa consciência cognitiva; mas nós também avaliamos todos os objetos, todas as situações, mediante nossa consciência valorativa.

Os valores estéticos são aqueles que vivenciamos ligados a nossa sensibilidade corpórea, eles expressam qualidades vinculadas aos nossos sentimentos nascidos da própria vivência de nossa condição corporal. Vivenciamos esses valores naquelas experiências que têm nos sentidos do corpo uma mediação mais intensa, experiências estas que chamamos de estéticas, justamente por nascerem da sensibilidade.

Assim, entendemos como estéticas aquelas vivências que, embora subjetivadas, se relacionam mais intensamente aos sentidos orgânicos do corpo, produzindo em nós uma sensação de prazer.

Embora tenha prevalecido em nossa cultura uma vinculação muito forte da estética à beleza, a experiência estética é mais abrangente. Isso porque todas as sensações que temos, derivadas de todos os nossos sentidos, são estéticas. A vivência estética abrange toda a esfera da sensibilidade, quando nesta está envolvida qualquer mediação dos sentidos corpóreos. Diz, portanto, respeito àquela qualidade de nossa experiência do mundo, mediada pelos sentidos, mas igualmente subsumida pela subjetividade, distinguindo-se assim da mera afecção orgânica, dos atos puramente fisiológicos que a sustentam e a acompanham.

Ainda que intimamente relacionada ao corpo, essa vivência só é estética se for igualmente ligada à vivência subjetiva, se ocupar também o território da subjetividade, se tiver uma interface com a sensibilidade cognitiva, se for uma modalidade de apropriação do mundo pelo sujeito.

A incorreção reducionista que tende a privilegiar a experiência da beleza como a experiência estética por excelência certamente procedeu da condição igualmente privilegiada do sentido da visão quanto a essa interface com a sensibilidade cognitiva. Pois quando se trata de registrar e sentir o que é a sensação da beleza, daquilo que é belo, o sentido privilegiado é o da visão que é, de fato, o que ocupa a interface mais íntima com a vivência do conhecimento. Ademais, a cultura e a filosofia ocidentais, desde Platão, sempre enalteceram e priorizaram, na descrição e definição do conhecimento, a visão, que se dá sob o ambiente da claridade, da luz, da iluminação. Tanto que a visão, a iluminação, a evidência, são metáforas correntemente usadas, até hoje, para caracterizar e expressar a experiência do conhecimento. O ver, na experiência do mundo pelos humanos, é sempre considerado superior ao ouvir, ao tatear, ao saborear e ao cheirar. Achamos sempre que conhecemos melhor aquilo que vemos do que aquilo que ouvimos, que tateamos, que saboreamos ou que cheiramos. Mas todas essas experiências nos falam dos objetos do mundo, nos dão algum conhecimento, fazendo-nos, ao mesmo tempo, atribuir a eles uma qualidade valorativa.

Para resgatar a importância de todos os sentidos, alguns pensadores preferem relacionar estético ao gosto, fazendo uma **teoria do gosto**, enquanto outros preferem relacioná-la à experiência abrangente do prazeroso. É estético tudo aquilo que se refere à uma vivência de prazer que envolva simultaneamente a mente e o corpo.

Cabe ainda observar o seguinte: bem se vê que a consciência estética não se desvincula nem da consciência epistêmica nem da consciência ética. Toda atividade cognitiva tem uma dupla interface, ela tem sempre tanto uma dimensão ética quanto afetiva, emocional; do mesmo modo, toda atividade ética, ao envolver um juízo de valor moral, tem uma ressonância emocional e intelectual; e, como vimos nesta Unidade, toda experiência estética envolve uma avaliação ética e uma consideração epistêmica. Esta mútua implicação entre essas três esferas é própria de nossa própria condição humana, elas se originam e se desenvolvem no mesmo e único território da subjetividade.

Para aprofundar mais a temática da estética, ver JIMENEZ, Marc. *O que é estética?* São Leopoldo: Editora Unisinos, 1999. (Col. Focus, 3)

Diálogo com Marc Jimenez

Portanto, não é excessivo falar de uma "matematização da arte" nessa época do Quattrocento. No século VI a.C, Pitágoras tentava compreender o universo inteiro com a ajuda dos *números. A "ordem das coisas", o cosmos*, é redutível a leis aritméticas e geométricas. O número, portanto, é soberano: ao dar acesso ao saber, ele só pode ser sábio, por definição, Mas se ele é saber e sabedoria, também não pode ser senão harmonia e beleza. Os artistas da Renascença aprendem as lições de Pitágoras, cujo nome aparece com frequência nos documentos da época; sentem eles um idêntico fascínio por essa cosmologia do número.

Mas a predominância da razão, do intelecto e da abstração, atestada pela observância estrita das regras aritméticas e geométricas e pela submissão à "ciência da perspectiva", excluirá a sensibilidade, por exemplo, a sensualidade que o artista investe em sua obra e que se esforça por transmitir ao público? Evidentemente não. E os contemporâneos concordam em valorizar numerosas qualidades criadoras que nada devem a uma razão austera. Assim, Cristoforo Landino, pintor florentino, filósofo e amigo de Alberti, faz o retrato dos artistas de seu tempo em termos ainda usuais hoje:

> "Masaccio era um excelente imitador da natureza, com um sentido muito completo de relevo, de composição correta e de pureza, sem ornamentos, [....]. Fra Filippo Líppí pintava com graça e ornamento; era excessivamente hábil e foi excelente [....] igualmente para os 'ornamentos tanto ao imitá-los quanto ao inventá-los, Andrea dei Castagno foi um grande mestre do desenho e do relevo; gostava particularmente das dificuldades de sua arte e dos efeitos de perspectiva; era cheio de vida e muito rápido, tinha uma grande facilidade de trabalho, [....] Fra Angelico era alegre, devoto, muito ilustrado e dotado da maior facilidade." (In: BAXANDAL, Michael. *L'oeil du Quattrocento*: l'usage de la peinture dans l'Italie de la Renaissance. Paris: Gallimard, 1985)

Podemos ver nessas passagens um resumo das concepções estéticas da Renascença. Trata-se de fato do *indivíduo criador*, de sua habilidade, de sua capacidade de invenção, de sua facilidade, até mesmo de seu temperamento ("alegre"). Mas todas essas qualidades devem responder a uma tripla exigência: imitar a natureza. Respeitar as leis da perspectiva. Celebrar Deus ("devoto").

Marc Jimenez é professor de Estética, na Universidade Sorbonne, Paris 1, Membro da Sociedade Francesa de Estética e da Comissão Editorial da Revista de Estética bem como Diretor da Coleção de Estética, junto à Editora Klincksiek. Traduziu e analisou textos de filósofos alemães da atualidade. Dentre seus escritos, destacam-se *Adorno e a modernidade* (1984); *A crítica: crise da arte ou consenso cultural* (1995); *O que é a estética?* (1997); *A querela da arte contemporânea* (2005); *A arte em todos os seus extremos* (2012). O autor é um dos maiores especialistas em estética da atualidade.

A relação entre a razão e a sensibilidade evidencia-se assim em toda a sua ambiguidade. A Renascença vê o triunfo do humanismo: é o homem que avalia o ato criador, ao mesmo tempo como artista, "intérprete entre a natureza e a arte", segundo a fórmula de Leonardo da Vinci, e como objeto, tal qual aparece representado na pintura ou na escultura. Esta posição privilegiada do homem é importante, visto que tende, com rápida progressão, a substituir-se à de Deus. Mas, quando dizemos "homem", ainda não falamos de "subjetividade" nem, se preferirmos, de homem enquanto sujeito.

Além disso, o belo, definido como "conveniência sensata", está ligado à harmonia (*concinnitas*). Implica ele conhecimentos científicos e um saber racional. Em outras palavras, é ainda longo o trajeto que leva a admitir que a imaginação, a intuição, a emoção, a paixão e outros afetos possam ser igualmente faculdades criadoras ou fatores globalizantes de criação capazes de engendrar a beleza. Da mesma forma, será preciso esperar vários decênios antes que tais faculdades e tais fatores desempenhem um papel essencial no julgamento do gosto e em sua formulação.

A ideia de sujeito criador que opera numa esfera de expressão artística autônoma somente se impõe, de fato, com a tomada de consciência do caráter complementar da razão e da sensibilidade. Na verdade, vê-se muito bem onde se encontra o problema. Tomemos o exemplo do indivíduo: enquanto a razão e a sensibilidade forem rivais ou enquanto uma predominar em detrimento da outra, o homem pode ser considerado fragilizado, desequilibrado. Não conseguiria ser nem livre nem autônomo. Um homem por demais racional, que somente obedece às injunções de seu intelecto, precisa de uma moral, de uma religião ou de uma ordem transcendente. Em compensação, um indivíduo por demais sensível, vítima de um excesso de sentimentalidade, precisa de uma ciência, de algumas regras bem ordenadas capazes de inculcar-lhe alguma razão.

O ideal humanista forjado na Renascença constitui uma etapa importante em direção a uma síntese entre a razão e a sensibilidade. Aquele que as possui em quantidades iguais é senhor de si mesmo, isto é, autônomo, tão livre quanto o quis ser Leonardo da Vinci. Esta síntese, todavia, aparece como um equilíbrio frágil. Ela alimentará abundantemente, sob diferentes formas, as controvérsias e as disputas das épocas ulteriores, sobretudo no século XVII, século da razão clássica, e no século XVIII, século dos filósofos racionalistas. Até lá, para confirmar sua plena autonomia, a esfera estética deverá libertar-se ainda das tutelas da ciência, da religião e da moral. Na época da Renascença, esta independência está longe de ter sido adquirida, as condições que permitem aceder a ela estão colocadas: reconhecimento do artista enquanto tal, afirmação da ideia de criação artística, reivindicação em favor: da autonomia da arte e do criador, harmonia entre a razão e a sensibilidade.

Se cada época traz sua própria solução para cada uma dessas questões, é evidente que nenhum dos problemas encontra — e sem dúvida nunca encontrará — resposta definitiva. A reflexão estética contemporânea recoloca, à sua maneira, a questão das interações entre a esfera estética, a esfera científica e a esfera ética. Ela se interroga também sobre a existência de uma racionalidade especificamente estética e sobre a necessidade de critérios em arte. Porém, tais problemáticas podem ser tanto mais bem formuladas por se colocarem de maneira coerente dentro de uma disciplina constituída.

A Renascença traça o caminho que conduz a tal constituição. Nela assistimos à regulamentação parcial das questões, já evocadas, relativas ao *status* do artista e à ideia de criação. Mas ela lega às épocas ulteriores novos motivos de preocupação cujo tratamento condiciona a emergência, na metade do século XVIII, da estética como reflexão científica e filosófica,

De fato, numerosas questões permanecem não resolvidas e os teóricos, filósofos, artistas e poetas não cessarão, durante todo o classicismo, de debater problemas que haviam permanecido em suspenso, por exemplo, sobre a especificidade das artes, sobre a definição do belo, natural ou artístico, sobre o papel do sentimento e da imaginação, ou sobre a importância do gosto individual na apreciação das obras,

Este último ponto é essencial, pois as primeiras formulações teóricas e filosóficas em estética, sobretudo em Kant, tentam justamente elucidar as condições do julgamento do gosto. Ora, o reconhecimento do artista como criador não basta para atribuir-lhe uma subjetividade capaz de promulgar suas próprias leis; da mesma forma, o público não está por isso habilitado a julgar, visto que ignora a que regras devem ajustar-se as obras. Concebe-se facilmente que a obrigação de dobrar-se diante de.regras supraindividuais, sejam elas de natureza religiosa, metafísica ou moral, não permite que a liberdade do homem se exprima plenamente."

(JIMENEZ, Marc. *O que é estética?* Trad. Fulvia Moretto. São Leopoldo: Editora Unisinos, 1999. p. 46-49)

UNIDADE 17

Desafios e vocação da Filosofia na contemporaneidade

O objetivo desta última Unidade, destinada a pôr um fecho nesta trajetória de reflexão filosófica, é mostrar aos alunos do ensino médio que essa reflexão que procuramos desenvolver não é apenas um rescaldo do passado. A filosofia continua uma prática viva e efervescente, expressando-se de diferentes formas e sob várias orientações e tendências. Embora não se aprofundando nenhuma dessas tendências, podemos formar um quadro mínimo de referências e informações sobre as preocupações que interpelam a filosofia na contemporaneidade, momento histórico em que continua realizando esforço de compreensão e de significação da realidade humana na sua realização.

A ciência: única forma de saber válido?

A cultura contemporânea continua profundamente marcada pela ciência, instaurada na era moderna e considerada ainda por muitos como a sua instância fundamental. De fato, como vimos na Unidade 9, a ciência impregnou todos os setores da existência humana e seu impacto sobre a filosofia não poderia deixar de ser muito forte. Assim, não é sem razão que ela esteja presente entre as preocupações de quase todas as correntes filosóficas da atualidade, chegando mesmo a ser o único objeto de algumas tendências.

Com efeito, para as *tendências neopositivistas*, a ciência é a única forma válida de conhecimento do real. É que o conhecimento verdadeiro só pode ser aquele constituído de enunciados empiricamente verificáveis. Só se pode falar validamente e se referindo à experiência sensível, empírica. E isto só é feito pela ciência. À filosofia, no seu sentido tradicional, não procede, porque seus conteúdos não se referem à experiência. A única tarefa que sobraria então para a filosofia é a de proceder à análise lógica da linguagem praticada pelas ciências, ou mesmo da linguagem em geral. Este trabalho lógico desenvolvido pela filosofia visa eliminar da ciência qualquer traço metafísico, criando-se uma linguagem científica rigorosa, em que não haja lugar para pseudoproblemas. Os enunciados teológicos, metafísicos, éticos e políticos não são empiricamente verificáveis, não podendo, pois, ser considerados conhecimentos verdadeiros. Pensadores como Wittgenstein, Russell, Popper, Carnap, Ayer, Moore, Quine, entre outros, assumem posições neopositivistas.

Mas a ciência é ainda preocupação explícita de outro importante veio de filósofos contemporâneos, vinculados a diferentes tendências. Só que, ao contrário dos neopositivistas, estes pensadores não buscam estabelecer uma linguagem rigorosa para a ciência. Reconhecem a sua relevância e autonomia, mas entendem que ela não pode ser considerada isoladamente das outras formas de saber e das demais atividades humanas. Compartilham das preocupações epistemológicas relacionadas às condições de possibilidade do conhecimento científico, mas julgam que uma filosofia da ciência envolve necessariamente considerações de ordem axiológica, uma vez que a ciência é uma atividade humana intimamente vinculada ao processo histórico-social. Entre outras questões, discutem os riscos da ideologização presentes na atividade científica.

Podemos designar essas correntes como *transpositivistas*, já que mantêm a concepção de que a ciência é a forma mais válida do conhecimento (com o que reafirmam a tradição positivista); mas, por outro lado, pretendem ir além do positivismo, questionando a pretensão da objetividade e da neutralidade absoluta da ciência.

Embora essa problemática da ciência, colocada sob esta perspectiva, preocupe filósofos vinculados às correntes *dialéticas* e *fenomenológicas*, a tendência que estamos considerando como especificamente transpositivista é representada por pensadores como Piaget, Bachelard, Kuhn, Feyerabend e outros que se propõem, até certo ponto, a fazer uma revisão do racionalismo iluminista praticado no âmbito do cientificismo positivista.

Um novo fundamento metodológico para o conhecimento?

A tentativa de constituir uma teoria do conhecimento, em um sentido mais amplo do que aquele posto em prática pela ciência ou pela metafísica, é desenvolvida por pensadores vinculados à *fenomenologia*. Sua problemática fundamental se concentra em torno da relação do sujeito ao objeto no processo do conhecimento, da relação da consciência ao mundo. Posicionando-se contra as pretensões tanto do positivismo quanto do idealismo, os fenomenólogos entendem que o conhecimento se dá por um compromisso entre um polo subjetivo e um polo objetivo, já que não haveria nenhum sentido falar de um objeto a não ser por referência a um sujeito, nem falar de um sujeito fora de uma relação a um objeto.

A fenomenologia se apresenta então como uma nova metodologia para o conhecimento que possa lhe garantir alguma validade, seja no âmbito da ciência, seja no âmbito da própria filosofia.

Como então atingir o conteúdo das coisas, como chegar até elas mesmas? Se é verdade que o homem não pode pretender chegar de imediato à substância metafísica das coisas, também não pode se ater às impressões fugazes da experiência sensível!

A única via então é descrever os fenômenos tal qual eles são vivenciados pela consciência, numa experiência primeira em que objeto e sujeito se relacionam bipolarmente, implicando-se mutuamente.

A fenomenologia se impõe no cenário filosófico contemporâneo graças aos trabalhos de Husserl, se desenvolvendo em seguida através do trabalho de Max Scheler e de Merleau-Ponty. Vai se constituir fundamento epistemológico de todos os pensadores existencialistas — de modo particular, Heidegger e Sartre.

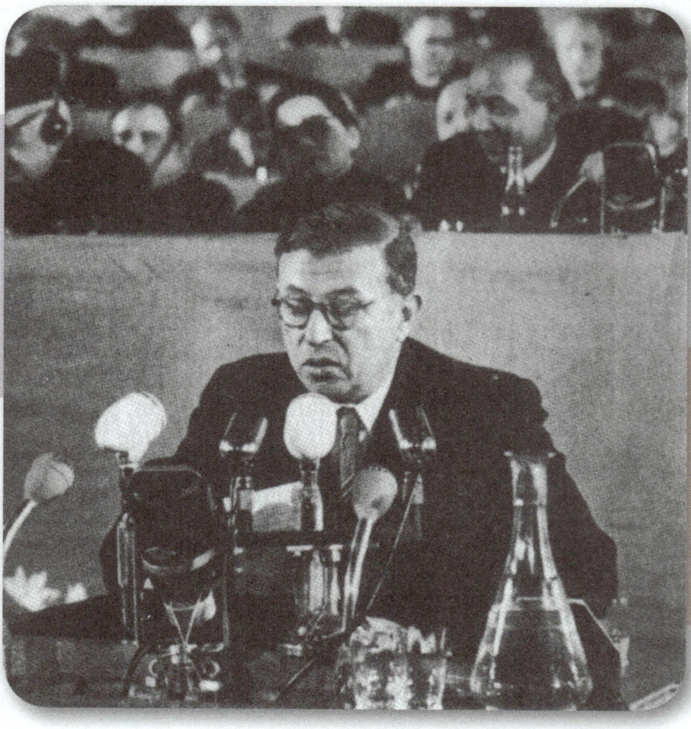

Sartre no Congresso Mundial da Paz (Viena, novembro de 1952).

A existência humana tem um sentido?

Muitas tendências da filosofia contemporânea privilegiam a temática do existir humano: querem construir novas antropologias. Os filósofos ligados a essas tendências não se satisfazem com os modelos clássicos e modernos, julgados insuficientes para dar conta da multíplice experiência existencial do homem.

Esses filósofos se preocupam menos com aspectos lógicos e epistemológicos: privilegiam as questões ético-antropológicas. Querem compreender o sentido da existência humana e do agir do homem, tentando superar uma visão puramente abstrata de seu ser, buscando incluir nesse sentido todos os complexos aspectos da realidade histórica dessa existência.

A temática do sentido da existência pessoal se coloca explicitamente nas filosofias contemporâneas que podem ser classificadas como *neo-humanismos*: dentre eles se destacam o existencialismo, o personalismo, o vitalismo e a arqueogenealogia.

O *existencialismo*, que se apoia metodologicamente na fenomenologia, procura desenvolver uma hermenêutica da existência. Enfatiza a condição do homem como ser consciente e livre, com grande responsabilidade sobre seu "destino" pessoal, apesar de sua congênita contingência decorrente de sua insuperável facticidade. Assim, a liberdade é a categoria fundamental da filosofia existencialista. Partindo de Kierkegaard, o existencialismo se afirmou com Heidegger, Sartre, Marcel, Jaspers, Nédoncelle e Buber.

O *personalismo*, expresso sobretudo pelo pensamento de Mounier, Lacroix, Berdiaev e Landsberg, é uma filosofia bem próxima do existencialismo, dando contudo mais ênfase à dimensão práxico-política da existência humana, posição que o aproxima do marxismo.

O *vitalismo* destaca o caráter evolutivo da existência humana. Ela é pensada por esses filósofos como sendo atravessada por uma força vital que a faz avançar sempre para estágios de maior perfeição. Privilegiam assim a temporalidade histórica e a concretude da vida. Destacam-se como representantes dessa corrente: Teilhard de Chardin, Bergson, Ortega y Gasset.

A busca de um novo sentido para a existência pessoal se encontra também num grupo autônomo de filósofos que se esforçam por compreendê-la fora dos parâmetros da racionalidade iluminista da filosofia moderna. Querem até mesmo avançar rumo a uma pós-modernidade. Inspirando-se em Nietzsche e Freud, denunciam o caráter opressor da filosofia iluminista, da ciência, da tecnologia e da própria religião. São os filósofos que agrupamos na tendência por nós designada como *arqueogenealogia*: buscam nas profundidades do inconsciente humano poderosas forças latentes que nele se encontram soterradas. São as potências desejantes que respondem, arcaicamente, pela expressão do modo de ser humano. Não é o *cogito* consciente e reflexivo, nem o organismo biológico, nem o sujeito político que constituem o especificamente humano. A nova antropologia deve ser feita com base numa economia geral do desejo. Impõe-se a construção de uma nova subjetividade que não mais se confunda com a pura racionalidade.

Mas comunicação, linguagem e cultura aparecem igualmente como temáticas privilegiadas nas correntes fenomenológicas. Aí a linguagem é vista como mediação simbólica pela qual se torna possível a intersubjetividade. Uma das tarefas da Filosofia é então proceder a uma hermenêutica. Essa análise da linguagem, enquanto mediação comunicativa, subsidia, por sua vez, a compreensão filosófica da própria existência humana.

A tendência arqueogenealógica se expressa nos pensamentos de Foucault, Lacan, Deleuze, Guattari, Maffesoli, Baudrillard, Lyotard, entre outros. Foram influenciados sobretudo por Nietzsche e Freud, mas incorporam subsídios da Escola de Frankfurt, do estruturalismo, do existencialismo e do próprio marxismo.

O homem é o sujeito de sua história?

Já outros pensadores refletem sobre a existência dos homens numa perspectiva mais política, ou seja, na sua dimensão histórico-social. Sua preocupação maior está na decifração do sentido da vida em sociedade, abordando a questão do poder político vigente entre os homens.

Para tanto discutem as condições econômicas, políticas, sociais, históricas e culturais dessa existência. Mas não se trata apenas de um trabalho de mera interpretação: querem sobretudo avançar propostas de transformação da realidade histórico-social em que vivem os homens. Trata-se de uma *filosofia da práxis*, destinada a entender as articulações da existência coletiva dos homens para mudá-la, aprimorando-a, libertando-a de todas as formas de alienação e de opressão.

Em função desse objetivo, esses filósofos da práxis vão privilegiar temas como a história, a sociedade, o trabalho, a produção, a organização econômica, a revolução, o Estado, o poder e a política.

A tendência matriz que privilegia a práxis e a história é aquela vinculada à *dialética marxista*, elaborada por Marx e Engels a partir da contribuição metodológica do pensamento de Hegel. A realidade social vai se transformando historicamente em decorrência da permanente luta de contrários que a atinge pelo interior, a *força da contradição*. Mas a ação social dos homens é imprescindível para tornar fecunda essa força transformadora.

A filosofia marxista teve ainda muitos outros representantes teóricos, destacando-se, dentre eles, Lenin, Mao Tsé-Tung, Lukács, Schaff, Goldmann, Althusser, Poulantzas e Gramsci.

Lucien Goldmann (esq.) e Antonio Gramsci (dir.) são dois representantes da filosofia da cultura do século XX. São escritores inovadores, que aprimoram o método dialético por meio dos conceitos de estrutura e novo humanismo. Suas análises iluminam importantes questões da vida da França e da Itália.

Além desses, um outro grupo de pensadores deve ser aproximado dessa tendência, embora sofrendo outras influências. É o grupo ligado à assim chamada *Escola de Frankfurt*: Adorno, Horkheimer, Marcuse, Benjamin e Habermas, que praticam uma dialética negativa por serem mais céticos quanto ao poder transformador da práxis humana.

Vimos então que esses problemas situam-se no tríplice universo do existir humano: são questões relacionadas a nossa própria condição existencial (quem somos nós?); ao nosso agir prático (como devemos agir?) e a nossa atividade de conhecer (o que e como podemos conhecer?). Mas todas essas questões continuam ainda nos desafiando, em que pesem as profundas mudanças que alteraram os contextos históricos e as condições concretas da nossa existência nos dias de hoje. E, por isso, a Filosofia continua em plena atividade, sustentando sua luta perene pela busca de mais sentido.

Max Horkheimer, reitor da Universidade de Frankfurt (1951-53), incentivou a organização de documentos sobre a cultura contemporânea no Instituto Central daquela universidade.

Podemos então concluir que a filosofia é uma atividade de reflexão, uma modalidade de exercício da subjetividade cognoscitiva que se envolve exatamente com o delineamento desse sentido, articulando e complementando todas as outras modalidades congêneres, num esforço conjunto e convergente com vista à elucidação do sentido da existência e do esclarecimento de referências para a orientação da prática humana, o grande processo mediador de sua existência. Em que pesem todos os seus tropeços e ambiguidades, não é senão a efetivação dessa prática reflexiva o que se pode ver ao longo da milenar trajetória da produção filosófica em todas as culturas com expressão histórica. Não foi a outra a pretensão e a intenção de todos aqueles pensadores, considerados filósofos pelas diferentes culturas, em todas as épocas históricas. Quaisquer que tenham sido as formas que essas atividades assumiam, tanto num plano lógico-epistêmico como no plano de suas linguagens, elas sempre se apresentaram com a pretensão de esclarecer o entendimento que os homens têm dos diferentes aspectos de sua existência no mundo, propondo referências para que a condução seja feita de uma determinada maneira, ainda quando isso é dito de forma mais implícita do que explícita.

Podemos, pois, assumir a significação da filosofia como modalidade de saber que se refere à realidade, à densidade do real, por mais opaca e resistente que seja essa abordagem. Este é o significado nuclear que é a fonte dinamizadora de todo empreendimento elucidador realizado pelo conhecimento, mesmo quando se exerce concretamente por formas indiretas. O que quero dizer é que filosofar é pensar o real, quaisquer que sejam as formas históricas e concretas mediante as quais esse real se expressa à nossa experiência. Assim, mesmo quando a reflexão se dedica ao entendimento do próprio processo do conhecer, por exemplo, quando pensa a ciência, a arte, a religião, mesmo quando se debruça sobre o pensamento objetivado no texto, ele visa, ao fim e ao cabo, pensar o sentido da realidade mediatizada particularmente no ser humano.

Por isso mesmo, todas as definições que se tem dado à filosofia, como por exemplo, a "de produzir conceitos", "de validar a ciência", de escoimar a linguagem de seus vícios lógico-linguísticos, só podem sustentar-se se, em última análise, isto for feito com o objetivo primordial de contribuir para o esclarecimento do significado de existir humano na história. A razão fundamental de ser de todo pensamento é o de investir nessa elucidação. É claro que isso não é feito só pela filosofia; ao contrário, a contribuição de todas as outras modalidades de conhecimento, de todas outras formas de exercício da subjetividade, é significativa e imprescindível para que se se aproxime, ao longo do desenrolar da prática investigativa e reflexiva, desse sentido do existir histórico-social do homem, ou seja, para que os homens possam ir constituindo subjetivamente a cultura objetiva de seu mundo. Por sinal, essa é a tarefa da própria humanidade: humanizar, cada vez mais, sua condição que emerge enraizada no mundo pré-humano da natureza e de seus determinismos.

É, pois, como tarefa do coletivo humano que o conhecimento deve se exercer na sua plenitude. Ele é estratégia fundamental da vida da espécie. E é por isso que o desenvolvimento da capacidade de reflexão filosófica, tanto quanto das demais modalidades de exercício da subjetividade, se torna relevante no caso de toda formação profissional e, *a fortiori*, no nível da formação universitária. Essa capacidade de pensar a totalidade, de forma integrada, é dimensão imprescindível na formação profissional, sob pena de se transformar esta em mera habilitação técnico-operacional, mecânica, vazia de significado humano.

A ausência de uma iniciativa pedagógica destinada a suscitar uma reflexão sistemática, envolvendo uma dimensão crítica, não evita o exercício de pensamento. Só que esse vácuo será ocupado por um pensar alienado e dogmático, fortemente ideologizado. A ideologia faz então a defesa do pragmatismo na nossa formação, falseando o papel do conhecimento e do ensino.

Ocorre que a realização plena da Filosofia, como gestora crítica da única ferramenta de que a humanidade dispõe para conduzir sua existência histórica, seria igualmente a plena realização da emancipação humana, a plena humanização, a radical personalização do ser humano. Ela seria como que o roteiro mais sólido e mais seguro do vir-a-ser humano. Mas isso não é o que é visado por todas as instâncias que tecem a humanidade.

Diálogo com Japiassu

Hilton Japiassu nasceu em Carolina, Maranhão, em 1934. É licenciado em Filosofia pela PUC do Rio de Janeiro. Defendeu seu doutorado em Filosofia, na área de Epistemologia e História das Ciências na Universidade de Grenoble e fez pós-doutorado na Universidade de Estrasburgo. Foi professor de graduação e pós-graduação em Filosofia na PUC do Rio de Janeiro e na Universidade Federal da mesma cidade. É renomado epistemólogo e filósofo das ciências, tendo debatido principalmente questões relacionadas ao estatuto científico das Ciências Humanas, em geral, e da Psicologia, em particular. Tem extensa publicação na área de Epistemologia e Filosofia das Ciências, dentre as quais se destacam *Introdução ao pensamento epistemológico* (1975); *O mito da neutralidade científica* (1976); *Interdisciplinaridade e patologia do saber* (1977); *Nascimento e morte das ciências humanas* (1983); *A pedagogia da incerteza* (1983); *A revolução científica moderna* (1986); *A crise da razão e do saber objetivo* (1996); *Um desafio à Filosofia: pensar-se nos dias de hoje* (1998); *Um desafio à educação: repensar a pedagogia científica* (1998); *O sonho transdisciplinar e as razões da filosofia* (2006).

Se pretende continuar sendo um saber vivo e fecundante, a filosofia precisa encontrar novas pistas, conquistar novos territórios e explorar novos horizontes de conhecimento. Alguns (Deleuze e Guattari) acreditaram tê-la retirado do impasse convertendo-a numa máquina de inventar, formar e produzir conceitos; outros, tê-la transformado numa "clarificação lógica do pensamento" (Wittgenstein). Tentativas meritórias, sem dúvida, mas insatisfatórias. Também não acredito que haja nenhuma possibilidade de ela ser absorvida pela tecnociência conquistadora. O que é possível "é que as verdadeiras questões filosóficas sejam enterradas cada vez mais profundamente sob uma camada espessa de dogmatismo tranquilo de metafísica positivista" (Castoriadis). Creio que a filosofia precisa hoje passar por uma profunda reforma e por um movimento de retorno às fontes a fim de que possa vencer seu atual marasmo, mal-estar e conformismo e volte a assumir sua tarefa que mais define sua essência: um empreendimento de desmistificação, posto que seu aspecto mais afirmativo e criativo reside justamente em sua disposição à vigilância e à suspeita, em sua intolerância para com a estupidez e seu estado de descontentamento em relação às coisas tais como são. [...] Evidentemente que um projeto de reforma suscita, por parte dos detentores dos micropoderes filosóficos, uma onda de suspeita podendo conduzir ao medo, pânico ou à rejeição brutal. Mas creio que, entre outras formas de mudança, ela deveria superar, pelo menos, a radical e desastrosa repartição a que foi submetida entre os estudos científicos e os "literários", porque a filosofia e a ciência têm necessidade uma da outra. Concebida como uma disciplina literária ou como uma disciplina "formal" de cunho lógico ou matemático, a filosofia parece não conseguir mais responder às exigências que a sociedade lhe faz: dirigir-se principalmente à razão por meio de conceitos, procurando convencer os indivíduos pela mobilização apenas de sua inteligência, mas sem se esquecer de que a aspiração fundamental do homem é à felicidade. Muita gente se sente constrangida e envergonhada de reconhecer que nasceu para ser feliz, como se a felicidade fosse um projeto imaturo acalentando sonhos juvenis.

Muitos cientistas, cansados de ver suas disciplinas subordinadas ao desenvolvimento com finalidades tecnológicas, cada vez mais estão exigindo uma redescoberta da argumentação filosófica em todos os domínios onde, apesar da denegação positivista e cientificista, jamais deixou de estar presente e atuar como espécie de exame ou "consciência crítica". O pretenso divórcio entre as ciências e a filosofia aparece hoje como um engodo inventado pelo cientificismo do século XIX e mais ou menos manipulado pela ideologia tecnologista posterior em proveito de uma mentalidade tecnocratizante. Ademais, não nos devemos esquecer de que sempre atuou e foi exercida no contexto e no clima da Cidade (Polis). Durante séculos o pensamento normativo foi buscar as molas de uma invenção no tipo de argumentação desenvolvido e aprimorado pelos filósofos. Isto é válido, em primeiro lugar, da ética e do direito que, por vocação, enunciam no absoluto o que devemos crer e instituem esses valores em objetos de "respeito". Um tal retorno à inventividade permitiria aos cidadãos escaparem, enquanto indivíduos, dos conformismos e estereótipos que sobre eles pesam como uma barra de chumbo. A este respeito, a lembrança de Sócrates pode ser revitalizadora: não somente encarnou o modelo humano do filósofo ("aquele que ama contempla a verdade"), mas é justamente a seu modo de pensar e argumentar que fazemos remontar a origem da filosofia. Se pode ser tomado como modelo, é porque: a) ensinou tanto por sua vida quanto por sua doutrina: o sábio é o filósofo cuja vida serve de prova; b) contentou-se com a verdade para mudar sua vida; c) tomou essa verdade como estritamente reflexiva, tendo um caráter lógico, não empírico; d) antecipou-se ao que diria mais tarde

Aristóteles: "*Verdade e amizade, ambas me são caras, mas é para nós um dever sagrado conferir o primado à verdade*", posto que cada coisa possui tanto de verdade quanto de ser; e) forneceu-nos uma concepção bastante polêmica do saber: a de que não existe "lição" insuperável; f) fez-nos compreender que precisamos pensar a nós mesmos em termos de corpo e *psyqué* (alma, sede dos valores humanos intelectuais e morais) e que devemos reconhecer na *psyqué* nossa melhor parte. [...]

Por outro lado, para conduzir a bom termo nossa vida, na sombra angustiante de nossas mais irredutíveis certezas (nascimento e morte), temos necessidade de construir instituições, formular regras e inventar normas suscetíveis, não somente de controlar ou temperar a angústia inerente à nossa condição, mas conjurar a violência de que é portadora. É justamente por isso que precisamos considerar a filosofia o exercício do pensamento permitindo-nos colocar as questões radicais sobre o modo como nos relacionamos com o mundo, com os outros homens, com os valores e os demais saberes, na perspectiva de conferirmos um sentido a tudo o que nos acontece e de encontrarmos as melhores razões ou motivos para viver. Neste sentido, é uma prática eminentemente individual e solitária, mesmo que realizada em relação com os outros e os demais pensamentos. Ela é educação (*e-ducere*: "sair de"), sair da caverna de sua ignorância, de sua dependência, de sua menoridade e de todas as alienações graças às luzes da Razão e ao ensinamento dos sábios. Vinculada essencialmente à liberdade de pensar, promove nossa autonomia intelectual para que ousemos pensar livremente apenas por nós mesmos. Marcou-me muito a ideia-mestra de Bachelard segundo a qual toda educação é uma conquista de *autonomia*: "Desobedecer, para quem foi tocado pela graça ou pela razão, é a prova imediata e decisiva da autonomia". Ele define a ciência como um combate, como uma recusa de suas próprias opiniões. Donde sua "filosofia do não". A ciência progride por crises, por rupturas com as teorias reinantes. Quando dois homens pretendem se entender, precisam começar por se contradizer. Porque "a verdade é filha da discussão, não da simpatia". O filósofo deve se afirmar contra e romper com todas as autorídades intelectuais. Inclusive, com as ideias de seu mestre: "Toda contemplação é uma atitude que nos impede de compreender ativamente o universo. A ação nos fornece lições mais importantes que a contemplação. De modo especial, a filosofia do contra deve primar sobre a do para (vers), porque é o contra que termina por designar o homem em sua instância de vida feliz". A capacidade de formular interrogações pertinentes constitui um dos sinais mais distintivos do verdadeiro espírito filosófico. Duvidar é examinar, desmontar e remontar ideias, sem prevenção e precipitação e contra o poder de crer. Todo conhecimento é resposta a uma questão. Não havendo questão, não há conhecimento. Nada é evidente. Nada é dado. Tudo é construído.

JAPIASSU, Hilton H. *O sonho transdiciplinar e as razões da filosofia*. Rio de Janeiro: Imago, 2006. p. 173-177.

Conclusão

Chegamos ao final de nossa caminhada e é então hora de encerrá-la com uma rápida reflexão sobre os desafios e compromissos da Filosofia no dia a dia da atualidade.

A trajetória percorrida nos possibilitou revisitar não só os principais momentos históricos vividos pela Filosofia na cultura ocidental, mas sobretudo as grandes preocupações que levaram os filósofos a registrar em seus escritos as interpretações que elaboraram em busca da superação dos problemas que desafiam a humanidade.

Vou me servir de uma narrativa metafórica para representar, de maneira muito singela e simples, a saga da Filosofia no enfrentamento dos desafios que continuam nos interpelando.

Minha metáfora é a imagem de uma família, da qual a Filosofia seria a filha promissora, muito prendada, já que lhe fora conferida a missão fundamental na construção da humanidade: a de explicitar o sentido dessa construção, a rota significadora, que assegurasse aos homens a possibilidade de traçar o seu destino histórico, lastreado naquilo que é o fundamental, o especificamente humano, dando razão de ser e legitimidade a sua existência. Ela nasceu com a responsabilidade de fazer frente aos desafios do existir concreto da espécie, explicitando referências para que pudéssemos superá-los. Mas sua vida será uma verdadeira odisseia, uma autêntica epopeia, uma saga homérica, pois precisa estar sempre vigilante, em permanente guarda, sofrendo derrotas, humilhações, embora sempre renascendo de suas próprias cinzas.

Esta trágica história começa com a postura da própria mãe da Filosofia: a **Religião**, sob suas diversas modalidades de expressão. Trata-se de uma mãe possessiva, que não se conforma com o *status* da filha, como se dela tivesse um insuperável ciúme... Quer-se única doadora do sentido e a primeira atitude que toma é retirar dela a atribuição de designar o ser, tirando-lhe a primazia de construção do saber ontológico. Através de suas mediações conceituais (a teologia e a mítica) e institucionais (as igrejas), a religião, mãe possessiva, se transforma em autoridade dogmática, adultera a metafísica e impõe o sentido instaurado com a força do dogmatismo. E assim o saber filosófico se transforma em doutrina, comprometendo, pela raiz, a força emancipatória que lhe caberia por destino e missão. E as igrejas, sob todas as suas formas, têm uma concepção igualmente dogmática do ensino. Ele não é mais compartilhamento do saber, mas imposição de uma verdade, aprender filosofia torna-se submeter-se aos dogmas maternos, dos quais se arranca toda perspectiva de crítica. A filosofia, cultivada eclesiasticamente, se estiola, torna-se estéril, vira pura forma.

Mas além dessa traiçoeira postura materna, a Filosofia tem que enfrentar também a inveja de sua irmã mais nova: a **Ciência.** Nascida igualmente, bela e petulante, ciosa de sua competência teórica e prática, força prometeica que maneja o mundo com incontrolada pujança, a ciência, apoiada pela técnica, chega com vontade de deserdar sua irmã mais velha. Usa de toda sua capacidade argumentativa, de todos seus poderosos recursos lógicos, para desqualificar as supostas pretensões da Filosofia. Rouba-lhe, descaradamente, todos os seus objetos, desfechando-lhe dois golpes simultâneos. De um lado, alega que é uma ilusão pretender ir além dos fenômenos, que os númenos não existem, nem podem mesmo existir (a ontologia é uma ilusão) e ainda que existissem, não havia como conhecê-los (a Filosofia não tem alcance epistemológico). Acusa a irmã Filosofia de não ter o verdadeiro DNA da família e que, certamente, é adotada, não passando de mera metafísica... Brandindo a técnica e o manejo do mundo material, não vê mesmo razão de apresentar sua irmã aos aprendizes... Afinal, o que vão fazer com esses saberes vazios!...

E eis que a Filosofia precisa aguentar ainda o assédio de uma prima sedutora: a **Paixão**. Muito jovem, a caçula do pedaço cresce esbanjando puro charme. Não tem o menor respeito pela sua velha tia, a Religião, desdenha a prima Ciência e ironiza a Filosofia. E como suas ancestrais, as sereias de Ulisses, enfeitiça todos os incautos com sua voz maviosa, propondo a eles uma economia do desejo em substituição à economia da razão... Ora, vejam bem, onde os conduziu essa sisudez iluminista, onde foram parar as promessas de felicidade, de democracia, de cidadania... Tudo se desmanchou no ar. Portanto, só resta fruir o prazer, descartar os conceitos com suas veleidades de objetividade, de universalidade, de necessidade. A vida se basta a si mesma... e ensinar a vida é apenas viver... Não há mediações conceituais nem pedagogia alguma que se justifique. Conta com a mídia para cativar os aprendizes, prometendo-lhes a felicidade imediata...

Mas a trágica perseguição sobre a Filosofia não se esgotou ainda... Talvez o pior de todos os seus parentes invejosos seja o pai dessa família: o **Poder**... Verdadeiro pai desnaturado, não ama sua filha mais velha, só a suporta se puder instrumentalizá-la a serviço de seus interesses menores, marcados por um excessivo e horripilante pragmatismo. O poder se faz presente sob as mais variadas formas, particularmente sob aquela do Estado, que não se peja em se fazer detentor de toda violência que, arrogantemente, define como violência legítima. É o mais duro dos membros da família da Filosofia, tratando-a com a mais arrogante brutalidade, só fala a linguagem da ideologia. Traz a Filosofia sob rédeas curtas, pois sabe muito bem dos riscos que representam a autonomia, a tomada de iniciativas, a liberdade da Filosofia. Sabe que sua força é sustentada de forma puramente ideológica, pela mistificação e, por isso, não pode ser desmascarado, pois ruiria em pó. Como sua companheira, a Religião se lhe submete servilmente, a outra filha, a Ciência, se dispõe a assessorá-lo sem questionamento, por pura vaidade e por tantas outras vantagens, inclusive pecuniárias, e a sobrinha se contenta com os espaços que o poder lhe abre para fruir o prazer. A filha Filosofia é a única que pode representar alguma oposição, com sua crítica esclarecedora. Por isso, precisa amordaçá-la de uma maneira ou de outra, e, particularmente, retirando-a dos currículos escolares.

Eis aí o drama da Filosofia, os seus infindáveis embates, sua sina de sofrimento, de impotência, de frustração... Mas, por isso mesmo, não pode perder sua esperança e insistir na resistência ao dogmatismo mítico, ao pedantismo científico, às seduções do falso estético e ao mandonismo autoritário do poder político e social. Resgatar seu projeto ontológico, recompor-se epistemologicamente, expor as fragilidades afoitas do cientificismo, exorcizar os feitiços das sereias da pós-modernidade e sobretudo enfrentar o poder, desmascarando suas alianças espúrias, sua ideologia: eis aí a tarefa interminável da Filosofia...

Por isso, cabe a nós, seus aliados, aproveitar todas as brechas que ainda se apresentam para nossa atuação, ocupando todos os espaços, como estes que se abrem nos currículos escolares, para o exercício positivo de construção do conhecimento, para o exercício da crítica.

Cabe-nos, então, entender o ensinar/aprender Filosofia como a própria experiência compartilhada do conhecer. Não sem razão, muitos filósofos construíram suas teorias filosóficas a partir de um retorno intimista, introspectivo, sobre seu próprio ato de pensar, sobre sua consciência, sobre seu eu pensante, pois essa seria sua fonte primeira. Isso é verdade em grande parte, mas é preciso ressalvar dois outros elementos.

O primeiro é que a experiência do conhecimento não se realiza efetivamente como se fosse uma intuição solitária de uma mente isolada. Ao contrário, ela é uma experiência subjetiva pessoal que só ocorre porque entrelaçada com outras experiências já acumuladas na cultura, acervo de significações objetivadas. Por isso, é preciso acolher como condição insuperável que toda experiência subjetiva é uma participação numa experiência intersubjetiva.

O segundo elemento é que mediante o compartilhar da cultura é possível o compartilhar da intersubjetividade. Mas compartilhar uma cultura pressupõe compartilhar uma linguagem comum. Por isso, construir o saber filosófico, no interior de uma cultura, pressupõe a mediação do texto linguístico.

Assim, o ensino e a aprendizagem da Filosofia, como aliás de qualquer outra modalidade de conhecimento, exigem que o aprendiz realize uma experiência desse saber. É preciso que ele construa esse conhecimento. O exercício intelectual, subjetivo, do pensar filosófico demanda a apropriação compartilhadora da experiência intersubjetiva consolidada e disponibilizada na cultura à qual só temos acesso pela mediação da linguagem. Por isso mesmo, a fala dos professores, a conversa com os pares e a leitura dos textos nada mais são do que mediadores nesse processo de compartilhamento cultural. A sua intervenção é imprescindível, pois a vivência subjetiva não germina nem prospera se não for provocada pelo impacto de forças que, originariamente, lhe parecem estranhas e até mesmo antagônicas. Estamos diante de uma situação contraditória: o pensamento só se supera se provocado e apoiado pela ativação, pelo seu contrário, a autonomia criadora que transforma pressupõe o apoio da heteronomia que conforma.

Trabalhando e debatendo
a temática da Unidade

Dividir a classe em quatro grupos, representando respectivamente a Ciência, a Política, a Paixão e a Filosofia. Cada grupo se prepara, então, com base em mais fontes, para defender o ponto de vista de cada uma dessas perspectivas, argumentando que cabe a ela conhecer o homem e orientá-lo na condução de sua existência.

Bibliografia

ALVES, Dalton J. *A filosofia no ensino médio*: ambiguidades e contradições na LDB. Campinas: Autores Associados, 2002.

ALVES, Rubem A. *Filosofia da ciência*: introdução ao jogo e suas regras. 2. ed. São Paulo: Brasiliense, 1982.

ARANHA, M. Lúcia; MARTINS, M. Helena P. *Filosofando*: introdução à Filosofia. São Paulo: Moderna, 1986.

_______. *Temas de Filosofia*. São Paulo: Moderna, 1992.

ARANTES, Paulo et al. *A filosofia e seu ensino*. Petrópolis/São Paulo: Vozes/Educ, 1995.

ASPIS, Renata L.; GALLO, Silvio. *Ensinar filosofia*: um livro para professores. São Paulo: Atta Mídia e Educação, 2009.

BOCHENSKI, I. M. *Diretrizes do pensamento filosófico*. São Paulo: Herder, 1961.

CARTOLANO, M. Teresa P. *Filosofia no ensino de 2º grau*. São Paulo: Cortez/Autores Associados, 1995.

CERLETTI, Alejandro; KOHAN, Walter. *A filosofia no ensino médio*: caminhos para pensar o seu sentido. Brasília: UnB, 1999.

CHARBONNEAU, Paul E. *Curso de filosofia*: lógica e metodologia. São Paulo: EPU, 1986.

CHAUI, Marilena et al. *Primeira filosofia*: lições introdutórias: sugestões para o ensino básico de filosofia. 7. ed. São Paulo: Brasiliense, 1987.

_______. *Filosofia. Série Novo Ensino Médio*. São Paulo: Ática, 2009.

_______. *O que é ideologia*. 2. ed. São Paulo: Brasiliense, 1981.

CORBISIER, Roland C. *Enciclopédia filosófica*. Rio de Janeiro: Civilização Brasileira, 1975.

CORDI, Cassiano et al. *Para filosofar*. São Paulo: Scipione, 1995.

FEITOSA, Charles. *Explicando a filosofia com arte*. São Paulo: Ediouro, 2004.

FOULQUIÈ, Paul. *A dialética*. 2. ed. Lisboa: Brasil-América, 1974.

GAARDER, Jostein. *O mundo de Sofia*: romance da história da filosofia. São Paulo: Cia. das Letras, 1995.

GALLO, Sílvio. *Metodologia do ensino de filosofia:* uma didática para o ensino médio. Campinas: Papirus, 2012.

_______; CORNELLI, Gabriele; DANELON, Márcio (Orgs.). *Filosofia do ensino de filosofia*. Petrópolis: Vozes, 2003.

_______; KOHAN, Walter (Orgs.). A filosofia e seu ensino. *Cadernos Cedes*. Campinas: Cedes, v. 24, n. 64, 2004.

_______. (Orgs). *Filosofia no ensino médio*. Petrópolis: Vozes, 2000.

GHEDIN, Evandro. *A filosofia e o filosofar*. São Paulo: Uniletras, 2003. 407 p.

GILES, Thomas R. *Introdução à filosofia*. São Paulo: EPU, 1979.

_______. *O que é filosofar*. São Paulo: EPU, 1984.

GIRARDI, Leopoldo J.; QUADROS, Odone J. *Filosofia*. 8. ed. Porto: Livraria Editora Acadêmica, 1980.

GONZALEZ PORTA, Mario A. *A filosofia a partir de seus problemas*: didática e metodologia do estudo filosófico. São Paulo: Loyola, 2003. 182 p. (Col. Leituras Filosóficas).

HÜHNE, Leda M. (Org.). *Política da filosofia no 2º grau*. São Paulo: Sofia Editora/Seaf, 1986.

HUISMAN, D.; VERGEZ, A. *História dos filósofos ilustrada pelos textos*. 2. ed. Rio de Janeiro: Freitas Bastos, 1972.

_______. *Curso moderno de Filosofia*. I. Introdução à filosofia das ciências; II. O conhecimento. Rio de Janeiro: Freitas Bastos, 1974. 2. v.

KONDER, Leandro. *O que é dialética*. São Paulo: Brasiliense, 1981.

LEBRUN, Gerard. *O que é poder*. São Paulo: Brasiliense, 1981.

MARTINS, José S. *Preparação à filosofia*. Porto Alegre: Globo, 1973.

MORENTE, Manoel G. *Fundamentos de filosofia*: lições preliminares. 2. ed. São Paulo: Mestre Jou, 1966.

MUCHAIL, Salma T. (Org.). *A filosofia e seu ensino*. Petrópolis: Vozes, 1996.

NUNES, César A. *Aprendendo filosofia*. 4. ed. Campinas: Papirus, 1992.

PRADO JR., Caio. *Introdução à lógica dialética*. 4. ed. São Paulo: Brasiliense, 1974.

_______. *O que é filosofia*. 3. ed. São Paulo: Brasiliense, 1983.

REALE, Miguel. *Introdução à filosofia*. 2. ed. São Paulo: Saraiva, 1988.

REZENDE, Antônio. *Curso de Filosofia para professores e alunos dos cursos de 2º grau e de graduação*. 7. ed. Rio de Janeiro: Jorge Zahar/Seaf, 1997.

RIBAS, M. Alice C. et al. *Filosofia e ensino*: a filosofia na escola. Ijuí: Editora Unijuí, 2005.

RODRIGO, Lidia M. *Filosofia em sala de aula*: teoria e prática para o ensino médio. Campinas: Autores Associados, 2009.

RODRIGUES, Neidson. *Filosofia... para não filósofos*. São Paulo: Cortez, 1989.

RUSSO, Hugo A. *Didática especial de filosofia no 2º grau*: subsídios para uma teoria didática. Dissertação (Mestrado) — Unicamp, Campinas, 1990.

SEVERINO, Antônio J. *Como ler um texto de filosofia*. São Paulo: Paulus, 2008.

SILVA, Antônio R. (Org.). *Curso de filosofia*. Rio de Janeiro: Jorge Zahar, 1986.

SILVEIRA, Renê J. T; GOTO, Roberto (Orgs.). *Filosofia no ensino médio*: temas, problemas e propostas. São Paulo: Loyola, 2007. (Col. Filosofar é preciso.)

TEIXEIRA COELHO, José. *O que é indústria cultural*. São Paulo: Brasiliense, 1980.

VERGUEIRO, Waldomiro. *Como usar as histórias em quadrinhos na sala de aula*. São Paulo: Contexto, 2002.

Índice de Assuntos

A

B

C

D

E

F

G

H

I

J

K

L

M

N

O

P

Q

R

S

T

V

W

Crédito das imagens

PÁGINA	
34	Original em Karl-Marx-Haus, Trier, Alemanha
49	Museu Nacional de Historia Natural, Paris
54	Arquivo AJS
67 (esq.)	http://tbpd.wordpress.com/2010/07/12/la-critica-ilustrada-de-husserl-a-la-ciencia-moderna/husserl/
67 (dir.)	http://www.biography.com/people/martin-heidegger-9333549
68 (esq.)	http://www.dkimages.com/discover/previews/1004/50214754.JPG
68 (dir.)	http://en.wikipedia.org/wiki/Pax_Romana
72	http://projetophronesis.com/category/filosofia-antiga/pre-socraticos/anaxagoras/
74	http://apanaceiaessencial.blogspot.com.br/2012/09/a-lenda-da-biblioteca-de-alexandria-e.html
76	http://www.redemptionis-sacramentum.com.br/2012/11/santo-alberto-magno-bispo-e-doutor-da.html
78	http://renascimentoartistico.blogspot.com.br/2011/06/criacao-de-adao-michelangelo.html
85	Foto: http://yogamdq.jimdo.com/mitologia-del-yôga/
89	Foto: http://pt.wikipedia.org/wiki/Gaston_Bachelard
101	Museu do Vaticano, Roma
106	http://www.sigueme.es/
107 (ac.)	Ilustração: http://www.morbleu.com/fichte-sur-le-concept-de-la-doctrine-de-la-science-ou-de-ce-que-lon-appelle-philosophie/
107 (ab.)	Magazine littéraire n. 309 abril 1993. Ilustração: Roger Viollet
108	http://www.tatikarinya.com.br/
111	Ilustração: http://en.wikipedia.org/wiki/Søren_Kierkegaard

PÁGINA	
126	http://sumateologica.wordpress.com/
128	http://pantokrator.org.br/po/mediacenter/formacoes/santos/dia-de-santo-agostinho/
132	http://www.arautos.org/especial/22984/Sao-Tomas-de-Aquino.html
134	Arquivo AJS
142	Arquivo AJS
149	portaldoprofessor.mec.gov.br
153	Ilustração: http://pirmojiknyga.mch.mii.lt/kuniver.en.htm
156	http://commons.wikimedia.org/
160	Arquivo AJS
163	Foto: http://gallica.bnf.fr/ark:/12148/bpt6k164901w
176	Magazine littéraire n. 309 abril 1993. Ilustração: BN/Roger Viollet
181	Arquivo AJS
194	Ilustração: Roger Viollet/AFP
196	Arquivo AJS
204	Foto: http://educarparacrescer.abril.com.br/aprendizagem/emile-durkheim-307266.shtml
206	Foto: http://pt.wikipedia.org/wiki/Émile_Durkheim
215	Ilustração: http://transhumantraditionalism.blogspot.com.br/2013/04/interview-with-right-hegelian-summary.html
216 (esq.)	Foto: http://thefilosofos.blogspot.com.br/
216 (dir.)	Foto: http://es.gloria.tv/?media=457545
223	Ilustração: http://www.aphorism4all.com/authors.php?aut_id=%20595
234	Fotograma do filme Tempos Modernos. Modern Times, 1936, Dir: Chales Chaplin
240	Foto: http://www.biography.com/people/paul-ricoeur-9458208
249 (dir.)	Foto: http://olhardireito.blogspot.com.br/2012/10/153-carta-constitucional-de-1826.html

249 (esq.) Foto: http://www.tse.jus.br/imagens/fotos/assembleia-constituinte-de-1946/view

251 Foto: http://www.evidencebasedcryonics.org/2008/07/31/herbert-marcuse-on-the-ideology-of-death/

254 Foto: http://www.britannica.com/EBchecked/media/121189/Friedrich-Engels-German-socialist-and-supporter-of-Karl-Marx-1879

258 Foto: http://www.tse.jus.br/jurisprudencia/julgados-historicos/assembleia-constituinte-1946

265 http://spinoza.blogse.nl/log/spinoza-op-schilderijen-etsen-gravures-illustraties.html

267 (ac.) Foto: http://www.academiadeleonardo.com/2013_02_01_archive.html

267 (ab.) Fotograma do filme Batalha em Seatle. Battle in Seattle, 2007, Dir: Stuart Townsend

272 Arquivo AJS

280 Foto: https://www.raspas.com.br/pensadores/628

282 (esq.) Tela de Vincent van Gogh disponível em http://www.philamuseum.org, Philadelphia Museum of Art

282 (dir.) Fotomontagem: http://www.educadores.diaadia.pr.gov.br/ modules/mylinks/viewcat.php?cid=4&min= 360&orderby=titleD&show=10

291 (ac.) Arquivo AJS

291 (ab.) Arquivo AJS

301 Imagem do vídeo http://www.dailymotion.com/video/x1fab1_marc-jimenez-10_news

306 Foto Magnum/Lessing

309 (esq.) Foto: http://ro.wikipedia.org/wiki/Lucien_Goldmann

309 (dir.) http://oltrelostretto.blogsicilia.it/75%C2%B0-anniversario-della-morte-di-antonio-gramsci/85294/

310 Foto: http://www.brandigg.de/autor/Max-Horkheimer

313 Foto: http://herrera-blog.blogspot.com.br/Autorizada pelo Autor